21 世纪高职高专经管类专业立体化规划教材

# 现代企业管理(第2版)

陈 玲 主 编

黄 英 副主编

清华大学出版社

北 京

# 内 容 简 介

本书以高职高专教育的定位和人才培养目标为依据，吸取了本专业各院校多年来的教学实践经验，从企业管理的实际需要出发，系统地阐述了企业管理的基本理论和基本操作技能。本书在内容上力求创新，引进了一些新理论、新知识，具有前沿性。为了方便教学和实践，还结合每章内容，精心设计了本章知识结构图、扩展阅读、同步测试和项目实训等环节，使学习与实践紧密结合，有利于学生综合素质的培养和职业技能的提高，同时，也有利于满足学生就业和企业用人的实际要求。

本书共 8 章，包括现代企业管理概论、现代企业制度、市场营销、现代企业战略管理、生产动作管理、现代企业质量管理、现代企业财务管理和现代企业人力资源管理。

本书可作为应用型本科院校、高职高专院校经济管理、市场营销等专业的教学用书，也可以作为相关在职人员的参考书。

**图书在版编目(CIP)数据**

现代企业管理/陈玲主编. —2 版. —北京：清华大学出版社，2020.4（2022.1重印）

21 世纪高职高专经管类专业立体化规划教材

ISBN 978-7-302-54827-0

Ⅰ. ①现… Ⅱ. ①陈… Ⅲ. ①企业管理—高等职业教育—教材 Ⅳ. ①F272

中国版本图书馆 CIP 数据核字(2020)第 005285 号

责任编辑：姚 娜
装帧设计：李 坤
责任校对：王明明
责任印制：丛怀宇

出版发行：清华大学出版社

网 址：http://www.tup.com.cn, http://www.wqbook.com
地 址：北京清华大学学研大厦 A 座 邮 编：100084
社 总 机：010-62770175 邮 购：010-62786544
投稿与读者服务：010-62776969, c-service@tup.tsinghua.edu.cn
质量反馈：010-62772015, zhiliang@tup.tsinghua.edu.cn
课件下载：http://www.tup.com.cn, 010-62791865

印 装 者：三河市科茂嘉荣印务有限公司
经 销：全国新华书店
开 本：185mm×260mm 印 张：14.75 字 数：360 千字
版 次：2015 年 9 月第 1 版 2020 年 4 月第 2 版 印 次：2022 年 1 月第 3 次印刷
定 价：45.00 元

产品编号：083331-01

# 前　言

本书结合教育部关于高职高专教育的定位及人才培养方案的要求确立的课程体系，旨在培养学生的综合素质和专业技能，兼顾学生后续发展的需要。同时，强调理论学习与实际应用的结合、边学边练，突出了以培养学生应用能力为主线的高职高专教育特征，具有高职高专教育的课程特色。

本书自 2015 年 9 月份出版以来，受到广大同行和读者的欢迎，能够与众多读者一起分享现代企业管理知识，我们倍感欣慰。鉴于现代社会发展和读者的需求，在第一版的基础上，我们进行了如下修订。

第一，在保持第一版教材特色和框架的基础上，对知识点等进行适当增删，对部分案例进行更新，使教材更加严谨、实用。

第二，结合高职高专院校人才培养定位，以现代企业管理为主线，系统地修订企业管理的基本知识和行为规范，使学生掌握现代企业管理的标准，有利于帮助即将步入职场的青年学生以及在职人员提升品质素养。

第三，以现代企业管理概论、现代企业制度、市场营销、现代企业战略管理、生产运作管理、现代企业质量管理、现代企业财务管理、现代企业人力资源管理为基本框架，更新图、表等，表述内容翔实、形式新颖、图文并茂，增加了教材的生动性和可读性。

第四，结合情景实训对典型案例做了深入浅出的分析，以行为示范引导学生对理论知识的学习，突出了教材的专业性、应用性和实践性，有利于学生固化知识、增强能力。

参加本书编写的人员是具有多年教学经验、具备丰富从业经验的专业教师。在编写的过程中，我们还聘请了多名教学、科研和企业方面的专家予以指导和审定，力求使本书成为融行业理论知识、实践技能和教育教学三位一体的高质量教材。

本书由陈玲任主编，黄英任副主编，苏晓蕾、闵海波、陈国芳、郝书俊、陈勇平参编。具体分工如下：苏晓蕾编写第一章，陈国芳编写第二、七章，陈玲编写第三章，黄英编写第四、八章，闵海波编写第五章，郝书俊编写第六章，陈勇平参与部分章节的校对工作，全书最后由陈玲统稿和审校。

本书在编写过程中参考了大量国内外书刊和业界的研究成果，在此向各方表示衷心的感谢。

由于水平有限，本书难免存在纰漏和不足之处，敬请各位专家和读者匡正。

编　者

# 目　　录

# 第一章

## 现代企业管理概论

**学习目标与要求**

➢ 了解企业的概念、基本特征及其分类；

➢ 了解企业管理的概念、主要内容及原则；

➢ 了解现代企业组织管理的主要内容及典型的组织结构；

➢ 了解企业文化的概念、结构及功能；

➢ 掌握企业文化建设的基本程序和技巧。

**【引导案例】**

## 诺基亚的衰落

据国外媒体报道，在向投资者发出财收表现预警后，诺基亚再次宣布万人裁员计划。与微软合作，似乎并没有帮助诺基亚走出困境。对此，美国媒体 CNET 发表评论，总结了诺基亚在过去犯下的五大错误。

1. 不肯生产"翻盖式"手机，失去美国市场

21 世纪初期，美国市场掀起一阵"翻盖式"手机的潮流，诺基亚的竞争对手借此大量抢占美国市场，并获得消费者的认同。而诺基亚当时表示，其"直板设计"已夺下全球三分之二的手机市场，没有必要推出"翻盖式"产品。为此，诺基亚付出的代价是，"诺基亚品牌"在美国毫无建树。

2. 持续忽略美国市场，失去美国运营商合作伙伴

诺基亚不肯为美国市场推出定制版手机，这让其很快失去了美国的移动运营商合作伙伴。诺基亚在纽约开设直销零售店，向消费者出售没有补贴的新款机型。这给了对手三星和 LG 很大的机会，这两家公司借助运营商的帮助，产品很快获得美国消费者的认同。

3. 没有认清 iPhone 所带来的威胁

苹果首台 iPhone 让整个市场为之惊艳。iPhone 向人们展示了什么是真正的智能手机。iPhone 单机售价很高，但苹果与 AT&T 达成补贴协议，产品签约售价仅为 200 美元。为了巩固 iPhone 的地位，苹果推出 App Store 应用商店。而对这一突如其来的冲击，诺基亚却选择坚持自有系统——塞班系统。

4. 死守塞班不放，终让机会流失

iPhone 问世后，塞班系统已初显落后。而直到谷歌宣布 Android 系统之后，塞班系统才算是迎来真正的危机。Android 开源免费，因此迅速获得各大手机生产商的青睐，甚至是一直在挣扎的摩托罗拉，也终因推出 Android 产品而获得大的翻身。然而，诺基亚此时此刻并不认为塞班系统已跟不上时代，公司于 2008 年宣布成立塞班基金会，拟加大在塞班系统上的赌注。

5. 选择 MeeGo 作为下一代智能手机系统平台

如果说诺基亚选择塞班系统是基于自主开发的考虑，那么公司选择英特尔开发的MeeGo 又是为了什么？有证据显示，在埃洛普接管诺基亚时，MeeGo 系统并未成形，诺基亚和 MeeGo 的研发现状都表现得混乱不堪，这也是诺基亚断然决定采用微软 Windows Phone作为主平台的原因。

(资料来源：网易科技报道)

**思考：**
试分析诺基亚公司为什么会连续犯下这五大错误。

# 知 识 要 点

## 一、现代企业及管理

### (一)企业的概念及特征

#### 1. 企业的概念

目前，国内外对于"企业"一词还没有一个明确、统一的定义，从不同的视角出发，对企业的理解和定义也有所不同。通常情况下，我们认为企业是指从事生产、流通或服务等活动，以盈利为目的，为满足社会需求而依法成立的自主经营、独立核算、自负盈亏的经济组织。

【同步阅读 1-1】

> **关于"企业"的几种不同定义**
>
> "企业"一词对应的英文单词为 Enterprise，原意是指企图冒险从事某项事业，包含持续经营的意思，引申为经营组织或经营体。
>
> 《辞海》中对企业的定义是"从事生产、流通或服务性经营活动，实行独立核算的经济组织"。
>
> 美国《现代经济词典》中认为企业是"设在一定地点，拥有一个或一个以上雇员的工厂、商店或办事机构"。
>
> 诺贝尔经济学奖获得者罗纳德·哈里·科斯(Ronald H. Coase)认为"企业是一种可以替代市场配置资源的管理机构"。
>
> 著名经济学家阿曼·阿尔钦(Armen A. Alchian)和哈罗德·德姆塞茨(Harold Demsetz)认为"企业是一个团队生产组织"。

#### 2. 企业的特征

企业作为现代社会的基本经济组织，具有以下几个基本特征。

1) 企业必须拥有一定的生产要素

生产要素是企业从事各类经济活动的物质基础。传统的生产要素主要有土地、自然资源、劳动力和资本；在现代企业中，生产要素还包括技术和信息。

2) 企业的目标是盈利

企业不同于政府机关、事业单位和学术团体等非经济性组织，它必须不断地追求经济效益，获取利润，才能得到发展。企业如果没有盈利，就会在市场竞争中失败，从而消亡。

3) 企业是合法的经济组织

企业的合法性主要表现在两个方面：一方面，企业的成立、经营和民事活动等都必须

21世纪高职高专经管类专业立体化规划教材

严格遵守相关法律规定，并照章纳税；另一方面，企业得到法律的认可和保护，依法享有民事权利。

4) 企业有经营自主权

经营自主权是指企业在不违反国家法律的基础上所拥有的调配使用自己的人力、物力和财力，以及自行组织生产经营的权利，包括经营决策权、产品决定权、产品销售权、人事权和分配权等。面对复杂的市场环境，企业必须拥有充分的经营自主权，才能提高决策和行动的效率，从而在残酷的市场竞争中胜出。

5) 企业实行独立核算、自负盈亏

独立核算是指对本单位的生产经营活动或预算执行的过程及其结果进行全面、系统的会计核算。企业实行独立核算，力争以尽可能少的投入追求尽可能多的利润，以达到盈利的目标，同时，企业自主支配自己的收入。

6) 企业具有社会价值

企业通过提供产品和服务，以满足人们的需求；同时，也为社会提供就业机会和税收，从而体现出自身的社会价值。另外，企业作为社会组织，在关注自身发展的同时，还必须承担一定的社会责任。

【同步阅读 1-2】

### 企业社会责任与 SA8000 标准

"企业社会责任"的概念最早由美国学者欧利文·谢尔顿(Oliwer Sheldon)提出，并逐渐成为学术界探讨的重要问题。目前，大家已经基本达成共识，认为企业承担相应的社会责任是必需的。

企业社会责任是指企业在追求利润最大化的同时，应兼顾股东、员工、顾客、债权人、社区、环境、资源和社会等相关方的利益。

SA8000，即社会责任国际标准体系(Social Accountubility 8000 International Standard，简称 SA8000)，是一种基于国际劳动组织宪章(ILD 宪章)、联合国儿童权利公约、世界人权宣言而制定的，以保护劳动环境和条件、劳工权利等为主要内容的管理标准体系。

## (二)企业的分类

现代企业的形态多种多样，从不同的角度可将企业划分为不同的类型。下面介绍几种常见的企业分类方法。

### 1. 按资产的所有制分类

按照企业资产所有制性质分类是我国对企业进行法定分类的基本做法。根据资产所有制的不同，可将企业分为国有企业、集体所有制企业、私营企业和混合所有制企业。

1) 国有企业

国有企业也称为全民所有制企业，是指全部生产资料和劳动成果归全体劳动者或代表全体劳动者利益的国家所有的企业。在计划经济体制时期，我国的国有企业全部由国家直接经营，所以也称为国营企业。

2) 集体所有制企业

集体所有制企业是指生产资料和劳动成果归一定范围内的劳动群众共同所有的企业，包括城乡使用集体投资创办的企业和部分个人通过集资自愿放弃所有权并依法经工商行政管理机关认定为集体所有制的企业。

3) 私营企业

私营企业是指生产资料和劳动成果归公民私人所有的企业，以雇佣劳动为基础。改革开放以来，我国私营经济得到了长足的发展。

4) 混合所有制企业

混合所有制企业是指具有两种或两种以上所有制成分的企业，如中外合营企业、中外合资企业以及国内多种所有制成分入股的股份制企业等。

**2. 按组织形式分类**

根据市场经济的要求，企业的组织形式通过财产的构成和所承担的法律责任来划分，国际上通常分为独资企业、合伙企业和公司。

1) 独资企业

独资企业是指个人出资经营，归个人所有和控制，由个人承担经营风险并享有全部经营收益的企业。在全球范围内，独资企业在数量上占大多数，例如，美国的独资企业约占其企业总数的 75%。

2) 合伙企业

合伙企业是指由两人或两人以上的出资者共同出资兴办，实行联合经营和控制的企业。合伙企业在成立时必须签订书面协议，以合伙合同的形式规定该合伙企业的合伙人范围，组织管理，出资数额，盈余分配，债务承担以及入伙、退伙和终止等基本事项。

3) 公司

公司是在当前市场经济体制下最适合、最典型的企业形式，被全球的企业普遍采用。具体来说，公司具有以下几个特点。

(1) 公司完全脱离了个人色彩，是资本的永久性联合，具有独立的法人主体资格。

(2) 公司实现了所有权和经营权的分离，即企业的所有者不直接从事企业的经营管理工作，而交给专门的职业经理人负责，提高了管理效率。

(3) 公司通常实行股份制，有利于在社会上广泛集资，便于创办大型企业。

(4) 公司具有独立的法人财产，与其所有者的财产相分离，可以连续使用，不随股份的转让而发生变化。

21世纪高职高专经管类专业立体化规划教材

### 3. 按经营业务分类

按照经营业务分类是人们在生活中常用的一种企业分类方法，较为直观。根据企业经营业务所属的经济部门，可将其划分为农业企业、工业企业、建筑安装企业、运输企业、商业企业、物资企业、邮电企业、旅游企业和金融企业。

(1) 农业企业：从事农、林、牧、副、渔和采集等生产经营活动的企业。

(2) 工业企业：从事工业性生产和劳务等生产经营活动的企业。

(3) 建筑安装企业：从事土木建筑和设备安装工程施工的企业。

(4) 运输企业：从事运输或直接为运输生产服务的企业。

(5) 商业企业：从事商品交换活动的企业。

(6) 物资企业：从事组织物资流通和物质经营业务的企业。

(7) 邮电企业：从事通信业务和邮政业务的企业。

(8) 旅游企业：从事组织游览活动，并出售旅游服务的企业。

(9) 金融企业：从事经营货币或信用业务的企业。

### 4. 按生产力各要素所占比重分类

按照生产力各要素所占的比重，可将企业分为劳动密集型企业、资金密集型企业和技术密集型企业。

1) 劳动密集型企业

劳动密集型企业是指技术装备程度相对较低，用人较多，产品成本中活劳动消耗所占比重较大的企业，如纺织企业、食品企业和日用百货企业等。

2) 资金密集型企业

资金密集型企业是指在生产中需要投入较多资金，技术装备程度相对较高的企业。它是需要大量投资的产业，通常用资金与劳动力的比率来衡量，比例高的则为资金密集型企业，如钢铁企业、石油化工企业和机械制造企业等。

3) 技术密集型企业

技术密集型企业也称为知识密集型企业，是指所需劳动力或手工操作的人数较少，产品成本中技术含量消耗占比重较高，需要大量具有专业技术知识与技能的高科技人才，生产高、精、尖产品的企业，如宇航工业企业、大规模集成电路工业企业和原子能企业等。

### 5. 按规模大小分类

按照企业自身的规模大小，可将企业划分为大型企业、中型企业、小型企业和微型企业，具体的划分指标包括资产规模、生产能力、销售收入和从业人员数量等。

【同步阅读 1-3】

统计上大、中、小微型企业的划分标准如表 1-1 所示。

表 1-1 统计上大、中、小微型企业的划分标准

| 行业名称 | 指标名称 | 计量单位 | 大 型 | 中 型 | 小 型 | 微 型 |
|---|---|---|---|---|---|---|
| 农、林、牧、渔业 | 营业收入(Y) | 万元 | Y≥20 000 | 500≤Y<20 000 | 50≤Y<500 | Y<50 |
| 工业* | 从业人员(X) | 人 | X≥1000 | 300≤X<1000 | 20≤X<300 | X<20 |
| | 营业收入(Y) | 万元 | Y≥40 000 | 2000≤Y<40 000 | 300≤Y<2000 | Y<300 |
| 建筑业 | 营业收入(Y) | 万元 | Y≥80 000 | 6000≤Y<80 000 | 300≤Y<6000 | Y<300 |
| | 资产总额(Z) | 万元 | Z≥80 000 | 5000≤Z<80 000 | 300≤Z<5000 | Z<300 |
| 批发业 | 从业人员(X) | 人 | X≥200 | 20≤X<200 | 5≤X<20 | X<5 |
| | 营业收入(Y) | 万元 | Y≥40 000 | 5000≤Y<40 000 | 1000≤Y<5000 | Y<1000 |
| 零售业 | 从业人员(X) | 人 | X≥300 | 50≤X<300 | 10≤X<50 | X<10 |
| | 营业收入(Y) | 万元 | Y≥20 000 | 500≤Y<20 000 | 100≤Y<500 | Y<100 |
| 交通运输业* | 从业人员(X) | 人 | X≥1000 | 300≤X<1000 | 20≤X<300 | X<20 |
| | 营业收入(Y) | 万元 | Y≥30 000 | 3000≤Y<30 000 | 200≤Y<3000 | Y<200 |
| 仓储业 | 从业人员(X) | 人 | X≥200 | 100≤X<200 | 20≤X<100 | X<20 |
| | 营业收入(Y) | 万元 | Y≥30 000 | 1000≤Y<30 000 | 100≤Y<1000 | Y<100 |
| 邮政业 | 从业人员(X) | 人 | X≥1000 | 300≤X<1000 | 20≤X<300 | X<20 |
| | 营业收入(Y) | 万元 | Y≥30 000 | 2000≤Y<30 000 | 100≤Y<2000 | Y<100 |
| 住宿业 | 从业人员(X) | 人 | X≥300 | 100≤X<300 | 10≤X<100 | X<10 |
| | 营业收入(Y) | 万元 | Y≥10 000 | 2000≤Y<10 000 | 100≤Y<2000 | Y<100 |
| 餐饮业 | 从业人员(X) | 人 | X≥300 | 100≤X<300 | 10≤X<100 | X<10 |
| | 营业收入(Y) | 万元 | Y≥10 000 | 2000≤Y<10 000 | 100≤Y<2000 | Y<100 |
| 信息传输业* | 从业人员(X) | 人 | X≥2000 | 100≤X<2000 | 10≤X<100 | X<10 |
| | 营业收入(Y) | 万元 | Y≥100 000 | 1000≤Y<100 000 | 100≤Y<1000 | Y<100 |
| 软件和信息技术服务业 | 从业人员(X) | 人 | X≥300 | 100≤X<300 | 10≤X<100 | X<10 |
| | 营业收入(Y) | 万元 | Y≥10 000 | 1000≤Y<10 000 | 50≤Y<1000 | Y<50 |
| 房地产开发经营 | 营业收入(Y) | 万元 | Y≥200 000 | 1000≤Y<200 000 | 100≤Y<1000 | Y<100 |
| | 资产总额(Z) | 万元 | Z≥10 000 | 5000≤Z<10 000 | 2000≤Z<5000 | Z<2000 |
| 物业管理 | 从业人员(X) | 人 | X≥1000 | 300≤X<1000 | 100≤X<300 | X<100 |
| | 营业收入(Y) | 万元 | Y≥5000 | 1000≤Y<5000 | 500≤Y<1000 | Y<500 |
| 租赁和商务服务业 | 营业收入(Y) | 人 | X≥300 | 100≤X<300 | 10≤X<100 | X<10 |
| | 资产总额(Z) | 万元 | Z≥120 000 | 8000≤Z<120 000 | 100≤Z<800 | Z<100 |
| 其他未列明行业* | 从业人员(X) | 人 | X≥300 | 100≤X<300 | 10≤X<100 | X<10 |

(1) 大型、中型和小型企业须同时满足所列指标的下限，否则下划一档；微型企业只需满足所列指标中的一项即可。

(2) 表 1-1 中各行业的范围以《国民经济行业分类》(GB/T 4754—2011)为准。带*的项为行业组合类别，其中，工业包括采矿业，制造业，电力、热力、燃气以及水生产和供应业；交通运输业包括道路运输业、水上运输业、航空运输业、管道运输业、装卸搬运和运输代理业，不包括铁路运输业；信息传输业包括电信、广播电视和卫星传输服务，互联网和相关服务；其他未列明行业包括科学研究和技术服务业，水利、环境和公共设施管理业，居民服务、修理和其他服务业，社会工作，文化、体育和娱乐业，以及房地产中介服务，其他房地产业等，不包括自有房地产经营活动。

(3) 企业划分指标以现行统计制度为准。

① 从业人员，是指期末从业人员数，没有期末从业人员数的，采用全年平均人员数

21世纪高职高专经管类专业立体化规划教材

代替。

② 营业收入。工业、建筑业、限额以上批发和零售业、限额以上住宿和餐饮业以及其他设置主营业务收入指标的行业，采用主营业务收入；限额以下批发与零售业企业采用商品销售额代替；限额以下住宿与餐饮业企业采用营业额代替；农、林、牧、渔业企业采用营业总收入代替；其他未设置主营业务收入的行业，采用营业收入指标。

③ 资产总额，采用资产总计代替。

(资料来源：摘自国家统计局关于印发统计大中小微型企业划分办法的通知)

## (三)企业管理概述

### 1. 企业管理的定义

企业管理是指企业的领导者和全体员工对企业的生产经营过程进行计划、组织、领导、控制和创新，以充分利用人力、物力、财力和信息等各方面的资源，从而提高经济效益，实现盈利的一系列综合活动。

企业管理的上述定义包括以下几个方面的含义。

(1) 企业管理主要通过计划、组织、领导、控制和创新五项基本活动来完成，这五项活动被称为企业管理的五大职能。

(2) 企业管理的对象是企业中的各类资源，包括人力、物力、财力、时间和信息等。

(3) 企业管理的目标是通过充分利用各方面的资源，达到提高经济效益，最终实现盈利的目的。

### 2. 企业管理的内容

企业管理的具体内容有多种不同的划分方法，按照业务功能来进行划分，现代企业管理主要包括战略管理、营销管理、生产与运作管理、财务管理、质量管理和人力资源管理六个方面的内容。

1) 战略管理

战略管理是指对企业在一定时期内全局的、长远的发展方向、目标、任务、政策以及资源调配做出决策和管理的过程。现代企业长期处于复杂、动态的竞争环境之中，为了得到长期的生存和发展，不能只着眼于短期、局部的利益，因此，战略管理对企业而言具有至关重要的意义。

2) 营销管理

营销管理是指为了实现企业的目标，建立和保持与目标市场之间互利的交换关系，而对设计项目的分析、规划、实施和控制。营销管理必须先对市场状况进行调查分析，从而制订出合理的营销计划。

3) 生产与运作管理

生产与运作活动是把投入的各类资源变为产品或服务的过程，生产与运作管理则是在资源到产品或服务的变换过程中实施的管理，包括生产与运作系统的设计和生产与运作系统的运行。

4) 财务管理

财务管理是在一定的整体目标下，对企业投资、筹资、营运资金以及利润分配的管理，其必须按照一定的法律法规和行业制度来进行。

5) 质量管理

质量管理是指确定质量方针、目标和职责，并通过质量体系中的质量策划、控制、保证和改进来使其实现的全部活动。质量管理是保证企业产品或服务质量的重要手段。

6) 人力资源管理

人力资源是指能够推动社会生产力发展，具有智力劳动和体力劳动能力的人的总和。人力资源管理则是指对企业员工的招聘、培训、使用、考核、激励和调整等一系列活动的管理，包括人力资源规划、招聘与配置、培训与开发、绩效管理、薪酬福利管理和劳动关系管理六大模块。

随着企业的发展和管理理念的进步，企业管理中还增加了信息管理的内容。信息管理中涉及了大量信息科学中的理论和技术，本书中不作详细阐述，读者可以查阅信息管理与信息系统的相关专业书籍进行学习。

## 二、现代企业管理的原理

企业管理中存在一定的客观规律，这是在长期的企业管理实践中总结出来的，具有普遍意义，这些基本规律构成了企业管理的原理。根据这些基本原理，人们又引申出一些在企业管理活动中应该遵守的具体行为规范，称为企业管理的原则。

企业管理的原理主要包括系统原理、人本原理、动态原理和效益原理，与之相对应的原则分别为整分合原则和相对封闭原则、能级原则和动力原则、反馈原则和弹性原则以及价值原则。

### (一)系统原理

#### 1. 系统原理的含义

系统原理是指运用系统的观点、原理和方法来分析和处理企业管理的问题。企业可以看成一个复杂的系统，由其下属的各部门子系统构成。其中，各子系统并不是孤立存在的，要实现企业系统的管理目标，就必须进行系统分析，综合治理。

系统原理具有以下几个基本观点。

1) 整体性观点

整体性是系统原理的基本观点，是指系统并不是若干元素的简单堆砌，而是各元素互相作用、互相联系而形成的整体。企业系统整体效益的实现是各子系统之间紧密配合、相互协调的结果。因此，企业管理应该从整体上来把握。

21世纪高职高专经管类专业立体化规划教材

2) 动态性观点

动态性是指任何系统都不是绝对静止的，而是始终处在运动变化当中的。企业系统的状态和功能不是一成不变的，企业的正常运转促成了企业目标的实现。

3) 有序性观点

有序性是指系统中的各要素按照一定的秩序排列，形成有序的结构。企业系统中的各项管理活动也是按照一定的顺序和层次进行的，否则无法开展。

4) 开放性观点

开发性是指每个系统都会和外界发生联系，是相对开放的。企业系统作为独立的经济组织，必然会和外界进行物质、能量和信息的交换，以维持其发展。

5) 目的性观点

目的性是指系统中的各要素都具有共同的目标。企业系统必须具有明确的目标，否则将会导致管理工作的盲目和混乱。当存在多个目标时，通常只能以其中的一个为核心。

## 2. 系统原理的原则

系统原理具有以下两个方面的原则。

1) 整分合原则

整分合原则是指企业系统的管理应在整体规划之下进行明确的分工，并在分工的基础上进行有效的综合，以充分发挥企业系统中各要素的潜力，实现企业的整体目标。企业系统由各个不同的部门子系统组成，需要进行分工管理；同时，各子系统之间存在联系，又必须进行综合和协调。因此，首先，要从整体目标出发，形成全面的了解；其次，要在整体规划下实行明确的分工；最后，在分工的基础上，保持相互联合和协作。

2) 相对封闭原则

相对封闭原则要求企业系统在实施内部管理时，保持各种职能之间的相互制约关系，并构成一个连续的封闭的回路(见图 1-1)。

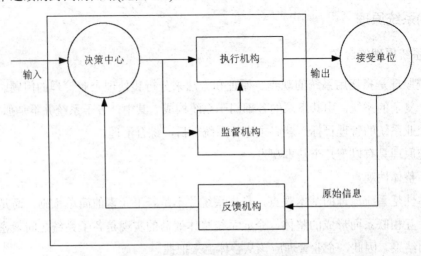

图 1-1　企业系统相对封闭的回路图

需要指出的是，相对封闭原则只是针对企业系统内部而言的，对于外界来说，企业系统则是开放的。相对封闭原则的基本精神是把管理活动过程的各环节加以分割，使各环节之间处于相对独立状态，自主行事，从而充分发挥其功能作用；同时，保持各环节之间的相互制约关系，使任何管理主体、管理活动、管理范围也成为被管理的对象，受到必要的牵制。

## (二)人本原理

### 1. 人本原理的含义

所谓"人本"，就是指以人为根本。人本原理认为企业在管理实践中应该一切从人出发，旨在调动人的主动性、创造性和积极性。人是企业中最重要的资源，也是管理的主体、对象和核心。现代企业管理必须把人的因素放在第一位，依靠、引导并激励员工，充分调动他们的积极性、主动性和创造性，以发挥他们的最大潜能，为实现企业的目标而努力工作。

### 2. 人本原理的原则

人本原理具有以下两个方面的原则。

1) 能级原则

"能级"是物理学中的概念，原意是指原子中具有不同能量的电子只能按照各自特定、分立的轨道绕原子核运动，各个轨道上能量不同的电子处在不同的相应等级。现代管理学从中获得启示，认为企业中组织成员在能力上是存在差别的。能级原则要求企业根据组织成员的实际情况，建立一个合理的能级结构，将管理的内容和对象动态地置于相应的能级中。其中，能级是指组织成员在一定条件下，能对实现企业目标起作用的各种能力之和的差别。

2) 动力原则

在物理学上，"动力"的原意是指使机械做功的各种作用力，如水力、风力、电力等。在现代企业管理中，动力则引申为推动企业前进和发展的力量。动力原则要求企业在管理中正确地运用和协调各种动力，使管理活动持续有效地进行下去。企业中的动力主要包括三类，分别为物质动力、精神动力和信息动力。其中，物质动力是指物质利益和社会经济效益对企业及员工的激励，是其他动力的基础；精神动力包括信仰、精神鼓励和企业的日常思想工作，在特定情况下可能成为决定性的动力；信息动力是指通过信息传递而产生的动力，获取和利用有用信息能够促进企业的发展。

## (三)动态原理

### 1. 动态原理的含义

企业系统受到内部各要素状况的限制和制约，同时也受到外部环境的影响，处于不断的发展变化之中。动态原理认为企业管理是一个动态的过程，必须对其中的每个步骤进行调整，以适应环境的变化。根据动态原理的含义，企业管理者应该以发展的眼光看待问题，并重视信息的搜集，以随时掌握企业内外环境的变化情况。

### 2. 动态原理的原则

动态原理具有以下两个方面的原则。

#### 1) 反馈原则

在控制论中，"反馈"是指控制系统把信息输送出去，又把其作用结果返送回来，并对信息的再输出产生影响，起到控制的作用，以达到预定的目的。在现代企业管理中，反馈原则要求企业建立起一个灵敏、准确、有力的反馈系统，以了解和掌握指令执行的情况，并以此调整未来的行动。企业管理只有在决策、执行、反馈、再决策、再执行、再反馈……这样一个螺旋式上升的过程中，才能不断地进步和完善。

#### 2) 弹性原则

"弹性"的原意是指物体受到外力作用变形后，除去外力作用能恢复原来形状的性质。弹性原则要求企业管理中的方法和措施保持充分的弹性，留有一定余地，以适应客观事物各种可能的变化。

## (四)效益原理

### 1. 效益原理的含义

效益原理是指企业在管理中必须讲求实效，时刻以企业的整体目标为出发点，追求更高的经济效益和社会效益。影响企业效益的因素有很多，如科学技术水平、管理水平、资源的利用率等。需要指出的是，效益原理强调的是谋求企业整体的效益最优，而不是其中某一要素的效益最优。

### 2. 效益原理的原则

与效益原理相对应的原则是价值原则。效益最终是由价值来体现的，因此，价值原则是效益原理在管理实践中的具体化。价值原则要求企业管理过程的各个环节、各项工作始终围绕提高经济效益和社会效益的目的，科学、节省、有效地使用自身的财力、物力、人力和时间等各类资源，尽可能地实现价值最大化。价值可用公式表示为

$$价值 = \frac{效用}{费用}$$

由此可见，价值是由效用和费用两方面决定的，要实现价值最大化，就必须以尽可能少的费用，发挥尽可能大的效用。

# 三、现代企业组织管理

组织是两个以上的人为了实现某一共同目标而建立起来的分工协作关系。现代企业组织管理则是指设计和维持一定的企业组织内部结构和相互关系的一系列活动，其目的是让

企业全体成员能够有效、协调地工作，从而实现企业的目标。

## (一)现代企业组织管理的内容

现代企业组织管理主要包括以下几个方面的内容。

### 1. 组织结构设计

组织结构设计是指以企业目标为中心，对企业组织的层次、部门、权利和责任进行划分、分解和分配的所有过程。组织结构设计是现代企业组织管理中最重要、最核心的环节，其结果是形成明确的企业组织结构形式，使组织的层次结构、部门划分和权责关系得以确立。

### 2. 成员配备及组织协调

成员配备是指将企业成员尽可能地安排在合适的岗位上；组织协调是指对企业各部门之间及企业成员之间的相互分工协作关系、权责关系进行组织与协调，以规范企业内部的各种关系，从而激励企业全体成员为实现企业的目标而努力工作。

### 3. 组织变革

组织变革是指当企业的内外部条件发生一定的变化时，根据实际要求对企业现有的组织结构做出相应的调整和改进，以适应新的环境，从而促进企业活动的正常发展。

【同步阅读 1-4】

### 组织结构对企业的意义

企业的组织结构决定了有关部门和人员的职责及关系模式，是企业能够良好运行的基础，有助于提高企业运行的效果和效率，从而实现企业的目标。组织结构在组织系统中起着框架作用，有了它，组织系统中的人流、物流和信息流才能正常流通，使组织目标的实现成为可能。组织结构对企业的意义主要有以下几个方面。

1. 一个合理有效的组织结构，是企业成功的基础

组织结构可以使整个企业指挥自如、协调配合、信息畅通，使上级的指令及时下传，下级的意见和建议及时上达，还可以使部门之间、上下级之间相互监督、互相制衡。因此，企业应当重视组织结构的设置和改进。在实际中，企业组织结构形同虚设，可能会导致企业缺乏科学决策和运行机制，难以实现发展战略和经营目标；组织构架设计不适当、结构层次不科学、权责分配不合理，可能导致机构重叠、职能交叉或缺位、推诿扯皮、运行效率低下等风险。

2. 组织结构直接影响着企业内部控制体系的整体有效性

企业构建内部控制体系，首先要从规划组织结构开始，这是最基础性的工作，可以说组织结构使有效的企业内部控制成为可能。一个企业的组织机构设置决定了内部控制的结构和流程，也就是说，对于一个有效的内部控制企业应该有相适宜的组织。因此，企业在

21世纪高职高专经管类专业立体化规划教材

进行组织设计时，应该而且必须顾及内部控制的要求。这既能够保证组织高效运营，又能适应内部控制环境的需要进行相应的调整和变革。企业的组织结构必须反映企业的目标和计划、管理人员可利用的职权、企业所处的环境条件，同时必须为组织配备恰当的人员。组织结构的设计应当明确谁去做什么，谁要对什么结果负责，并且消除由于分工含糊不清造成的执行中的障碍，还要提供能反映和支持企业目标的决策和沟通网络。

### (二)现代企业典型的组织结构

现代企业组织结构的设计必须按照一定的原则和要求进行，应考虑企业所处行业的特点、生产规模的大小、生产技术的复杂程度以及管理水平和人员素质等因素。合理的组织结构有助于提高企业管理的效率，而不合理的组织结构则会造成企业管理的混乱。

目前，典型的现代企业组织结构主要有以下几种。

#### 1. 直线制组织结构

直线制组织结构是最古老，也是最简单的一种组织形式，如图1-2所示。

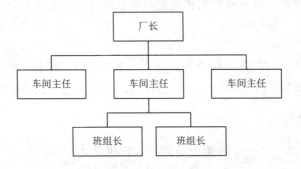

图1-2　直线制组织结构示意图

直线制组织结构的特点是：企业各级行政单位从上到下实行垂直领导，下属部门只接受一个上级的指令，各级主管负责人对所属单位的一切问题负责；企业不另设职能机构，一切管理职能都由行政主管自己执行(可设职能人员协助工作)。

直线制组织结构的优点是：结构简单、责任分明、命令统一。其缺点是：缺乏管理分工，要求行政负责人掌握多种知识和技能，并亲自处理各种职能业务。

当企业规模较大、业务较复杂时，行政负责人难以胜任所有的职能管理工作。因此，直线制组织结构只适合于规模较小，生产技术比较单一的企业。

#### 2. 职能制组织结构

为了缓解直线制组织结构中各级行政负责人管理工作任务繁重的问题，出现了职能制的组织结构，如图1-3所示。

职能制组织结构的特点是：各级行政部门除了行政负责人以外，还设立了相应的专业职能管理机构，以协助各级领导从事各种职能管理工作；各职能机构在其权利范围内可以向下级部门下达指令，而下级行政负责人除了接受其上级主管的指挥之外，还须接受上级职能机构的领导。

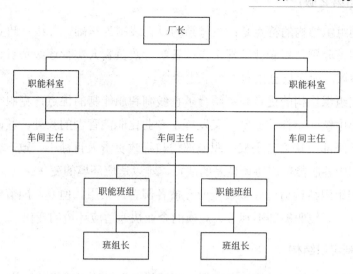

**图 1-3　职能制组织结构示意图**

职能制组织结构的优点是：管理工作分工明确，各职能部门任务专业化，从而避免资源的重复配置，降低了管理费用；减轻了各级行政负责人的负担，使他们能够集中精力进行重要决策，提高了管理工作的效率。其缺点是：违反了统一指挥的原则，难免出现令出多门的现象，令下级部门无所适从；不利于明确职权和责任，容易出现功过不明、赏罚不公的现象；职能部门之间信息沟通困难，协调性较差。

职能制组织结构一般只适合于产品类型单一，且面临相对稳定的市场环境的中小企业，由于其明显缺点，在实践中并未得到广泛采用。

### 3. 直线职能制组织结构

直线职能制组织结构是在直线制组织结构和职能制组织结构的基础上取长补短而建立起来的，如图 1-4 所示。

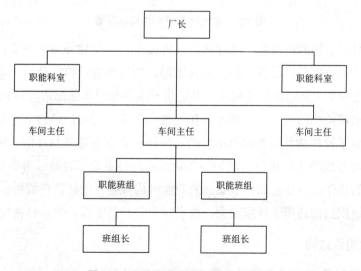

**图 1-4　直线职能制组织结构示意图**

21世纪高职高专经管类专业立体化规划教材

直线职能制组织结构的特点是：主体结构以直线制为基础，各级行政负责人之下设置相应的职能部门，分别从事专业管理工作；各级行政负责人实行逐级负责、统一指挥，职能部门只负责参谋，而无权直接向下级下达命令。

直线职能制组织结构的优点是：结合了直线制和职能制的优点，克服了它们的主要缺点，既保证了集中统一指挥的原则，又发挥了专业化职能管理的长处。其缺点是：高层主管过度集权，下级部门缺乏自主权；职能部门与行政负责人目标不一致，容易发生矛盾；未能克服职能制中各职能部门协调性差的缺点，难以适应环境的变化。

直线职能制组织结构适合大多数企业，被各国普遍采用。但是，随着经济的发展，市场变化速度加剧，直线职能制不利于大规模的企业快速适应环境的变化。

### 4. 事业部制组织结构

事业部制组织结构是一种"集中决策，分散经营"的分权式组织结构，如图 1-5 所示。

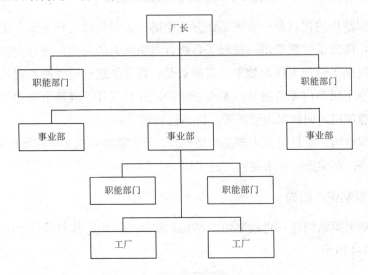

图 1-5　事业部制组织结构示意图

事业部制组织结构的特点是：企业按照地区或产品类别划分为多个事业部，由企业总部领导；各事业部分别负责其各自的产品和市场，分级核算，自负盈亏；企业总部只保留预算、人事任免和重大问题决策等权利，并运用利润指标对事业部进行控制。

事业部制组织结构的优点是：事业部作为独立、完整的生产经营管理系统，拥有较大的自主权，提高了管理的灵活性和对市场的适应性；企业总部从具体的日常事务中摆脱出来，集中精力进行战略决策和长远规划。其缺点是：各事业部容易只考虑自身的利益，影响事业部之间的协作；企业总部和事业部的职能机构重叠，增加管理费用。

事业部制组织结构适用于规模较大、技术复杂、产品多样，但品种稳定的大型企业。

### 5. 矩阵制组织结构

矩阵制组织结构是为了改进纵向管理系统中横向部门之间协调性较差的问题而提出的，其结构如图 1-6 所示。

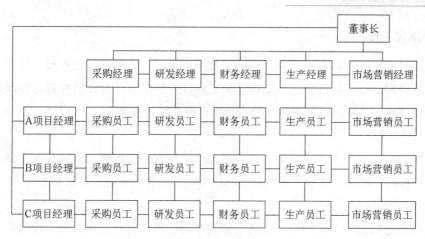

**图 1-6    矩阵制组织结构示意图**

矩阵制组织结构的特点是：由纵横两套管理系统组成，纵向的为职能领导系统，横向的则是为了完成某一任务而组成的项目系统。有的企业需要同时进行几个不同的项目，每个项目要求配备不同专业的技术人员及各种资源。为了加强对项目的管理，每个项目在总经理或厂长领导下由专人具体负责，从而在纵向管理系统的基础上增加了横向的项目系统，形成纵横交错的结构，类似数学中的矩阵，因此得名。通常情况下，项目组由企业中不同背景、不同专业且来自不同部门的人员组成，为了特定的项目任务而共同工作；各成员既接受本项目负责人的领导，又接受原直属部门的领导；当任务完成时，项目组解散，所有人员仍回原所属部门。

矩阵制组织结构的优点是：将组织的纵向联系和横向联系很好地结合起来，有利于加强各职能部门之间的协调和配合；具有较强的机动性，能根据特定需要和环境的变化做出调整，有较强的环境适应能力；将不同部门、不同专业的人员组织在一起，有利于互相启发，集思广益，充分发挥所有成员的才能。其缺点是：项目组成员从职能部门临时抽调，资源管理较复杂，稳定性差，容易使项目组成员产生临时性观点，而不安心工作；项目组成员接受多级领导，权责不清，潜伏着职权关系的混乱和冲突，容易造成管理秩序混乱。

矩阵制组织结构适合于需要对环境变化做出迅速反应的企业，以及需要经常研发新产品的企业。

# 四、企业管理基础工作与管理现代化

## (一)企业管理基础工作

企业管理基础工作是指为实现企业的经营目标并有效地执行各项管理职能而进行的提供资料依据、共同准则、基本措施和前提条件等工作的总和。企业管理基础工作是实行科学管理的客观需要，是企业各项专业管理工作的前提和保证。

企业管理基础工作的内容主要包括标准化工作、定额工作、计量工作、信息工作、规章制度和职工教育。

### 1. 标准化工作

标准是对重复出现的事物和概念所做的统一规定，它通常以特定的形式发布，作为共同遵守的准则和依据。标准化工作是指从制定标准、贯彻标准到评价和修订标准这一系列的管理活动过程。其中，标准可以划分为技术标准和管理标准。

1) 技术标准

技术标准是指对标准化领域中需要协调统一的技术事项所制定的标准，主要包括产品标准、方法标准、基础标准和安全与环保标准等。它是衡量企业产品质量好坏的重要依据。

2) 管理标准

管理标准是指按照有效利用、提高工作效率的要求，对企业中重复出现的管理业务的执行程序及方法所做的统一规定，作为企业管理活动中共同遵守的行为准则。

### 2. 定额工作

定额是指在一定生产和技术组织条件下，企业在人力、物力、财力等方面的消耗和占用上所规定的数量标准。它作为一种衡量尺度，是企业制订相关计划的依据，也是进行经济核算，提高经济效益的有效工具。定额工作是指对企业中各类定额的制定、执行、修订和管理工作。企业中的定额主要包含以下几种。

1) 劳动定额

劳动定额是指在一定生产劳动组织和技术条件下企业所规定的单位产品劳动消耗量标准，可以采用工时定额或产量定额的形式来表示。其中，工时定额是指生产单位产品所需消耗的时间；产量定额则是指单位时间内所应完成的产量。

2) 物资定额

物资定额包括物资消耗定额和物资储备定额。物资消耗定额是指一定生产技术条件下规定的生产单位产品所消耗的物资数量标准；物资储备定额则是指为保证企业生产持续进行所规定的物资储备的数量标准。

3) 设备定额

设备定额包括设备利用定额和设备维修定额。设备利用定额是指在一定生产技术条件下，单台设备在单位时间内的产量标准；设备维修定额是指为编制设备维修计划而规定的相关定额，如维修周期定额、维修劳动量定额和维修费用定额等。

4) 生产组织定额

生产组织定额又称为期量标准，是指在生产组织过程中为编制作业计划而制定的与时间和数量有关的标准，例如，为大量生产计划制定节拍、节奏，为成批生产制定批量，为单件小批生产制定生产周期等。

5) 资金占用定额

资金占用定额是指在一定的生产组织和技术条件下，根据生产经营计划规定的固定资金与流动资金平均占用的标准。其中，固定资金占用定额是企业根据生产经营计划核定的固定资产需求的货币占用量；流动资金占用定额则是经核定的流动资金占用量，包括储备资金定额、生产资金定额和成品资金定额等。

6）费用控制定额

费用控制定额是指根据费用预算规定的一个单位或个人的费用开支限额，如车间办公费用定额、企业管理费用定额等。

### 3. 计量工作

计量是为了达到统一的单位制，通过技术和法律相结合的方式来保证量值准确一致的方法。计量工作则是指运用科学的方法和手段，对生产经营活动中的各种量值进行的管理活动，它是保证产品质量的重要条件。

计量工作包括计量技术和计量管理两个部分。

1）计量技术

计量技术是指计量方面的技术研究与实际应用，包括计量标准的建立、测量方法的研究以及实地测量和测量数据分析等。

2）计量管理

计量管理是指对企业中所有的计量方法和手段以及计量结果进行的管理活动，是计量工作中的重要组成部分，保证了企业计量活动统一、准确地进行。

### 4. 信息工作

信息工作是指对企业生产经营活动中产生的各种资料、数据和情报进行收集、处理、传递、存储等一系列管理活动的总称，是企业进行经营决策的前提和依据。

企业中的信息可分为内部信息和外部信息两大类。其中，内部信息是企业在自身生产经营过程中产生的，包括各项专业管理的原始记录、台账、统计报表和统计分析结果等；外部信息是企业收集的各类科学技术情报、社会需求状况以及国内外同行的动态等，反映企业外部环境的情况。

企业信息工作的具体内容主要包括信息的收集、加工、存储、检索和传递等。

1）信息收集

信息收集是信息工作的起点。随着企业经营活动的进行，就会不断有新的信息需要收集。因此，信息收集不是一次就能完成的工作，它需要反复地进行。

2）信息加工

信息加工是指对收集到的原始信息进行分类、排序、计算、比较和选择，从而去粗取精，去伪存真，提高信息的质量。

3）信息存储

信息存储是指将加工过的信息按照一定的方式和规则进行保管并存在特定的载体中，以供日后参考使用。当收集到新的信息时，存储的信息也必须及时更新。

4) 信息检索

信息检索是指根据用户的需要找出有关信息的过程。由于企业存储的信息会随着时间的推移不断增加，为了能快速地找出所需信息，就必须借助科学的信息检索手段。

5) 信息传递

信息传递是指信息按照规定的方式，通过特定的渠道和途径进行传达和反馈的过程，以供企业各部门及参与企业经营管理活动的相关人员使用。

### 5. 规章制度

规章制度是指用文字形式对企业生产、技术、经济等活动所制定的各类条例、规则、程序和办法的总称。它是企业全体成员必须共同遵守的准则，具有一定的强制性。企业规章制度的制定必须从实际出发，考虑企业的特点和生产需要。

从总体上讲，企业的规章制度可分为以下四类。

1) 基本制度

基本制度是企业之中最根本性的制度，如企业领导制度、职工代表大会制度和民主管理制度等。

2) 工作制度

工作制度是企业进行各项活动的具体规范和准则，如计划管理制度、生产管理制度、销售管理制度、人事管理制度和行政管理制度等。

3) 责任制度

责任制度是对企业内部各级组织和各成员在其工作范围内拥有的权利和应负责任的规定，通常可分为岗位责任制和技术责任制。

4) 奖惩制度

奖惩制度是为了保证其他规章制度的执行，严格劳动纪律，并充分调动企业成员的积极性而制定的科学有效的考核和奖惩办法。企业在制定奖惩制度时，必须做到奖惩有度，赏罚分明。

### 6. 职工教育

职工教育是指企业对企业全体成员根据其所从事的本职工作以及本岗位所需具备的职业道德和基本技能而进行的培训教育活动。按照培训对象的不同，可分为管理人员培训、技术人员培训和工人培训。

1) 管理人员培训

管理人员培训的对象是企业的各级管理人员，对于不同层级的管理人员，培训内容的侧重点也有所不同。通常情况下，对于企业的高层管理者，培训的内容大体包括国家现行路线方针、经济政策、法律法规、外贸知识以及管理理论等；中层管理人员培训的主要内容包括专业知识、职业道德、企业法规和管理方法等，以提高他们的业务能力、管理水平和自身素质；基层管理人员培训的内容包括关于业务技术、思想作风、现场控制技巧和安全生产等方面的知识，主要提高他们的业务技术水平和组织管理实际工作的能力。

2)　技术人员培训

技术人员是企业的技术资源和宝贵财富，培训他们的目的是使他们更新知识，拓展思路，精通业务，以提高工作能力。培训的主要内容通常包括：新技术发展动态、知识产权法规、技术经济政策、产品研发与管理以及计算机应用技术和外语等。

3)　工人培训

工人是企业的实际生产人员，通常占企业成员中的大多数。对这类人员培训的主要内容包括实际操作技能、技术晋级训练、企业规章制度、安全注意事项和岗前培训等，以逐步提高他们的劳动技能和自身素质。

## (二)企业管理现代化

企业管理现代化是一个系统的概念，它是指为适应现代化生产力和市场经济发展的客观要求，运用科学的思想、组织、方法和手段，对企业的生产经营活动进行有效的管理，使之达到或接近世界先进水平，以创造最佳的经济效益。

企业管理现代化主要表现在管理思想现代化、管理组织现代化、管理人才现代化和管理技术现代化四个方面。

### 1. 管理思想现代化

思想观念的转变是企业实现管理现代化的先决条件。按照目前市场经济环境下的客观要求，管理思想的现代化需要树立以下基本观念。

1)　投入产出观念

企业从事生产经营活动必须讲究经济效益，力争以尽可能少的人力、物力、财力和时间的投入，获得尽可能多的产出，而反对盲目追求速度和规模，轻视效率和效益的思想。

2)　市场观念

产品的价值最终必须通过市场交换来实现，不按照市场规律办事，企业就很难生存发展。因此，必须及时调查市场动态和用户需求状况，将企业的经营活动和市场的变化情况紧密联系起来，才能在市场中立于不败之地。

3)　竞争观念

竞争是市场经济的重要特性，市场的竞争是无情的。企业必须时刻保持忧患意识，不断地提高自身的经营管理水平，改进产品质量，以优质的产品、优质的服务和良好的信誉来满足客户的需求，才能在残酷的市场竞争中胜出。

4)　金融观念

市场经济的发展离不开金融。企业要实现发展，仅仅依靠自有的资金是不够的。因此，企业必须跟上时代的步伐，善于运用现代金融手段，为企业的发展募集资金。

5) 时间和信息观念

时间和信息是现代市场中的重要资源。在激烈的市场竞争中，新产品的开发时机必须恰到好处，才能够占领市场，增加盈利。另外，现代企业的经营更离不开信息，没有准确及时的信息，就容易导致决策失误。

6) 人才开发观念

市场竞争归根到底是人才的竞争。企业的发展必须依靠人才，同时，企业的利益也关系到员工的切身利益。因此，企业应该正确树立人才开发的观念，重视发现和培养人才，合理使用人才，积极吸引人才，从而充分发挥他们的能力，为企业的发展做出贡献。

### 2. 管理组织现代化

管理组织是企业经营管理系统中的重要组成部分。现代化的管理组织是根据统一指挥、分权与集权相结合而建立的，能够适应科学技术和生产力发展的需要，从本企业的特点和实际情况出发，对企业组织机构、生产指挥系统、服务系统不断进行调整，并建立科学的责任制等各类规章制度，使管理组织合理化、高效化。

需要指出的是，万能的管理组织结构是不存在的，哪一种组织结构更有效，不仅在于这种组织结构本身是否科学，还与经济体制、管理人员素质、生产规模和技术规模等因素相关。企业应该考虑到自身的具体情况，建立最合适的管理组织。

### 3. 管理人才现代化

推进企业管理现代化进程，归根结底必须依靠人的聪明才智和创造力，管理人才在企业发展中所起的作用是不能低估的。如果没有大批优秀的现代化的管理人才，就无法实现企业管理现代化。

要做到管理人才现代化，就要从以下几个方面进行努力。

1) 积极选拔管理人才

企业始终应该积极选拔优秀的现代化管理人才，不断给企业现代化管理的推进注入新的活力。

2) 合理使用管理人才

管理人才的现代化不能简单地追求管理人才的数量，更应该考虑他们的合理使用。首先，要熟悉管理人才的专长和特点，将其安排到合适的管理岗位上；其次，各个层次管理人才的构成必须搭配得当；最后，必须做到用人不疑，以充分发挥管理人才的作用。

3) 精心培养管理人才

管理人才必须注重学习，不断了解时下先进的管理理论，才能与时俱进。因此，为了使企业的管理人员的管理能力始终保持在较高的水平上，就必须注重管理人才的培养。

4) 努力留住管理人才

在拥有了优秀的现代化管理人才之后，企业还需要考虑留住人才的工作，使其在更长

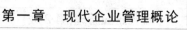

的一段时间内为企业的发展做出贡献。

**【同步阅读 1-5】**

### 现代化管理人才的标准

所谓现代化的管理人才，是指经过严格训练，具有现代化管理观念，具有较高的理论和政策水平、丰富的实践经验，能对以人为核心的动态系统进行良好控制的管理人员。

现代化的管理人才应该具备以下条件。

(1) 经过系统的学习和训练，拥有扎实的理论功底。

(2) 具有较高的政策水平。

(3) 熟悉现代化管理的动态过程，善于进行计划、组织、协调、控制、指挥和监督。

(4) 掌握现代化的管理方法和手段。

(5) 有明确的管理目标。

(资料来源：李瑞平. 管理人才与企业现代化. 管理观察，2009(3))

#### 4. 管理技术现代化

管理技术现代化主要包括管理方法现代化与管理手段现代化。

1) 管理方法现代化

管理方法现代化是指在企业管理过程中，广泛采用一些先进的科学方法，以解决具体的管理问题。随着现代科学技术的发展，产生了多种现代化管理方法，如目标管理、统计分析方法，以及技术经济分析中的系统工程、价值工程、成本效益分析等。

2) 管理手段现代化

管理手段现代化是指在实际的企业管理活动中使用一些先进的措施和工具，其中一个主要标志是使用计算机代替手工管理。现代企业规模庞大、结构复杂、分工精细，对信息处理的速度和准确性有了更高的要求，传统的手工管理方式早已不能适应。因此，必须在管理活动中充分利用计算机及相关信息技术手段。

善于采用先进的管理技术，能提高企业经营管理的效率。但是，也需要注意，推广现代化的管理技术必须考虑到企业的自身条件，有选择地采用，如果一味求全求新，追求一时的轰动效应，反而会增加企业的负担。

## 五、企业文化

企业文化是由美国在 20 世纪 80 年代初首先提出的。当时，日本在第二次世界大战之后资源严重匮乏的情况下实现了经济的迅速崛起，对美国乃至西欧的经济形成了挑战，从而引起了美国人的重视和反思。在对日本企业进行了大量考察和研究之后，美国学者发现，日本企业成功的秘诀在于将目标、信念、价值观等文化层面的因素融入企业管理中，形成了强大的凝聚力，充分调动了员工的积极性。于是，提出了"企业文化"的概念。企业文

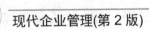

化理论的提出，为企业管理注入了新的生命力，把企业管理理论推到了一个新的阶段。

## (一)企业文化的概念及特征

### 1. 企业文化的概念

企业文化是指企业在一定的社会文化背景下，从长期的经营实践活动中逐渐积累和形成的，被企业全体成员普遍认可并遵循的，稳定、独特的价值观念和行为规范的总和。企业文化影响着企业的方方面面，同时，也随着社会环境的变化和企业的发展而不断地丰富、完善。

【同步阅读 1-6】

### 企业文化的五要素

特伦斯·迪尔(Terrence E. Deal)和艾伦·肯尼迪(Allan A. Kennedy)在 1982 年出版的《企业文化：企业生活中的礼节与仪式》一书中提出，企业文化由企业环境、价值观、英雄人物、文化仪式和文化网络五个要素构成。

(1) 企业环境：包括企业的性质、经营方向、外部环境、社会形象以及与外部的联系。

(2) 价值观：是指企业内部成员看待某件事情或某种行为的态度，是企业文化的核心。

(3) 英雄人物：是指企业文化的核心人物或企业文化的人格化，为企业员工提供榜样。

(4) 文化仪式：是指企业内的各种表彰、奖励活动、聚会以及文娱活动等。

(5) 文化网络：是指企业内部的非正式信息传递渠道，用于传播文化信息。

(资料来源：特伦斯·迪尔，艾伦·肯尼迪. 企业文化：企业生活中的礼仪与仪式. 李原，孙建敏，译.

北京：中国人民大学出版社，2008)

### 2. 企业文化的特征

企业文化具有以下几个方面的基本特征。

1) 独特性

企业文化是在日常的经营管理活动中逐渐建立起来的，受到一定的社会环境和企业内部环境的影响。因此，每家企业的企业文化都具有自己的特点，盲目地照搬其他企业的企业文化是不可行的。

2) 稳定性

企业文化的形成是一个长期的过程，一旦形成，就会被所有的企业成员接受，保持相对稳定的状态，不会在短时间内发生较大的变化。当然，企业文化也不是一成不变的，它也会随着内外环境的变化而不断得到调整，以适应企业的发展。

3) 继承性

企业文化的产生和发展必然会继承本民族的文化传统，也会继承本企业的优秀文化传统。随着企业的不断发展，作为意识形态存在的企业文化，会被后继的企业成员所接受，并继承下去。

4) 开放性

企业文化具有开放性的特征。一方面，企业文化会引进、改造和吸收其他企业的文化，以丰富自身的内容；另一方面，随着企业的发展和成长，企业文化也会不断地完善和进步，以适应新的环境。

5) 系统性

企业文化是一套完整的体系，包括意识形态、制度形态和物质形态等不同的层次和内容。这些内容相互联系、相互依赖，紧密地结合为一个整体，体现了一个组织的集体意志，从而形成凝聚力，发挥整体优势。

6) 人本性

以人为本是企业文化的中心内容，强调人的理想、道德、价值观和行为规范在企业管理中发挥的重要作用。企业只有充分重视人的价值，尊重人、理解人、培养人并造就人，使人产生认同感、归属感和安全感，才能最大限度地调动人的积极性。

## (二)企业文化的结构与功能

### 1. 企业文化的结构

关于企业文化的结构，学术界存在很多种不同的看法，目前比较公认的是采用同心圆结构来描述企业文化。同心圆结构将企业分为四个层次，从外到内分别为物质文化、行为文化、制度文化和精神文化，如图1-7所示。

**图 1-7　企业文化的同心圆结构**

1) 物质文化

物质文化是企业文化中的表层部分，由企业生产的产品以及各种物质设施构成，以物质的形态表现出来。物质文化包括企业的物质环境、生产设备、产品、企业名称和标识等。由于物质文化的表现形式比较直观，所以也被称为有形的企业文化。

2) 行为文化

行为文化位于企业文化结构的中层，是指企业成员在生产经营、人际交往和学习娱乐中产生的活动文化。行为文化包括企业在经营活动、教育宣传、人际关系活动和文娱体育等活动中产生的文化现象，是企业经营作风、精神面貌和人际关系的动态体现，也是企业理念的折射。

3) 制度文化

制度文化处在企业文化结构的中间层，是指广大企业成员认可并遵守的领导体制、组织形态和经营管理模式等。制度文化是规范企业和员工行为的外显文化，它与精神文化之间相互影响、相互促进，即合理的制度会促进企业经营理念和员工价值观念的形成，而正确的经营理念和价值观念则有助于制度的贯彻。

4) 精神文化

精神文化是企业文化中的核心内容，是指企业在长期的经营活动中，受到一定社会文化的影响而形成的精神成果和文化观念。精神文化包括企业精神、经营哲学、企业道德、价值观念和企业风貌等内容，是企业的无形财富。

## 2. 企业文化的功能

企业文化通常具有以下几个方面的功能。

1) 导向功能

企业文化的导向功能是指企业文化对企业成员行为的引导作用。企业文化能够显示企业的发展目标和方向，从而诱导企业成员自觉地朝着这个目标而努力。需要指出的是，导向功能与必须强制遵守的明文规定不同，它强调通过价值观渗透来引导企业成员的行为和活动，而非强制手段。

2) 激励功能

企业文化的激励功能是指企业文化对企业成员工作主动性、积极性和创造性的激发作用。激励的方式包括物质激励和精神激励。企业文化的一个主要特点是重视人的价值，激发企业成员的主体意识，从而使他们从内心产生积极向上的进取精神，为促进企业的发展做出更大的贡献。

3) 凝聚功能

企业文化的凝聚功能是指企业文化通过培养企业成员的认同感和归属感，建立成员与企业之间的相互依存关系，形成凝聚力，从而使他们以企业的生存和发展为己任，愿意与企业同甘共苦。企业文化凝聚功能的前提在于企业对其成员的吸引力。

4) 约束功能

企业文化的约束功能主要表现在两个方面：一方面是硬性的约束，是指企业文化中成文的规章制度对企业成员的约束力；另一方面是软性的约束，是指企业文化中的价值观念和道德规范对企业成员的内化，从而使他们在观念上形成一种无形的自我约束。

5) 调适功能

企业文化的调适功能是指企业文化对企业之中存在的不协调之处进行的调整和适应。不协调之处具体表现在企业各部门之间、员工之间、企业与环境之间、企业与客户之间以及企业与国家之间。

6) 辐射功能

企业文化的辐射功能是指企业文化通过各种传播渠道向外界的扩散作用。企业文化在受到社会文化影响的同时，也潜移默化地影响着社会文化的发展。辐射功能扩散的途径主要有产品、价值观、人员和媒体宣传。

## (三)企业文化的建设

### 1. 企业文化形成的影响因素

影响企业文化形成的因素包括外部影响因素和内部影响因素。

1) 外部影响因素

影响企业文化形成的外部因素主要包括民族文化因素、地域文化因素、行业文化因素和外来文化因素。

(1) 民族文化因素。不同的民族拥有不同的文化，这种文化必然会影响企业文化的形成。民族文化不仅会在企业的价值观念、行为准则和道德规范等方面打上深深的烙印，还会对企业的经营思想和发展战略产生深远的影响。

(2) 地域文化因素。俗话说："一方水土养育一方人。"由于处在地理、历史、政治、经济和人文环境之下，因此，无论是不同的国家还是同一国家的不同地区，在文化上都存在地域性的差异，这种差异会在一定程度上影响企业文化。

(3) 行业文化因素。由于不同行业在生产特点和管理模式上都具有自身的特性，各个行业的企业在企业文化上也必然存在差异。一个行业在没有发生革命性的变化之前，其基本特性通常不会发生太大的变化。

(4) 外来文化因素。对于特定企业而言，外来文化是指从其他国家、其他民族、其他地区、其他行业和其他企业引进的文化，这些文化都会对企业文化产生一定影响。随着市场的融合和经济的全球化进程，不同国家、不同地区的企业之间的交流和合作日益频繁，在此过程中也经常伴随着企业文化的辐射。

2) 内部影响因素

影响企业文化形成的内部因素主要包括企业传统因素、企业发展阶段因素、企业战略因素和企业成员个人文化因素。

(1) 企业传统因素。企业传统是指企业在发展过程中逐渐积累的经营哲学、价值观念和发展目标等文化方面的风格。企业传统是企业文化形成的重要影响因素，同时，企业文化的发展也是对企业传统去粗求精的过程。

21世纪高职高专经管类专业立体化规划教材

(2) 企业发展阶段因素。通常情况下，一家企业的发展会经过创业期、成长期和成熟期这三个阶段。处于不同发展阶段，会面临着不同的发展状况和问题，其关注的焦点也不一样，进而影响企业文化。

(3) 企业战略因素。在不同的时期和不同的环境下，企业战略通常需要做出相应的调整或变革，以适应企业的发展。这时，企业文化也会随之进行重新调整、修正、补充和更新。

(4) 企业成员个人文化因素。企业成员个人文化因素是指企业成员的人格特征、思想素质、文化素质和技术素质，它直接影响和制约着企业文化的形成。特别是企业中的领导者和员工中的模范人物，对企业文化的影响尤为显著。

### 2. 企业文化建设的基本程序

企业文化的建设一般需要经历以下几个阶段。

1) 计划与设计阶段

这个阶段首先要对企业的相关情况进行调查，调查的内容包括企业的传统作风、发展战略、行为模式、道德标准以及企业成员的素质等；然后，有针对性地提出企业文化建设目标的初步设想，并发动企业成员参与讨论与设计；最后，制定出切实可行的企业文化实施方案。

2) 培养与执行阶段

在制定出得到大多数企业成员认可的企业文化实施方案之后，就要具体加以落实。在这一阶段，需要利用企业全部的传播媒介，按照实施方案的内容进行有意识的宣传，使之传播到每一位企业成员，从而引导他们的精神风貌和行为规范，并形成特有的企业形象。

3) 评估与调整阶段

评估与调整是指在对企业文化的实施方案进行了一段时间的培养和执行之后，针对执行的效果以及出现的相关问题进行总结、分析和评价，并对其中的内容进行适当的调整，使企业文化的建设向健康、正确的方向发展。这个阶段中的评估与调整可能会反复进行多次，以达到理想的效果。

4) 巩固与发展阶段

这个阶段是指在建立了相对稳定的企业文化之后，进一步突出文化个性，发挥企业文化的效能。同时，根据企业内外部环境的变化，对企业文化的内容进行优化，使之适应企业的发展，并保持一致性和连续性。

# 本章知识结构图

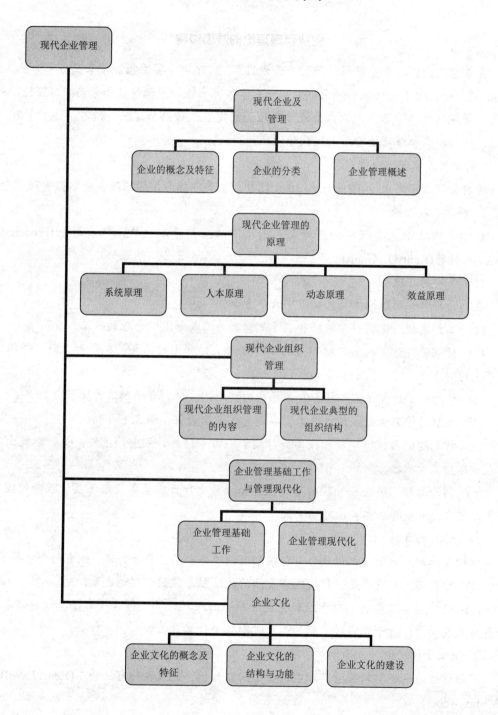

# 扩 展 阅 读

## 企业管理理论的发展过程

真正意义上的企业管理科学产生于西方国家。1776年，英国经济学家亚当·斯密(Adam Smith)在《国民财富的性质和原因研究》一文中系统阐述了劳动价值和劳动分工理论，揭开了企业管理研究的序幕。此后，企业管理理论的发展大致经历了三个阶段：古典管理理论阶段、行为科学管理理论阶段和现代管理理论阶段。

(一)古典管理理论阶段

古典管理理论形成于19世纪末20世纪初，主要包括科学管理理论和组织管理理论。

1. 科学管理理论

科学管理理论主要研究如何提高单个工人的生产率，代表人物有泰勒(Fredeick W. Taylor)和甘特(Henry L. Gantt)。

1) 泰勒的贡献

泰勒的科学管理理论主要包括以下六个方面。

(1) 工作定额：根据科学依据和实际测量，为工人制定"合理的日工作量"。

(2) 标准化：让工人采用标准化的操作方法及标准化的工具、机器和材料，并保证作业环境的标准化。

(3) 能力与工作相适应：根据员工的能力将他们分配到合适的工作岗位上。

(4) 差别计件工资制：使计件工资率随完成定额的程度而上下浮动。

(5) 计划职能与执行职能相分离：计划职能由专门的计划部门承担，执行职能由所有工人和部分工长承担。

(6) 例外原则：将企业管理的工作进行合理分类，日常事务交给基层管理者处理，高层管理者只负责监督和重大问题的决策。

2) 甘特的贡献

甘特是泰勒在米德维尔钢铁公司和伯利恒钢铁公司的重要合作者，他有两个重要贡献。

(1) 甘特图。甘特图是一种用线条表示的计划图，常用于编制进度计划。

(2) 计件奖励工资制。对于超额完成定额的工人，除了支付其日工资，超额部分还以计件方式发奖金；对于未完成定额的工人，则只支付其日工资。

2. 组织管理理论

组织管理理论着重研究管理职能和整个组织结构，代表人物有法约尔(Henri Fayol)和韦伯(Max Weber)。

1) 法约尔的贡献

法约尔提出了企业的六项基本活动，认为管理只是其中的一种，具有五大职能；另外，还提出了管理人员处理问题时应遵循的十四条原则。

(1) 企业的基本活动，包括技术活动、商业活动、财务活动、安全活动、会计活动和管理活动。技术活动，是指生产、制造和加工；商业活动，是指采购、销售和交换；财务活动，是指资金的筹措、运用和控制；安全活动，是指设备的维护和人员的保护；会计活动，是指货物盘点、成本统计和核算；管理活动，包括计划、组织、指挥、协调和控制五大职能。

(2) 管理人员应遵循的原则如下所述。

① 劳动分工：将技术工作和管理工作进行专业化分工。

② 权力和责任：管理者在行使权力的同时，必须承担相应的责任。

③ 纪律：企业领导与下属之间在服从、勤勉、积极、举止和尊敬等方面应该达成一定的协议。

④ 统一指挥：组织内每个人只能服从一个上级并接受其命令。

⑤ 统一领导：凡目标相同的活动，只能有一个领导、一个计划。

⑥ 个人利益服从集体利益：集体的目标必须包含员工的个人目标，而个人和小团体的利益不能超越集体的利益。

⑦ 报酬合理：报酬制度应当公平，奖励应该有限度。

⑧ 集权与分权：要根据企业的性质、条件和环境，人员的素质来决定集权和分权的合适程度。

⑨ 等级链和跳板：请示要逐级上报，指令要逐级下达；同级之间可横向沟通，但需征求上级意见。

⑩ 秩序：有地方放置每件东西，而每件东西都放在该放置的地方；有职位安排每个人，且每个人都被安排在应安排的职位上。

⑪ 公平：在待人方面，管理者要做到善意与公正。

⑫ 人员稳定：尽量保持企业各成员的相对稳定性，避免人员的经常变动。

⑬ 首创精神：领导本人要具有首创精神，并鼓励企业全体成员发挥首创精神。

⑭ 集体精神：在企业内部形成团结、和谐、协作的气氛。

2) 韦伯的贡献

韦伯的主要贡献是提出了"理想的行政组织体系"理论。他认为，理想的组织形式应该具有以下8个特点。

(1) 存在明确分工。把组织内的工作分解，按职业专业化对成员进行分工，并明文规定每位成员的权利和责任。

(2) 按等级原则对职位进行法定安排，形成一个自上而下的指挥链或等级体系。每个下级都处于同一上级的领导下，而每位管理者不仅要对自己的决定和行动负责，还要对下级的决定和行动负责。

(3) 根据经过正式考试或教育培训而获得的技术资格来选拔员工，并完全根据职务的要求来任用。

21世纪高职高专经管类专业立体化规划教材

(4) 除个别需要通过选举产生的公职外,所有担任公职的人都是任命的。

(5) 行政管理人员是"专职的"管理人员,领取固定薪金,有明文规定的升迁制度。

(6) 行政管理人员不是其所管辖企业的所有者,只是其中的工作人员。

(7) 行政管理人员必须严格遵守组织中的规则、纪律和办事程序。

(8) 组织中成员之间的关系以理性准则为指导,不受个人情感影响,组织与外界的关系也是这样。

(二)行为科学管理理论阶段

行为科学管理理论形成于 20 世纪 20 年代,早期被称为人际关系学说,之后发展为行为科学,即组织行为理论。

1. 人际关系学说

人际关系学说是由美国的梅奥(George Elton Meyao)和罗特里斯伯格(Fritz J. Roethlisberger)等人创立的,其特点是将社会学、心理学等引进了企业管理的研究领域,特别重视人的因素。该学说的主要内容包括以下几个方面。

(1) 工人不仅是"经济人",而且还是"社会人"。科学管理学派认为金钱是刺激人们工作积极性的唯一动力,梅奥则认为,除了物资需求外,还有社会、心理等方面的需求,不能忽视社会和心理因素对工人工作积极性的影响。

(2) 企业中存在着非正式组织。企业成员在共同工作的过程中,相互之间必然产生共同的感情、态度和倾向,形成共同的行为准则和惯例,从而构成"非正式组织"。非正式组织和正式组织相互依存,对生产率有重大影响。

(3) 新型领导者的作用在于提高员工的士气和满足感,以此提高生产率。梅奥认为,生产率主要取决于员工的工作态度以及人际关系。

2. 行为科学

1949 年,美国芝加哥大学召开了一次由哲学家、精神病学家、心理学家、生物学家和社会学家等参加的跨学科会议,讨论如何应用现代科学知识来研究人类行为的一般规律,并将这门综合性学科命名为"行为科学"。行为科学中产生了大量有影响力的理论,主要有马斯洛(Abraham H. Maslow)的"需求层次理论"、麦克雷戈(Douglas M. Mcgregor)的"XY 理论"、麦克利兰(David C. McClelland)的"成就需求理论"、赫茨伯格(Frederick Herzberg)的"双因素理论"以及弗鲁姆(Victor H. Vroom)的"期望理论"等。

(三)现代管理理论阶段

现代管理理论在继承了古典管理理论和行为科学管理理论重要成果的基础上,将现代科学技术引入到管理理论中,形成了新的管理科学理论。其中,有代表性的理论有数量管理理论、权变理论和决策理论。

1. 数量管理理论

数量管理理论采用先进的数学模型、计算机技术以及系统论、信息论和控制论的方法,对企业中的人力、财力、物力和信息资源进行系统的定量分析,以做出最优化规划和决策。数量管理理论的代表人物是伯法(Elwood S. Buffa)。

2. 权变理论

权变理论强调企业管理要根据所处的环境随机应变，力图研究组织和环境的联系，并确定各种变量的关系类型和结构类型。例如，在经济衰退期，由于市场供大于求，集权的组织结构可能更合适；而在经济繁荣期，由于市场供不应求，分权的组织结构则可能更适合。权变理论的代表人物是卢桑斯(Fred Luthans)和伍德沃德(Joan Woodward)。

3. 决策理论

决策理论主要以统计学和行为科学作为基础，力图在管理领域中寻找一套科学的决策方法，以便在众多方案中做出明确、合理、迅速的选择。决策理论的代表人物是西蒙(Herbert A. Simon)。

(资料来源：姚丽娜，崔松岩，刘洋. 新编现代企业管理[M]. 北京：北京大学出版社，2012)

# 同 步 测 试

## 一、单项选择题

1. 用人较多，产品成本中活劳动消耗所占比重较大的企业属于(    )。
   A. 技术密集型企业　　　　　　B. 劳动密集型企业
   C. 资金密集型企业　　　　　　D. 生产密集型企业

2. 与效益原理相对应的原则是(    )。
   A. 整分合原则　　B. 弹性原则　　C. 反馈原则　　D. 价值原则

3. 既有垂直领导系统，又有横向领导系统的组织结构是(    )。
   A. 矩阵制组织结构　　　　　　B. 直线制组织结构
   C. 事业部制组织结构　　　　　D. 直线职能制组织结构

4. 下列不属于企业管理基础工作的是(    )。
   A. 计量工作　　B. 标准化工作　　C. 生产工作　　D. 定额工作

5. 企业文化通过各种传播渠道向外界的扩散作用是企业文化的(    )。
   A. 导向功能　　B. 凝聚功能　　C. 调适功能　　D. 辐射功能

## 二、多项选择题

1. 按照组织形式的不同，企业可以分为(    )。
   A. 独资企业　　B. 家族企业　　C. 合伙企业　　D. 公司

2. 人本原理所对应的原则有(    )。
   A. 能级原则　　B. 相对封闭原则　C. 动力原则　　D. 反馈原则

3. 矩阵制组织结构的优点有(    )。
   A. 有利于加强各职能部门之间的协调和配合
   B. 能根据特定需要和环境的变化做出调整
   C. 保证了集中统一指挥的原则
   D. 有利于互相启发，集思广益

21世纪高职高专经管类专业立体化规划教材

4. 信息工作的主要内容包括(　　)。

　　A. 信息的收集　　　　　　　　B. 信息的加工

　　C. 信息的存储与检索　　　　　D. 信息的传递

5. 企业文化具有(　　)。

　　A. 导向功能　　B. 激励功能　　C. 赢利功能　　D. 调适功能

## 三、简答题

1. 什么是企业？它具有哪些基本特征？

2. 简述企业管理的内容。

3. 试列举并解释系统原理所对应的原则。

4. 试比较直线制组织结构和职能制组织结构的优缺点。

5. 试阐述企业文化建设的基本程序。

## 四、案例分析题

　　潮阳有一家民营企业，老板姓刘，他从18岁就开始做小工帮人家送货，后来慢慢自己做起小生意。适逢潮阳内衣制造业迅猛发展时期，他就开办了一家内衣加工厂，亲朋好友都来帮忙打理。随着工厂越做越大，人数达到500多人。刘老板认为，工厂应该赚钱才对，但实际上除去银行还贷和正常开支，每年收入所剩无几。

　　刘老板经常巡视车间，发现了很多问题：各车间的良品、不良品、半成品及原料到处乱放，无标识，无区分；车间地面很脏，天花板上的蜘蛛网连成一片，出货的电梯门敞开，还曾经发生过安全事故；机修师傅的工具和员工的工具随地放置，常常遗失，不停申请购买；机器有时候突然损坏，一修就是半天，还缺少零部件；工作时间内，有的工人打电话，有的工人听收音机，还有的干脆戴着耳机。

　　工厂员工士气不振，管理人员都抱怨说管理太难。更让人心烦的是，出货老是延期，产品质量无法控制，客户抱怨加大。刘老板心里也明白这样下去，企业肯定无法经营，可又不知道该如何改变。

(资料来源：根据"爱问共享资料"整理)

　　思考：

(1) 案例中的企业没有做好企业管理基础工作的哪几项？

(2) 根据你所学的知识，为刘老板加强企业管理提几点建议。

# 项 目 实 训

## 【实训项目：模拟创建一家企业】

选择一个行业，组成小组，模拟创建一家企业。

**【实训目的】**

熟悉企业创办的基本流程，并对企业的组织设计和企业文化建设形成直观的认识。

**【实训内容】**

学生自由组合，形成3～4人的小组，每个小组组成一个团队，模拟创办一家企业，主要内容包括以下几个方面。

(1) 确定企业名称和拟定地点，并为企业设计一个标识。

(2) 综合考虑资金、人员和地域等实际情况，确定企业的主营业务。

(3) 根据所学知识，为企业设计一个合理的组织结构。

(4) 为企业进行文化建设，设计独特的经营理念和宣传口号。

**【实训要求】**

| 训练项目 | 训练要求 | 备　注 |
|---|---|---|
| 对企业及企业管理原理进行了解 | (1)3～4人为一个小组，每个小组组成一个团队；<br>(2)模拟创办一家企业，确定企业基本信息(包括企业名称、标识和主营业务等)、经营范围、组织结构以及企业经营的理念 | 形成创业计划书 |
| 企业的组织设计 | (1)组织设计按照一定的原则和要求进行；<br>(2)组织设计要考虑企业所处行业的特点、生产规模的大小；<br>(3)组织设计要考虑企业生产技术的复杂程度以及管理水平和人员素质等 | 设计出企业组织架构图 |
| 企业文化建设 | (1)了解企业文化概念及特征；<br>(2)熟悉企业文化的结构与功能；<br>(3)了解企业文化的影响因素；<br>(4)掌握企业文化建设的程序 | 把握好企业文化建设的每一个步骤 |

# 第二章

## 现代企业制度

**学习目标与要求**

➢ 熟悉企业制度的概念，掌握企业制度的类型及形式；

➢ 熟悉现代企业制度的概念，掌握现代企业制度的特征；

➢ 熟悉我国建立现代企业制度对公司制形式的选择，掌握现代企业制度的内容。

【引导案例】

## 中华老字号如何新发展

根据《"中华老字号"认定规范(试行)》的定义,中华老字号是指"历史悠久,拥有世代传承的产品、技艺或服务,具有鲜明的中华民族传统文化背景和深厚的文化底蕴,取得社会广泛认同,形成良好信誉的品牌"。我国拥有众多的老字号企业,如全聚德、同仁堂、胡庆余堂、楼外楼等,这些中华老字号往往都是传承了独特的产品、技艺或服务,具有中华民族特色和鲜明的地域文化特征,具有历史价值和文化价值。同时经过长时间的历史检验,具有良好信誉,得到了广泛的社会认同和赞誉,很多在国内外都享有盛誉。但是,在当今经济全球化的条件下,技术进步日新月异,市场竞争日趋激烈,许多中华老字号由于企业体制、管理经营等多种原因,不能适应市场发展,逐步丧失了可持续发展的能力。我国众多老字号的生存危机的根本原因就在于没有建立起现代企业制度,而向现代企业制度靠近的老字号企业往往都获得了高速发展。现代企业制度是指产权清晰、权责明确、政企分开和管理科学的现代公司制度。

老字号要持续发展,就必须逐步建立现代企业制度,把优秀传统与现代企业机制、管理方法结合起来,使老字号变为以先进的现代企业制度为基础的老字号品牌企业,以适应市场竞争。例如,在 1996 年,胡庆余堂因种种原因当年亏损 700 多万元,负债近 1 亿元。当年 10 月,胡庆余堂加入青春宝集团使企业制度改变,此后 3 年,胡庆余堂利润年递增率均超过 100%。

(资料来源: http://www.commerce.sh.cn)

思考:

结合案例分析,中华老字号如果要发展为什么需要建立现代企业制度?

# 知 识 要 点

## 一、企业制度概述

### (一)企业制度的概念

企业制度是企业产权制度、组织制度和经营管理制度的总和。产权制度是企业制度的核心,企业组织制度和经营管理制度是以产权制度为基础的,三者分别构成企业制度的不同层次。企业制度是一个动态的范畴,它是随着商品经济的发展而不断创新和演进的。

### (二)企业制度的种类

从构成企业制度的基本内容出发,以产权制度、组织制度和管理制度来划分,可把企业制度分成三类。

**1. 按企业资产的所有者形式划分**

根据企业资产的所有者形式的不同，可将企业制度分为个人业主制、合伙制和公司制三种基本类型。在这里，"所有者"与"所有制"是两个不同的概念。不同的所有制有着不同的所有者。同一种所有制也有着不同的所有者形式。

在实行市场经济的各国，通常采用企业资产所有者形式标准作为划分企业制度的基本标准。这三种基本形态是在市场经济数百年的发展过程中形成的，也是世界各国企业立法的三种主要形式。

1) 个人业主制企业

个人业主制企业是指个人出资兴办，完全归个人所有与控制的企业，这种企业在法律上称为自然人企业或个人企业。个人业主制企业是最早产生的，也是一种最简单的企业。

(1) 个人业主制企业的优点。一是企业的开设、转让与关闭等行为，仅须向政府登记即可，手续简易；二是企业自主经营，制约因素少，管理方式灵活机动、效率高；三是技术、工艺和财务等自我掌握；四是企业主风险成败自担，如果绩效明显，可以获得成功。

(2) 个人业主制企业的缺点。企业规模有限，企业在发展规模上受到两个方面的限制：一方面是个人资金及信用有限，资本的扩大完全得依靠利润的再投资，因此不易筹措较多的资金以求扩张；另一方面是个人管理能力的限制，也决定了企业有限的规模，如果超出了这个限度，企业的经营则变得难以控制。

2) 合伙制企业

合伙制企业是由两个或两个以上自然人共同出资，为了获利共同经营，并归企业主共同所有的企业。合伙人可以资金或其他财物出资，也可以权利、商标、专利、劳务等代替。总的来看，合伙制企业不如独资和公司制企业的数量多。在美国全部企业形式中，合伙企业约占 7%，但这种企业形式在广告事务所、商标事务所、会计师事务所、零售商店和股票经纪行等行业中是极为常见的形式。

(1) 合伙经营合同。成立合伙企业必须经合伙人协商同意，然后采用书面协议的形式，把每一位合伙人的权利和义务都确定于合约之中，这个书面合约即合伙经营合同。在合伙经营合同中至少要包括以下内容：①企业所得利润和所负亏损的分配办法；②各合伙人的责任是什么，也就是出资额多少，承担哪些责任，以及主要业务分担等；③合伙人的加入和退出办法；④企业关闭、合并，资产的分配办法；⑤合同上未定事宜出现争端时的解决办法。

(2) 合伙人的类型。合伙企业中的合伙人是拥有这家企业并在合伙经营合同上签字的人。根据合伙人是否参加企业经营及承担有限责任还是无限责任，可以将合伙人划分为以下几种类型。

① 普通合伙人。在合伙企业中实际从事企业的经营管理，并对企业债务负无限责任的合伙人称为普通合伙人。普通合伙人有权代表企业对外签约，并对企业债务承担最后责任。如果企业中的所有业主都是普通合伙人，这个企业就叫作普通合伙企业。

21世纪高职高专经管类专业立体化规划教材

② 有限合伙人。合伙企业中对企业债务仅负有限责任的合伙人称为有限合伙人。有限合伙人对企业不起重要作用，仅以其所投入资本的数额承担有限责任。

③ 其他合伙人。除最常见的普通合伙人和有限合伙人之外，有些企业中还有不参加具体管理的合伙人等。

(3) 合伙制企业的优点。一是与个人业主企业相比，每个合伙人都能从多方面为企业筹措资金，同时有更多人对债务承担有限责任，扩大了资金来源和信用能力；二是有利于发挥合伙人的聪明才智，提高企业的管理水平和技术水平；三是有利于提高企业的市场竞争力，为企业进一步扩大和发展提供了可能。

(4) 合伙制企业的缺点。一是产权转让须经所有合伙人同意方可进行，产权转让困难；二是合伙人意见产生分歧时难以统一，从而会影响企业决策；三是和公司比较起来，筹措资金的能力仍很有限，难以满足企业大规模发展的需要；四是一个关键的合伙人退出，往往会导致企业难以维持下去。

3) 公司制企业

公司是由许多人投资创办并且组成一个独立法人的企业。公司在法律上具有独立人格，是独立法人，这是公司与独资企业、合伙企业的重要区别。后两者都是自然人企业。

(1) 公司制企业的优点。一是股份有限公司和有限责任公司的股东只负有限责任，其风险要比个人业主、合伙人小得多；二是公司可通过发行有价证券的方式来筹资，容易筹措大额资金，满足公司大规模扩张的需要；三是公司制企业的所有权与经营权相分离，公司的经营管理由各方面的专家(专业经理)负责，管理效率高。

(2) 公司制企业的缺点。创办公司手续繁杂，组建费用高昂，公司制企业有较多的限制。公司的利润在分配前要缴纳公司所得税，公司用税后利润向投资人支付利润时，股东还要缴纳个人所得税，这使得公司的税负比合伙企业要沉重。

尽管公司制企业存在这些缺点，但从现代经济发展的角度看，公司制企业所显示出的优点还是其他企业所无法比拟的，因此，它作为最适于现代大企业的一种企业制度，受到各国的推崇。

**2. 按企业组成的方式划分**

根据企业组成的方式不同，可将企业制度分为工厂制和公司制两种类型。企业组成方式是一定生产力和生产方式的反映。随着生产力的发展，企业的生产组织随之从无到有，经历了家庭手工业→手工作坊→包买商→手工工场→机器工厂→现代公司等历史发展阶段。其中，工厂制和公司制是作为企业制度确定下来的两种基本类型。

1) 工厂制企业

工厂是指以机器体系为主要生产手段，不同工种的劳动者进行分工和协作，直接从事工业生产的基本经济组织。从生产手段看，工厂是随着手工工具转变为机器而产生的；从内部组织来看，工厂是在分工协作基础上按产品或工艺要求，由若干车间、工段、班组和职能管理机构组成的。

（1）工厂制企业的管理方式。工厂制企业有以下两种不同的管理方式。

①　自由经营、自负盈亏、独立核算。这种工厂就是企业，拥有法人资格，叫作工厂制企业。

②　属于企业或公司的一个组成部分，或是政府机关附属的工厂，这种工厂不是企业，没有法人资格，不是独立经营的经济单位。它在企业或公司的统一领导和管理下从事生产经营活动，实行内部生产费用的经济核算。

（2）工厂制企业的优劣势。工厂制也称单厂制，这种组成方式主要表现为一个工厂就是一个企业。如果把单厂制的概念扩展到工业企业以外的其他行业，就表现为由一个业务单位组成的一个企业。因此，不考虑行业的特点，仅从企业组成方式看，可把一个业务单位组成的企业通称为单厂制，这也是单厂制的广义概念。

由一个业务单位组成的企业往往是小企业，在某些行业中有较强的生命力，如在小型加工工业、商业、服务业等领域数量较多。这些由一个业务单位组成的企业，既有优势也有劣势。其优势为专业性强，便于创造出局部优势，为专门用户制作某些产品；应变能力强，便于洞察用户需求，做出快速反应；机构精简，免受机构臃肿及官僚主义习气的危害；为造就企业家提供了广阔的空间，许多企业家往往是从创办小企业起家的。其劣势是企业势单力薄，难以抵御较大市场风险；企业技术力量有限，难以形成技术群体；企业资金筹措不易，难以拓展更大的经营范围；企业缺乏足够信息，从而难以形成综合性的信息网络系统。

2）公司制企业

公司是由两人或两人以上集资联合组成经济实体的经济组织。这里的"人"，既可以是自然人，也可以是法人；这里的"集资"，既可以是资金的联合，也可以是财产或其他无形资产的联合。联合组成公司的具体组织形式可以是多种多样的，但作为联合体而存在的公司，具有以下两个共同特征。

（1）集资联合组成的公司资金和财产，是由公司支配的独立资金和财产，用于公司统一的经营活动，并承担着公司自负盈亏的经济责任。

（2）集资联合组成的公司具有独立的法人地位，公司法人依法享有民事权利并承担相应的民事责任。

通过上述内容可以看出，公司是经济联合的一种高级组织形式，但反过来，并非所有的经济联合组织都是公司。工厂制企业可以通过集资方式依法改组为公司，但不能简单地把单厂企业改名为公司。同样，单厂企业可以与其他工厂通过产权联结依法组成各种形式的公司，公司是新的法人，但不能把一般的合伙关系、合同关系、协作关系或其他经济联系组成的经济联合也当作公司。工业企业发展的历史表明，企业生产组织的萌芽产生于手工作坊，而正式形成于手工工场，又历经多种形态的过渡形式，形成了以机器体系为基础的工厂制企业，最终在产权联结的基础上才形成公司制企业。从而可以看出，工厂制为现代企业制度奠定了基础，公司制是适合社会生产力发展和商品经济发展的最高组织形式。

21世纪高职高专经管类专业立体化规划教材

### 3. 按经营管理方式来划分

根据经营管理方式的不同，可将企业制度分为传统国有制、承包制和股份制等。

1) 传统国有制

建立在传统计划经济基础上最具有典型性的企业制度便是传统的国有制企业，其根本特征是企业生产资料的国有化以及与此相应的企业行政化。我国原有的国有企业制度是在高度集中的经济体制下建立起来的，其主要缺点表现为：财产组织形式单一化；产权封闭化；组织形式非法人化；组织管理非制度化。在这种存在诸多弊端的企业制度下，企业既没有财产权，也没有真正的经营自主权，当然也没有独立的经济利益。因此，严格来说，传统的国有企业不是商品生产的企业，失去了其作为市场的基本经济单元和竞争主体的应有地位。

2) 承包制

承包制是企业承包经营责任制的简称。我国从 1987 年开始广泛实行这种制度，一些小型企业实行租赁制。承包制是按两权分离原则，以承包经营合同方式，确定国家与企业间的责、权、利关系，在承包合同范围内，实行企业自主经营、自负盈亏的经营管理制度。承包制具有灵活性、适应性和非规范性的特点，在一定的条件下是一种可行的分配制度。它体现了兼顾国家、企业和职工三者利益的原则，既有激励作用，也有制约作用。但是，无论承包制本身还是其执行均存在不少问题，这些问题说明，承包制只是阶段性改革的产物，随着客观形势的变化，它就无法适应新的情况，需要再次改革。

3) 股份制

股份制是指由股东出资创办企业，交由专家进行经营管理，实行自主经营、自负盈亏，最后由投资者按出资比例分享投资收益和承担投资风险的企业制度。股份制企业的主要特征包括：发行股票，作为股东入股的凭证，一方面借以取得股息，另一方面参与企业的经营管理；建立企业内部组织结构，股东代表大会是股份制企业的最高权力机构，董事会是最高权力机构的常设机构，总经理主持日常的生产经营活动，使企业的重大决策趋于优化。

## (三)企业制度的形式

企业制度发展到今天，形成了多种样式。综而观之，依据现代企业的所有权形态，可将其分为独资企业、合伙企业、公司企业三大类型。在这三者之外，还存在一些企业联合组织。独资企业和合伙企业在法律上属于自然人，没有法人资格，因此企业行为受普通民法的约束。公司企业则具有法人资格，股东拥有自然人资格，企业的法人资格仅由董事长一人代表，企业行为遵循法律的规定。

### 1. 独资企业

独资企业始于古埃及和古罗马时代，起源最早，也是最普遍的企业组织。独资企业在零售业、手工业、家庭工业、农业、林业、渔业等行业中十分常见。独资企业一般是指个人单独出资经营的工商业，所有权和经营权皆归属于出资人。通常情况下，独资企业规模较小，营业范围较窄，组织结构比较简单，日常运行均由企业主自己负责。独资企业的优点也相当明显，主要体现在以下几个方面。

（1）独资企业成立或解散的程序简单。在美国，独资企业的成立只需缴纳低廉的市府档案费或填写州营业税缴纳申请表，无须其他任何手续。在我国，独资企业成立时仅需到当地的工商行政管理机关登记，并缴纳少许费用，即可领取营业执照。

（2）企业运行效率较高。独资企业的管理权和所有权两位一体，企业的各种活动、决策皆可高度简化。

（3）独资企业的信用关系较长久。独资企业的业主是以个人身份向外借债的，其信用关系建立在个人之上。

同时，独资企业尚有若干缺点：其一，个人资金力量有限，业务扩展较为困难；其二，独资企业的事业能否兴旺发达，完全由企业主的才识与能力决定，缺乏制度保障；其三，独资企业难以吸引优秀人才，内部制度也较难完善。

**2. 合伙企业**

1）合伙企业的内涵

我国现行有关法规规定，合伙企业为两人以上共同经营的事业。合伙关系的成立以口头或书面的契约为要件。与其他企业形式相比，合伙企业的特点主要是：合伙企业不具有法人地位，合伙人相互之间可作为代理人。对债务负连带无限责任，即合伙企业倒闭时，若合伙资本不足清偿债务，则每一位合伙人对于不足数额，都有全部清偿的责任。企业事务的表决形式，不论出资多少，一人一票，如有一位合伙人表示异议，则无法通过。

2）合伙企业的优点

合伙企业的优点包括：①凡有两人以上同意，便可订约出资，开始营业，故组织方便；②合伙人多是志同道合的至亲好友，关系融洽，办事效率高；③由于表决时一人一权，故小股东与大股东地位平等，小股东权利也有充分保障；④政府、法律对合伙企业相较于公司企业更为宽松。

3）合伙企业的缺点

合伙企业的合伙人须负无限清偿债务责任，风险太大，加上股份转让不易，致使合伙企业较难筹得大笔资金。同时，由于合伙人较多，容易产生分歧，易互相牵制，失去商机。

4）合伙企业的形式

合伙企业经过发展，还产生了一些其他形式，常见的有以下几种形式。

（1）有限合伙。有限合伙是指合伙人部分或多数对债务仅负有限责任，但是如果合伙企业不恪守法令，则法院常会判定合伙人须负无限责任。

（2）专案合伙。专案合伙通常是两个或两个以上人员同意发起一项投机事业，从而形成短期合伙。专案合伙人之间很少有共同行动，管理权也经常由一位合伙人掌握。

（3）公司合伙。公司合伙是指一个公司依法组成，合伙人具有有限责任。每一位合伙人接受股份证明书，但不能自由转移。当某一外人从该公司某一位合伙人处购买股票，购买者可由其他合伙人投票准其参加。若投票没有通过，原合伙人就要将股票购回。

(4) 股票合伙。股票合伙是指合伙企业的资金可发行股票，并可自由流通买卖。但购买者成为合伙人后，须负无限清偿债务责任，与一般合伙人相似。

### 3. 公司企业

公司企业是根据《中华人民共和国公司法》成立的营利性社团法人。我们说现代企业制度，主要就是指公司企业制度。

与独资企业和合伙企业相比，公司企业最重要的特点就是：它是法人。公司企业一经依法成立，法律就赋予它人格，与自然人一样拥有享受权利和承担义务的能力。

公司企业法人的性质，属于社团法人。所谓社团法人，是与财团法人相对而言的。财团法人因财产设定，享有独立权利、义务；社团法人则因"人"结合而成。

公司企业的目标在于提供商品及劳务，赚取利润。公司企业的设立必须严格遵照公司法进行，否则，不得称为公司。

公司企业有多种，可分为无限公司、有限公司、两合公司、股份有限公司和股份两合公司。

### 4. 企业的联合组织

除了独资企业、合伙企业和公司企业外，经济生活中还存在着一些企业联合组织形态。这种企业联合组织通常包括集团企业、联营公司、中心卫星工厂制度和连锁店制度。

1) 集团企业

集团企业，又有"一干多枝"公司、控股公司、母子公司之分。

(1) "一干多枝"公司。所谓"一干多枝"公司是指在一个资本所有权与经营管理权合一的公司形态下，另外再成立数个不同形态的所有权公司，这些公司接受原管理权拥有者的控制，形成一个由中央管理机关统辖数个公司的结构。

(2) 控股公司。控股公司是指某一原始公司以收买其他公司足够多股票为手段，达到控制其他公司的目的，此原始公司即是控股公司，其他公司即是被控股的附属公司。如果其他公司自动将股权委托此原始公司代为营运，则此原始公司就成为托拉斯公司，意即"被信托"的公司。而那些自动请求代为管理的公司及此托拉斯公司，若在同一产品市场上占有垄断地位，则被称为卡特尔联营组织。

(3) 母子公司。母子公司是指一家原始公司投资于其他公司(新创或中途购买)，并派遣自己的管理人员到被投资公司担任重要主管人员，此原始公司即为母公司，被投资的公司即为子公司。与控股公司相比，母公司对子公司的干预程度较深。

2) 联营公司

联营公司是指数家原来独立的公司，经过审时度势，签订协议，共同投资成立一家新公司，并由新公司代为办理原来公司的行销或采购工作。联营公司一方面既防止了过分激烈的价格竞争，另一方面又具有规模效益。

3) 中心卫星工厂制度

中心卫星工厂制度有三种方式，其一是以一个成品装配厂为中心厂，以其他零配件供应厂为卫星厂，内部各厂之间以内部价格核算；其二是以一个原料供应厂为中心厂，其他加工厂为卫星厂；其三是以一个共用的贸易商为中心企业，以产品生产厂、检验厂、发货仓库等为卫星企业。

4) 连锁店制度

连锁店制度是指一家企业联合其他类似的企业，在不同地区或地点，从事一致或相似的产销活动，在采购、仓储、运送、会计和财务调度等方面采取统合做法，扩大规模，降低成本。

企业的联合组织本质上都是企业扩大规模增强竞争力的有效途径，但企业联合组织的产生有赖于企业的发展。因此，在现代企业制度尚未建立、完善之前，不宜鼓励企业联合组织的大幅度发展。

## 二、现代企业制度的概念及其特征

### (一)现代企业制度的概念

现代企业制度是指适应现代社会化大生产和市场经济体制要求的一种企业制度，也是具有中国特色的一种企业制度。党的十四届三中全会概括为："产权现代企业制度是指以完善的企业法人制度为基础，以有限责任制度为保证，以公司企业为主要形式，以产权清晰、权责明确、政企分开、管理科学为要求的新型企业制度。其主要内容包括：企业法人制度、企业自负盈亏制度、出资者有限责任制度、科学的领导体制与组织管理制度。"

### (二)现代企业制度的特征

现代企业制度具有以下几个方面的特征。

#### 1. 产权关系明晰

企业的设立必须要有明确的出资者和法定的资本金。出资者享有企业的产权，企业法人拥有企业财产权。企业除设立时有资本金外，在经营活动中借贷也构成企业法人财产。但借贷行为不形成产权，也不改变原有的产权关系。产权制度的建立使国有企业改革向前迈进了一大步。国有资产的终极所有权与企业法人财产权的明晰化是我国在走向市场经济过程中的一大突破，是现代企业制度的一个重要特征。

#### 2. 法人权责健全

现代企业制度的一个重要特征就是使企业法人有权有责。出资者的财产一旦投资于企业，就成为企业法人财产，企业法人财产权也随之确立。这部分法人财产归企业运用，企业以其全部法人财产，依法自主经营，自负盈亏，照章纳税。但同时企业要对出资者负责，承担资产保值增值的责任，形成法人权责的统一。

### 3. 承担有限责任

企业的资产是企业经营的基础，出资者的投资不能抽回，只能转让。出资者以其投资比例参与企业利益的分配，并以其投资比例对企业积累所形成的新增资产拥有所有权。当企业亏损以至破产时，出资者最多以其全部投入的资产额来承担责任，也就是只负有限责任。

### 4. 政企职责分开

政府和企业的关系体现为法律关系。政府依法管理企业，企业依法经营，不受政府部门直接干预。政府调控企业主要用财政金融手段或法律手段，而不是行政干预。

### 5. 组织管理科学

科学的组织管理体制由以下两部分构成。

(1) 科学的组织制度。现代企业制度有一套科学、完整的组织机构，它通过规范的组织制度，使企业的权力机构、监督机构、决策和执行机构之间职责明确，并形成制约关系。

(2) 现代企业管理制度。现代企业管理制度包括企业的机构设置、用工制度、工资制度和财务会计制度等。

## 三、现代企业制度的内容

构成现代企业制度的基本内容有以下三个部分。

### (一)企业产权制度

企业产权制度是以产权为依托，对企业财产关系进行合理有效的组合、调节的制度安排。它以法律制度的形式对企业财产在占有、使用、收益、处分过程中所形成的各类产权主体的地位、权责及相互关系加以规范。对企业来说，合理的产权制度能够清晰地界定各产权主体及其权能，建立有效的激励和约束机制，从而保障企业资产合理流动。

### (二)企业组织制度

企业组织制度是企业组织形式的制度安排，规定着企业内部的分工协调和权责分配关系，如企业的治理结构、领导体制等。

组织制度是企业组织的基本规范，它既是企业各项组织工作的基础和依据，也是企业制度的一项基本内容。实践证明，组织制度合理与否，会对企业的生存发展产生至关重要的影响。

### (三)企业管理制度

企业管理制度是对企业管理活动的制度安排。它由一整套企业管理活动的方式、标准和原则、理念等组成，如企业的劳动人事制度、分配制度和财务会计制度等。管理制度是企业管理工作的基础。

上述三方面内容中，产权制度是企业制度的基础和核心，它对企业制度的其他方面具有决定性的作用；反过来，组织制度和管理制度在一定程度上又反映着企业财产权利的安排，三者共同构成了企业制度。

## 四、我国建立现代企业制度对公司制形式的选择

党的十四届三中全会通过的《中共中央关于建立社会主义市场经济体制若干问题的决定》，明确了我国国有企业改革的方向是建立现代企业制度。建立现代企业制度，有效的组织形式是实行公司制，它依据财产关系构建企业，使企业具有独立的法人财产权，既有利于出资者所有权与企业法人财产权的分离，又有利于筹集资金，分散风险，同时还有利于政企分开，转换企业经营机制，使企业成为真正独立的市场主体。

### (一)企业管理模式的选择

企业管理模式主要有：亲情化管理模式、友情化管理模式、温情化管理模式、随机化管理模式和制度化管理模式。

#### 1. 亲情化管理模式

家族企业一般所采用的是亲情化管理模式。在我国法律体制和信用体制还不完善的情况下，亲情化管理模式以其很强的内聚力起到较好的管理作用，特别是创业初期，亲情化管理模式是其他管理模式所无法替代的。但当企业发展到一定规模后，亲情化管理模式就应转轨，否则家族内部由于亲情关系会产生很大的内耗，因而降低管理效率，甚至解体。

#### 2. 友情化管理模式

友情化管理模式是指以朋友的友情化为原则来处理企业中的各种关系的企业管理模式。在这种管理模式下，大家在一起办一家企业，有福同享，有难同担，这种管理模式同上述的亲情化管理模式一样，也是在企业初创阶段对企业的发展具有积极意义。

#### 3. 温情化管理模式

温情化管理模式强调管理应该是更多地调动人性的内在作用，只有这样才能使企业很快地发展。温情化管理模式实际上是用情义中的良心原则来处理企业中的管理关系。

#### 4. 随机化管理模式

随机化管理模式是指随意性的管理模式，一般分为两种，一种是民营企业的管理者"拍脑袋决策"的管理，另一种是国有企业受行政干预的管理。在企业管理中，这两种管理模

21世纪高职高专经管类专业立体化规划教材

式都是错误的,应该采用一定的规章制度取代随机性,以避免因一时的错误决策而产生无法挽回的后果。

### 5. 制度化管理模式

制度化管理模式就是按照确定的规则来管理企业,这些规则是当事者都认可的,强调责权利的对称。制度化管理模式是成熟企业应采取的管理模式,但在制度中不妨体现一点亲情、友情和温情,以促进企业文化的提升和良好企业氛围的形成。

【同步阅读 2-1】

#### 现代企业是实行制度化管理还是人性化管理

制度化管理就是建立在各种制度之上的管理。因西方国家的特点是一个"陌生人"的社会,因此强调依法治国,法制健全;在管理中事事处处都有规章制度约束,因此以管理的制度化见常,并且注意管理的硬件,重视管理方法的科学化。

人性化管理,就是在企业管理过程中充分注意人性要素,以充分挖掘人的潜能为己任的管理模式。因东方国家的特点是人情社会,在管理上注重人际关系,故强调人性化管理。

现代最佳企业管理模式应该是:人性化管理与制度化管理有机结合在一起,人性化管理通过制度化管理体现出来,制度化管理体现人性,这样人性化管理才能落到实处,制度化管理也才能成功。

### (二)企业管理轴心的选择

企业管理的五种基本模式分别为目标管理、过程管理、要素管理、知识管理和文化管理,其中必须以某个管理方式为目标作为管理工作的轴心。企业管理的轴心有以下几种类型。

#### 1. 以生产要素管理为管理轴心

这种管理方式强调对生产要素的管理,这些生产要素包括人、财、物等。根据生产要素可设立人力资源管理、财务管理、设备及材料管理以及技术管理等部门。

#### 2. 以经营流程管理为管理轴心

这种方式将整个经营过程划分为不同的环节,其更重视环节的管理和衔接。一般在经营中以生产线的设置为基础的企业,往往都把流程作为自己的管理轴心,相应设立了材料采供部、生产车间管理部以及在库管理部等部门。

#### 3. 以质量管理为管理轴心

这种方式将跟踪控制产品的质量作为管理的轴心,即从原材料进入车间就开始跟踪产品的效用及质量,通过质量控制来实施对企业的管理。这种管理方式在新产品开发量占较大比重的企业，以及产品质量直接涉及人的生命安全的企业实行得比较多，例如医药产品生产企业、工艺艺术品生产企业等。

#### 4. 以岗位管理为管理轴心

以岗位管理为轴心就是将企业的管理内容及管理对象主要体现在对岗位的设计上，对岗位的数量、职责、权力、利益和要求进行确定，然后按岗位择人。人员到岗后必须适应岗位的要求，服从岗位的管理，按岗位的职责来办理，通过岗位设计将企业的工作设计、薪酬体系、绩效考核组织成科学的管理体系，以达到良好的管理效果。

#### 5. 以资源管理为管理轴心

企业资源是企业创造利益的要素，例如，服务性企业的最主要资源就是客户资源，其管理轴心就是客户关系管理。以资源管理为管理轴心控制带来企业利益的关键要素，能有效防止管理失控。

### (三)企业管理体制的选择

企业管理体制的选择是企业管理的最基本框架，包括母公司与子公司型体制、事业部型体制、分公司体制和矩阵式体制等。其中，在母公司与子公司型体制中，母公司是通过产权控制子公司，而在分公司型体制中则是母公司直接参与公司管理。

### (四)企业管理目标的选择

企业的管理制度往往是根据企业的目标而制定的，管理制度体现着企业的管理目标，对管理目标的选择应处理好以下几个方面的关系。

#### 1. 利润最大化目标和理性化目标的关系

利润最大化是企业的基本目标，但必须与理性目标相互协调。理性目标包括生存目标、共赢目标和可持续发展目标等。

#### 2. 企业的设计目标与市场认可目标的关系

企业的设计目标必须与市场认可目标协调。例如，企业可以根据市场价格来进行成本控制和利润控制，并在管理制度中将这种方法制度化。

#### 3. 企业目标与非企业目标的关系

企业目标应依据出资人的意愿决定。非企业目标是指企业追求政绩或虚荣的目标。

#### 4. 企业的规模目标与流动性目标的关系

企业规模目标常常是指固定资产的规模，或企业占有的市场比重。企业的流动性目标是指企业资产的流动性，企业资产的流动性越大则企业越充满活力，其支付、偿还能力也

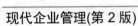

随之越强。

### 5. 企业的速度目标与稳定目标的关系

跳跃式发展、快速发展进而成为现代化企业的主要发展战略，但由于摊子铺得过于急速也容易导致管理失控，所以必须处理好速度目标和稳定目标的关系，通常可以采用制度来规定企业扩张时要具备的条件，以防止管理失控。例如，资金条件、后备管理人员条件、员工组织培训条件等。

## 本章知识结构图

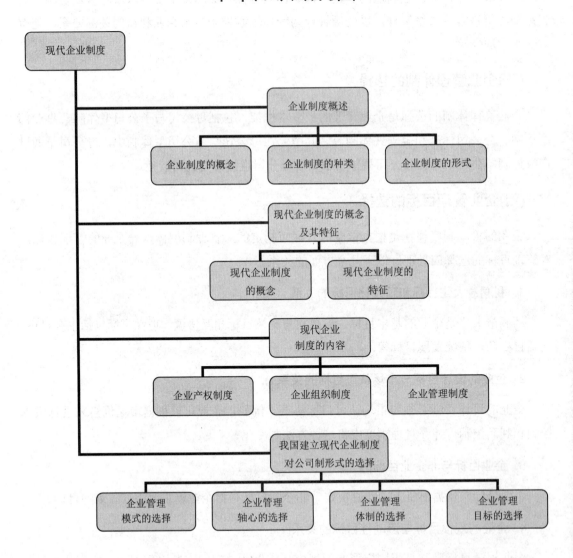

# 扩 展 阅 读

## 国有企业建立现代企业制度的途径

我国的国有企业制度是在特定的体制条件和特殊的经济背景下形成的，既有其存在的必然性、合理性，同时也存在着与市场经济的相悖性。国有企业改革的目标是建立现代企业制度，具体可按以下途径进行。

1. 改革企业产权制度

产权制度改革是国有企业建立现代企业制度的关键。

(1) 理顺国有企业产权关系，处理好国家所有权与企业法人财产权的关系。国有企业的产权关系应该是国有企业财产所有权的唯一主体，拥有对企业财产的最终支配权，但政府和监督机构不得直接经营或支配企业的法人财产。企业拥有独立行使的法人财产权，并以其全部法人财产承担民事责任。

(2) 建立经营者的所有权制约机制。两权分离后，国有资产所有者的利益仍要在企业经营者那里得到实现。为此必须建立一套能保证国有资产在真正具有经营才能的人手上经营，能明晰企业应负的国有资产保值与增值的责任，能对经营者"用脚投票"等所有权相制约的机制。

(3) 明确产权关系上的自负盈亏责任。目前国有企业的自负盈亏主要限于收入分配上，而在产权关系上仍有许多亏损企业把债务包袱推给国家或者拖欠其他企业的债务，国家实际上为企业承担着无限责任。产权制度改革是要在产权关系上明确企业承担的债务责任和破产责任。当企业破产时，国家只以投入企业的资本额为限承担有限责任。

(4) 在明晰企业产权关系的基础上，建立和完善产权市场。国有企业进入产权市场可以使一定量的国有资产吸收和组织更多的社会资本，放大国有资产的产权功能，提高其控制力、影响力和带动力。同时又能使国有企业经营受到更多国有产权的制约，以保证国有资产营运效益的提高。

此外，国有企业还可以通过产权市场实现产权转让和流动，推动国有资产存量流向经济效益好的企业，流向国民经济需要重点发展的部门，实现国有资产存量的优化配置。

2. 改革企业组织制度

(1) 要改革政府管理职能和管理体制，真正做到政企分开。政府作为国有资产所有者，可以建立一套科学有效的国有资产管理制度，对国有资产实行国家所有、分级管理、授权经营、分工监督。政府作为社会管理者，可以依据法律制定各种必要的规章制度，培育和促进市场体系的发展，形成比较完善的市场规则和社会秩序。政府作为宏观经济的调控者可以合理确定经济发展战略目标，制定和运用相应的政策来引导和协调整个社会经济的发展。但政府不能再用行政管理的方法使国有企业运行行政化，否则国有企业组织制度的改革将流于形式。

21世纪高职高专经管类专业立体化规划教材

(2) 国有企业组织制度改革的重点是建立公司制企业，为此，首先，必须建立符合市场经济规律和我国国情的企业领导体制与组织管理制度，即建立包括股东会、董事会、监事会和经理层在内的公司法人治理结构，处理好党委会、职代会和工会与股东会、董事会、监事会的关系；建立由国务院向大型国有企业派驻稽查特派员制度，地方政府向所属大中型企业派财务总监制度。再次，对国有企业进行战略性调整，即通过国有资产的流动和重组，改变国有资产过度分散的状况，集中力量发展和加强国家重点产业和重点企业，扩大企业组织规模。

3. 加强和改善企业的经营管理

(1) 要更新企业经营管理上旧的思想观念，确立以市场为中心和依托的现代化管理观念。

(2) 要实现管理组织现代化，建立市场适应性能力强的组织命令系统，健全和完善各项规章制度，彻底改变无章可循、有章不循、违章不究的现象。

(3) 要建立高水平的科研开发机构和高效率的决策机构，加强企业发展的战略研究，制定和实施明确的企业发展战略、技术创新战略和市场营销战略，并根据市场变化适时调整。

(4) 要广泛采用现代管理技术方法和手段，包括用于决策与预测的、用于生产组织和计划的、用于技术和设计的现代管理方法，以及采取包括电子计算机在内的各种先进管理手段。

国有企业建立现代企业制度除就企业制度本身这三方面进行改革外，还需要其他方面的配套改革。这包括转变政府职能，建立健全的宏观经济调控体系，进行金融、财政、税收、投资、计划等方面的改革，为企业进入市场自主经营创造良好的宏观经济环境；大力培育市场体系、建立市场中介组织和加强市场经济法律规章制度的建设，为企业走向创造市场条件；加快社会保障制度改革和福利分配社会化、市场化步伐等。

# 同 步 测 试

## 一、单项选择题

1. 企业制度的核心是( )。
   A. 产权制度　　　B. 组织制度　　　C. 管理制度　　　D. 领导制度

2. 企业制度是一个( )的范畴。
   A. 静态　　　　　B. 自由　　　　　C. 动态　　　　　D. 曲折

3. 由两个或两个以上自然人共同出资，为了获利共同经营，并归企业主共同所有的企业是( )。
   A. 个人业主制企业　　　　　　　B. 合伙制企业
   C. 工厂制企业　　　　　　　　　D. 股份制企业

4. 公司制企业与独资企业、合伙企业的重要区别是( 　　)。

　　A. 无限责任　　　　　　　　　B. 组建费用高昂

　　C. 自然人企业　　　　　　　　D. 独立法人企业

5. 家族企业一般采用的管理模式是( 　　)。

　　A. 亲情化管理模式　　　　　　B. 友情化管理模式

　　C. 随机化管理模式　　　　　　D. 制度化管理模式

## 二、多项选择题

1. 企业制度按企业资产的所有者形式分为( 　　)。

　　A. 个人业主制企业　　　　　　B. 合伙制企业

　　C. 公司制企业　　　　　　　　D. 工厂制企业

2. 承担企业无限责任的企业制度有( 　　)。

　　A. 个人业主制企业　　　　　　B. 合伙制企业

　　C. 公司制企业　　　　　　　　D. 股份制企业

3. 企业制度的形式有( 　　)。

　　A. 独资企业　　　　　　　　　B. 合伙企业

　　C. 公司企业　　　　　　　　　D. 企业的联合组织

4. 现代企业制度的特征包括( 　　)。

　　A. 产权关系明晰　　　　　　　B. 法人权责健全

　　C. 承担有限责任　　　　　　　D. 政企职责分开

5. 可供选择的企业管理模式有( 　　)。

　　A. 亲情化管理模式　　　　　　B. 友情化管理模式

　　C. 自由化管理模式　　　　　　D. 制度化管理模式

## 三、简答题

1. 简述企业制度的种类。

2. 简述现代企业制度的特征。

3. 简述现代企业制度的内容。

4. 简述企业管理轴心的选择。

5. 简述企业管理目标的选择。

## 四、案例分析题

### 通用电气公司的情感管理

　　通用电气公司总部设在美国康涅狄格州菲尔法德镇，公司创业 100 多年后在世界 500 家最大的工业公司中排名第 8 位。通用电气的成就，与它采用的注重员工情感的人本管理方式是分不开的。

21世纪高职高专经管类专业立体化规划教材

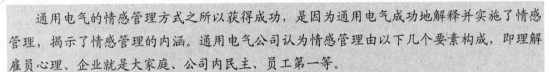

通用电气的情感管理方式之所以获得成功，是因为通用电气成功地解释并实施了情感管理，揭示了情感管理的内涵。通用电气公司认为情感管理由以下几个要素构成，即理解雇员心理、企业就是大家庭、公司内民主、员工第一等。

一般公司按个人或部门业绩、个人专业能力等依据来实施管理者晋升和考核，但通用电气公司制订的经理晋升考试制度不同寻常。升级考试命题并不是来自经济学典籍，也不是来自那些晦涩难懂的经营理论专著，而是莎士比亚作品中的一部，试卷则是写一篇我们常说的"读后感"而已。

开始时许多人百思不解，甚至提出意见。后经专家一语破的，才恍然大悟：这是对企业高级管理人员的基本心理素质要求。试想连一部世人皆知的文学作品中的人物心理尚不得而知的人，又怎样去理解公司内部成千上万的雇员心理呢？通用电气抓住了情感管理的要素，即经理人员理解雇员心理是情感管理的先决条件。

将企业培养为一个大家庭是一种"高感情"管理方式。通用电气作为高技术企业所面临的竞争激烈，风险大，更需要这种"高感情"管理。这是医治企业官僚主义顽症的"良药"，也是减少内耗、理顺人际关系的"润滑剂"。通用电气公司总裁斯通就努力培养全体职工的"大家庭情感"企业文化，公司领导和职工都要对该企业特有的文化身体力行，爱厂如家。从公司的最高领导到各级领导都实行"门户开放"政策，欢迎本厂职工随时进入他们的办公室反映情况，对于职工的来信来访都能负责地妥善处理，公司的最高领导与全体职工每年至少举办一次生动活泼的"自由讨论"。通用电气公司像一个和睦奋进的"大家庭"，从上到下直呼其名，无尊卑之分，互相尊重，彼此依赖，人与人之间关系融洽、亲切。

公司内民主，不但有利于企业部门及人员之间的关系融洽，而且有利于决策的科学性和有助提高生产率。公司为使民主典型地反映在公司人事管理上，近年来改变了以往的人事调配的做法(由企业单方面评价职工的表现、水平和能力，然后指定其工种岗位)，而是反其道而行，开创了由职工自行判断自己的品格和能力、选择自己希望工作的场所、尽其可能由其自己决定工作前途的"民主化"人事管理制度，称为"建言报告"，引起管理界的瞩目。专家认为，"让棋子自己走"的这种"建言报告"式人事管理，比传统的人事管理更能收集到职工容易被埋没的意见和建议，更能发掘人才和对口用人，从而对公司发展和个人前途更加有利。

此外，通用电气公司还别出心裁地要求每位雇员写一份"施政报告"，从 1983 年起每周三由基层员工轮流当一天"厂长"。"一日厂长"9 点上班，先听取各部门主管汇报，对全面营运有了全盘了解后，即陪同厂长巡视部门和车间。"一日厂长"的意见，都详细记载在《工作日记》上。各部门、车间的主管依据其意见，随时改进自己的工作，并在干部会上提出改进后的成果报告，获得认可后方能结案。各部门、车间或员工送来的报告，须"一日厂长"签批后再呈报厂长。厂长在裁决公文时，"一日厂长"可申诉自己的意见供其参考。

这项管理制度实行以来，成效显著。第一年施行后，节约生产成本就达 200 万美元，并将提成部分作为员工们的奖金，全厂上下皆大欢喜。

所谓"员工第一"，不但强调尊重员工，而且表现在企业发展中的作用优先性。1990 年 2 月，通用电气公司的机械工程师伯涅特在领工资时，发现少了 30 美元，这是他一次加班应得的加班费。为此，他找到顶头上司，而上司却无能为力。于是，他便给公司总裁斯通写信："我们总是碰到令人头痛的报酬问题。这已使一大批优秀人才感到失望了。"斯通立即责成最高管理部门妥善处理此事。

三天之后，他们补发了伯涅特的工资，第一是向伯涅特道歉；第二是在这件事情的带动下，了解那些"优秀人才"待遇较低的问题，调整了工资政策，提高了机械工程师的加班费；第三，向著名的《华尔街日报》披露这一事件的全过程，在美国企业界引起了不小轰动。事情虽小，却能反映出通用电气公司"员工第一"的管理思想。

"员工第一"思想在通用电气的日本公司——左光兴产公司表现更为明显。左光兴产实施该思想的要点包括"不开除员工，不设打卡机，不规定员工退休制度等。左光兴产公司规定：即使公司经营最困难的时候也绝不开除任何一个员工，公司要与员工共渡难关。左光兴产是一家经营石油的公司，"二战"后，日本作为战败国，其石油经营权受到限制，该公司在国内外的分公司被迫关闭。公司在经营十分困难的情况下，社长向各级主管下达了一个严格的命令：绝不允许开除任何一个员工。公司到处找活干，从社长到每个员工同心协力拼命干，终于渡过了难关。

总而言之，因为通用电气理解了情感管理，实施了这一金牌原则，自然会取得成功。

（资料来源：http://www.doc88.com/p-70821132205.html）

思考：

(1) 试分析和评价通用电气公司的"情感管理"。

(2) 你认为在我国企业能够推行情感管理吗？为什么？

# 项 目 实 训

## 【实训项目：访问企业】

### 【实训目的】

通过访问企业使学生了解不同类型的企业具备不同的特征，进而认识建立现代企业制度的必要性。

### 【实训内容】

(1) 要求学生了解企业的经营范围。

(2) 要求学生了解企业的产权制度、组织制度和管理制度。

**【实训组织】**

把一个班的学生分成四组,第一组学生访问一家工业企业,第二组学生访问一家商业企业,第三组学生访问一家交通运输类企业,第四组学生访问一家酒店企业。

**【实训考核】**

(1) 要求每名学生写出访问报告或小结。

(2) 每组选一名学生进行全班交流。

**【实训要求】**

| 训练项目 | 训练要求 | 备　注 |
| --- | --- | --- |
| 企业制度的种类 | 熟悉企业制度种类的划分依据及具体类型 | 掌握各种企业制度的含义及特征 |
| 企业制度的形式 | 了解企业制度各种形式的发展历史,掌握企业制度各种形式的内涵 | 熟悉现实中的一些企业联合组织 |
| 建立现代企业制度 | 掌握现代企业制度的概念、特征及内容 | 认识到建立现代企业制度的必要性 |

# 第三章

## 市场营销

**学习目标与要求**

➤ 熟悉市场营销的概念，提高对市场营销学的认知；

➤ 掌握市场的含义、类型；

➤ 了解市场细分与目标市场的选择；

➤ 掌握市场营销组合。

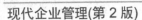
【引导案例】

### 海尔集团公司的服务理念

海尔从无到有，从小到大，发生了巨大变化。海尔的服务理念——"用户永远是对的"也随之得到巩固和发展。

为了保证星级服务的全面落实，海尔还提出了服务的"一、二、三、四模式"，即一个结果——服务圆满；两个理念——带走用户的烦恼，留下海尔的真诚；三个控制——服务投诉率小于10PPM、服务遗漏率小于10PPM、服务不满意率小于10PPM；四个不漏——一个不漏地记录用户反映的问题，一个不漏地处理用户反映的问题，一个不漏地复查处理的结果，一个不漏地将处理结果反映到设计、生产、经营等部门。

总之，用户的要求有多少，海尔的服务内容就有多少；市场有多大，海尔的服务范围就有多大；依靠服务，海尔赢得了市场，赢得了用户，从而成为当今中国最知名的家电企业。

# 知 识 要 点

## 一、市场营销的基本概念

在市场经济条件下，市场是社会分工和商品经济发展的必然产物，从企业生产到消费者个人，无不与市场有着千丝万缕的联系。市场是企业经营活动的出发点和归宿，市场营销是企业经营活动的重要环节，需要企业在对市场进行充分认识和分析的基础上，以市场需求为导向，使产品和服务能够被市场所接受，进而顺利地经营，在市场上占有一席之地。营销不是企业经营活动的某一方面，它始于产品生产之前，并一直延续到产品售出以后，贯穿于企业经营活动的全过程。

市场营销与推销、销售的含义不同。著名管理学家彼得·德鲁克(Peter F. Drucker)曾经指出，"可以设想，某些推销工作总是需要的，然而营销的目的就是要使推销成为多余，营销的目的在于深刻地认识和了解顾客，从而使产品或服务完全地适合它的需要而形成产品自我销售，理想的营销会产生一个已经准备来购买的顾客，剩下的事就是如何便于顾客得到产品或服务……"目前，市场营销不能再狭隘地理解为广告和推销，而应是以满足客户需求为目标的营销系统。

西方市场营销学者从不同角度及发展的观点对市场营销下了不同的定义。

美国市场营销协会(AMA)下的定义：市场营销是创造、沟通与传送价值给顾客，以及经营顾客关系以便让组织与其利益关系人受益的一种组织功能与程序，是一种最直接有效的营销手段。

美国西北大学教授菲利普·科特勒(Philip Kotler)下的定义则强调了营销的价值导向：市场营销是个人和集体通过创造并同他人交换产品和价值以满足需求和欲望的一种社会和管

理过程。

美国学者尤金·麦卡锡 (E.J.Mccarthy) 于1960年也对微观市场营销下了定义：市场营销是企业经营活动的职责，它将产品及劳务从生产者直接引向消费者或使用者，以便满足顾客需求及实现公司利润，同时也是一种社会经济活动过程，其目的在于满足社会或人类需要，实现社会目标。

美国市场营销学家菲利普·科特勒教授对市场营销的解释得到了广泛的认同，本书即采用由美国西北大学教授菲利普·科特勒与北卡罗来纳大学教授加利·阿姆斯特朗(Gary Armstrong)合著的《市场营销原理(第七版)》的定义，即"市场营销就是通过创造和交换产品和价值，从而使个人或群体满足欲望和需要的社会和管理过程"。市场营销的本质是解决社会生产与消费的矛盾，满足市场需求，实现企业的战略目标。市场营销学是一门科学性和艺术性兼备的应用型学科。

市场营销活动的具体内容涉及面广而又复杂，包括：市场营销调研、市场分析、目标市场选择、市场定位、产品开发、定价、分销、产品销售和售后服务等。营销工作早在产品制成之前就开始了。需要确定市场，把市场需求情况反馈给研究开发部门，由研究开发部门设计出适合目标市场的产品，进而制定适当的价格，进行分销和促销实施，让消费者了解企业的产品，方便购买产品。产品售出后，提供完善的售后服务，使消费者满意。市场营销是一种为消费者服务的理论，是对社会现象的一种认识，也反映了市场营销的复杂性。

综上所述，市场营销是企业以顾客需要为出发点，有计划地组织各项经营活动，为顾客提供满意的商品和服务而实现企业目标的过程。市场营销是一个过程，在这个过程中企业在市场从事生产性和营利性活动，同时也是创造和满足顾客需求的艺术。

【同步阅读3-1】

### 营销大师菲利普·科特勒谈营销

什么叫市场营销？是能说会道挨家挨户上门推销吗？还是设计玉米片的包装？或是用免费玩具吸引你买欢乐套餐？或是购物时给你积分卡？

科特勒教授说："人们经常把市场营销和销售混为一谈。"不过彼得·德鲁克(Peten F. Drucker)在《经营权威》中提道："市场营销的目标是让销售变成多余"。这就是说，如果你真能找到没有被满足的需求并做好满足需求的工作，你就不用在销售上下太多功夫。换句话说，市场营销的目的不是像在50年前或100年前那样为了把已经生产的产品销售出去，相反，制造产品是为了支持市场营销。一家公司可以在外面采购其所需的产品，但使其发展的原因却是市场营销的理念和做法。公司其他职能——研发、采购、制造和财务，都是为了支持公司在市场的运作而存在的。

理论上是如此，但为什么时刻想着"消费者"的公司那么少？为什么许多企业承认提供良好服务的重要性但却屡屡做不到呢？科特勒认为，问题主要在于财务总监在董事局中位高权重，而市场营销总监却没有什么发言权。因此，良好服务所需的开支很容易因为竞争压力增加而被削减掉。这就好像用电话录音代替接电话的人。问题是，用电话录音节约

21世纪高职高专经管类专业立体化规划教材

的钱比较容易计算出来，而沮丧的客户可能会转向竞争对手的代价却不容易计算，当你失去一个客户的时候，你失去的不仅是一次交易，而是那位客户的终生客户价值。

不过，如果没有好的产品，再好的服务都等于零。科特勒教授谈到了满足尚未满足的需求。在这个后工业化、后物质化社会中，至少主要的消费者产品市场中大多数人的需求已经被满足了。这怎么办呢？科特勒说，已被推动的市场和推动中的市场是不一样的。特别在技术领域中的公司，都遵循索尼老总盛田昭夫的格言："我们不是为市场服务，我们是创造市场。"的确，在录像机、摄像机、传真机和个人数码用品面世前，谁能想到自己会有这种需求呢？

(资料来源：根据豆丁网整理)

## 二、市场的定义和类型

市场起源于古时人类对于固定时段或地点进行交易的场所的称呼，是买卖双方进行交易的场所。发展到现在，市场具备了两种意义，一个意义是交易场所，如传统市场、股票市场和期货市场等；另一个意义为交易行为的总称，即市场一词不仅仅指交易场所，还包括了所有的交易行为。广义上，所有产权发生转移和交换的关系都可以称为市场。

### 1. 市场的定义

市场属于商品经济特有的经济范畴，它是社会分工和商品生产的产物，社会分工使他们各自的产品互相变成商品，产生了相互交换商品的市场。

市场是个含义广泛的概念，其基本经济内容是商品供求和商品买卖。就其空间形式和经济关系等方面而言，可以从下列几个方面对市场进行分析。

(1) 市场是商品交换的场所。这是从空间形式来考察市场，是市场买主和卖主发生作用的地点或地区，如"山东市场"。

(2) 市场是指某种或某类商品需求的总和。商品需求是通过买主体现出来的，因而市场是某一产品所有现实买主和潜在买主所组成的群体。

(3) 市场是商品供求双方力量相互作用的总和，是从商品供求关系的角度提出的，用以反映买卖双方的供求关系。

(4) 市场是交换关系的总和。市场是指商品流通领域，它所反映的是商品流通全局，也是通常所说的"广义市场"。

根据美国密歇根州立大学杰罗姆·麦卡锡(Jerome McCarthy)教授《基础营销学》的定义：市场是指一群具有相同需求的潜在顾客，他们愿意以某种有价值的东西来换取卖主所提供的商品或服务，这样的商品或服务是满足需求的方式。所以，市场是由一切具有特定需求和欲望，并且愿意和能够通过交换的方式来满足需求和欲望的顾客构成。例如，文化市场、技术市场、信息市场、劳务市场、金融市场、房地产市场、旅游市场等组成的完整体系，它们互相依存、相互制约，共同作用于社会经济。

### 2. 市场的类型

根据不同的主体可以将市场分为不同的类型。

1) 根据市场范围划分

根据市场范围可以将市场划分为区域市场、国内市场和国际市场。商品在地区范围内流通形成区域市场；国内市场是在主权国家的范围内建立起来的，在国内市场上币制是统一的。国际市场是在国际分工的基础上形成的商品在世界范围内流通的市场。

2) 根据市场客体划分

根据市场客体可以对市场类型进行更为复杂的分类。在商品经济发展的初级阶段，产品的商品化使得物质产品首先进入市场，从而形成商品市场。商品市场是由生产资料市场和生活资料市场构成的。在商品生产发展的第二阶段，实现了要素商品化，从而形成了劳动力市场、房地产市场、金融市场和资本市场等。在商品经济发展的第三阶段，实现了财产的社会化，生产力得到了较快的发展，财产社会化大大丰富了资本市场的内容，其范围和机制都发生了显著的变化。

3) 根据市场状况划分

根据市场状况可以将市场分为买方市场和卖方市场。市场状况是由市场供求关系决定的，在商品供不应求的条件下，由此形成卖方市场；在供求平衡或供大于求的条件下，形成了买方市场。

4) 根据竞争程度划分

根据竞争程度可以将市场分为完全竞争市场、完全垄断市场、寡头垄断市场和不完全垄断市场。完全竞争市场是指行业中有非常多的独立生产者，以相同的方式向市场提供同类的、标准化的产品，如棉花、西瓜等农副产品市场。完全垄断市场是行业只有一家企业，或一种产品只有一个销售者或生产者，没有或基本没有其他替代者，如电力公司等。寡头垄断市场是一种产品在拥有大量消费者或用户的情况下，由少数几家大企业控制了绝大部分生产量和销售量，剩下的一小部分由众多小企业去经营，如手表。不完全垄断市场是指行业中存在许多企业生产和销售同一种商品，每家企业的产量或销量占总需求量的一小部分，如服装等。

5) 根据商品流通环节划分

根据商品流通环节可以将市场分为批发市场和零售市场。批发市场是指个人或企业将产品卖给最后消费者以外的购买者的交易活动。零售市场是指个人或企业把商品直接卖给最后消费者的交易活动。

市场的基本经济内容是商品供求和商品买卖。市场的形成必须具备下列基本条件：存在可供交换的商品；存在着提供商品的卖方和具有购买欲望与购买能力的买方；具备买卖双方都能接受的交易价格、行为规范及其他条件。只有具备这些条件，才能实现商品的让渡，形成有意义的现实的市场。

21世纪高职高专经管类专业立体化规划教材

## 三、市场细分与目标市场的选择

### (一)市场细分

市场细分是指企业按照消费者的需求、爱好、购买动机、购买行为和购买能力等差异作为标准，将市场上的顾客划分成若干个顾客群，每一个顾客群构成一个子市场或细分市场。每一个细分市场都是由具有类似需求倾向的消费者构成的群体。

市场细分不是对产品进行分类，而是对消费者的需求和欲望进行分类。这个概念是在1956年由美国市场营销学家温德尔·史密斯(Wendell R.Smith)首先提出的。这一概念的提出及其应用的客观基础在于市场需求的差异性和企业生产经营能力的局限性。一方面，企业的市场营销活动必须以消费者为中心，从消费者的需求出发，而市场中消费者的需求又是千差万别的；另一方面，企业拥有的生产经营资源总是有限的，而市场上也找不出标准的顾客群。因此，企业的经营者在制定营销决策时，必须首先确定那些最有吸引力，并有能力为之提供最有效服务的市场作为企业的目标市场，以提高企业市场营销活动的效率。

【案例分析3-1】

#### 英国小制漆厂的市场细分

英国一家小制漆厂，在投产之前对当地室内装饰用漆市场进行了调查研究，访问了许多潜在消费者，调查分析他们对产品的各种不同需求，然后对市场进行了细分：油漆市场的60%是一个大的普及市场，这个市场对各种油漆产品者有潜在需求，但是，这家制漆厂无力参与这个市场的竞争，因此不予考虑。另外还有四个细分市场：①没有劳动力的家庭主妇市场。这个市场的消费者群的特点是不懂得室内装饰需要什么油漆，但是要求油漆质量好，并且要求油漆商提供设计，油漆效果美观。②油漆工助手市场。这个市场的顾客需要购买质量较好的油漆，替住户进行室内装饰，他们过去一向从老式金属器具店或木材厂购买油漆。③老油漆技工市场。这些主顾的特点是向来不买已经调好的油漆，而是购买颜料和油料，自己调配油漆。④对价格敏感的青年夫妇市场。这一市场消费者群的特点是收入较低，租赁公寓住户在一定时间内必须油刷住房，以保护房屋。因此，这些住户购买油漆，不求质量好，只要比白粉刷浆稍好一点就行，但要求价格便宜。

该厂通过研究，根据自己的人力、物力资源条件，决定选择公寓青年夫妇这一细分市场作为目标市场，并制定了一套营销组合战略：①产品。经营少数不同颜色和大小不同包装的油漆(根据顾客喜爱，随时增加、改变或取消颜色品种和装罐大小)。②分销。分销到目标消费者住宅附近的每一家零售店(该市场地区如果出现新的零售店，立即招徕它订购本厂产品)。③价格。保持单一的低廉价格，没有任何特价(不跟随其他市场的油漆厂家调整价格)。④促销。宣传内容以"低价""满意的质量"为号召，以适应目标消费者群的需求(定期变换商店布置和广告稿本，创造新颖形象，并变换使用广告媒体)。

(资料来源：www.tech_food.com/kndata/1038/0077773.htm)

**分析：**

这家油漆厂由于选择了适当的细分市场作为目标市场，制定了相应的营销组合战略，尽管出售的是低档产品，但是适应目标市场的需求，因此取得了很大的成功。

【同步阅读3-2】

顾客需求的差异性表明不同的顾客之间的需求是不一样。在市场上，消费者总是希望根据自己的独特需求去购买产品。同质性需求是由于消费者的需求的差异性很小，甚至可以忽略不计，因此没有必要进行市场细分。而异质性需求是由于消费者所处的地理位置、社会环境以及自身的心理和购买动机不同，造成他们对产品的价格、质量款式上需求的差异性。这种需求的差异性就是我们市场细分的基础。

## (二)目标市场选择

目标市场是指在市场细分的基础上，企业要进入并准备为之服务的最佳细分市场。目标市场选择的是否准确关系到企业经营的成败，对企业参与市场竞争具有重要的意义。首先，选择和确定目标市场是企业制定市场营销战略的首要内容和基本出发点。其次，企业并非对所有的细分市场都能够经营，只有那些和企业资源条件相适应的细分市场对企业才具有较强的吸引力。最后，消费者需求越来越个性化，市场需求越来越复杂和多样化，企业的经营范围不可能满足全部市场需要，必须科学地进行细分和选择市场，才能实现更有效地发展。

【同步阅读3-3】

洗涤用品(包括洗衣粉)市场是与人们生活密切相关的消费品市场，宝洁公司的产品占领了美国洗衣粉市场份额的55%以上，成为世界一流的大公司。

使用洗衣粉的主要用途当然是使衣服清洁，但是，人们对洗衣粉还有以下这些要求：比较便宜；能够漂白；丝织物更加柔软；清新的气味；有泡沫或无泡沫以及多泡沫的，等等。虽然每一位用户都有上述的要求，但每个人的偏好是不一样的；有的喜欢用多泡的；有的则喜欢无泡的；有的侧重于洗衣粉的清洁力；有的则注重它的清香味，等等。

这样，整个洗衣粉市场实际是由有差异的一些细分市场所组成的。宝洁公司正是根据顾客的需求差异，开发生产了九种品牌的洗衣粉以满足消费者的需求。

## (三)目标市场模式

企业在对不同的细分市场评估后要选择目标市场，常见的进入目标市场的模式主要有以下五种。

### 1. 市场集中化

市场集中化是指用单一的产品占领一个细分市场，服务单一的顾客群，进行集中营销。

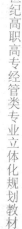

21世纪高职高专经管类专业立体化规划教材

这种模式可以使企业更了解该细分市场的需要，进行专业化的市场营销，同时竞争者通常较少。企业选择一个细分市场，集中力量为之服务。较小的企业一般这样专门填补市场的某一部分。但这种模式的风险较大，一旦这一细分市场不景气或有强大的竞争者出现，都会使公司陷入困境。市场集中化的模式如图 3-1(a)所示，其中 M 代表市场，P 代表产品，数字下标表示第几个市场和第几个产品。

### 2. 产品专门化

企业集中生产一种产品，并向各类顾客销售这种产品。选择这种市场模式一般要求企业技术水平和专业化程度很高，这样企业在产品方面树立很高的声誉，但一旦出现其他品牌的替代品，企业将面临巨大的威胁。产品专门化的模式，如图 3-1(b)所示。

### 3. 市场专门化

企业生产不同的产品满足特定顾客群体的需要，即面对同一市场生产不同的产品。采用这种模式，企业专门为特定的顾客群体服务，可与这一群体建立长期稳定的关系，并树立良好的形象。遇到客户群的需求潜量和特点发生变化，企业要承担较大风险。市场专门化的模式，如图 3-1(c)所示。

### 4. 有选择的专门化

企业选择几个细分市场，每个细分市场对企业的目标和资源利用都有一定的吸引力。但各细分市场彼此之间很少或根本没有任何联系。这种策略能分散企业经营风险，即使其中某个细分市场失去了吸引力，企业还能在其他细分市场盈利。这种多细分市场选择优于单一细分市场选择。有选择的专门化的模式，如图 3-1(d)所示。

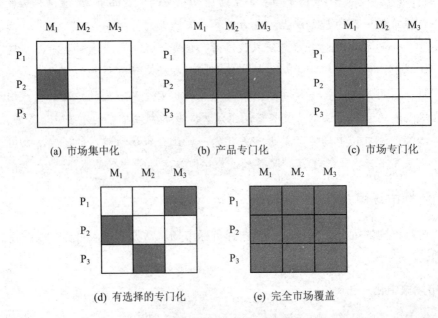

图 3-1　目标市场模式

### 5. 完全市场覆盖

企业力图用各种产品满足各种客户群体的需求，即以所有的细分市场作为目标市场。一般只有实力强大的大企业才能采用这种策略。例如，可口可乐公司在饮料市场开发众多的产品，满足各种消费需求。完全市场覆盖的模式，如图 3-1(e)所示。

### (四)目标市场选择与营销的步骤

目标市场选择与营销由市场细分、确定目标市场和市场定位三个步骤组成。

#### 1. 市场细分

经过市场细分的子市场之间的消费者具有较为明显的差异性，而在同一子市场之内的消费者则有相对的类似性。所以，市场细分是一个同中求异、异中求同的过程。

#### 2. 确定目标市场

企业根据自身优势，从细分市场中选择一个或者若干个子市场作为自己的目标市场，并针对目标市场的特点展开营销活动，以期在满足顾客需求的同时，实现企业经营目标。

#### 3. 市场定位

市场定位就是企业从各个方面为产品创造特定的市场形象，使之为竞争对手的产品显示出不同的特色，以求在目标顾客心目中形成一种特殊的偏爱。

### (五)目标市场选择策略

目标市场选择主要有以下几种策略。

#### 1. 无差异市场营销策略

无差异市场营销策略是把整个市场作为一个目标市场，着眼于消费需求的共同性，推出单一产品和单一营销组合加以满足，如图 3-2 所示。

**图 3-2　无差异市场营销策略**

无差异市场营销策略的优点是可以降低成本，主要表现在：①由于产品单一，企业可实行机械化、自动化、标准化大量生产，从而降低产品成本，提高产品质量；②无差异的广告宣传，单一的销售程序，降低了销售费用；③节省了市场细分所需的调研费用、多种产品开发设计费用，使企业能以物美价廉的产品满足消费者需要。

无差异市场营销策略也有其不足，主要表现在：①不能满足不同消费者的需求和爱好。用一种产品、一种市场营销策略去吸引和满足所有顾客几乎是不可能的，即使一时被承认，也不会被长期接受；②容易受到竞争对手的冲击。当企业采取无差异营销策略时，竞争对手会参与这一整体市场竞争，争夺市场份额。

【同步阅读 3-4】

美国的可口可乐公司 100 多年以来，始终奉行无差异化营销，保证可口可乐的品质口感始终如一，使之成为一个全球的知名品牌。

### 2. 差异性市场营销策略

差异性市场营销策略是区别消费者需求的异质性，在市场细分的基础上选择若干个细分子市场为目标市场，分别设计不同的营销策略组合方案，满足不同细分子市场的需求，如图 3-3 所示。

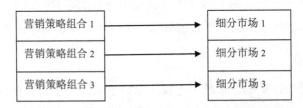

图 3-3　差异性市场营销策略

差异性市场营销策略是目前普遍采用的策略，不少企业实行多品种、多规格、多款式、多价格、多种分销渠道和多种广告形式等多种营销组合，满足不同细分市场的需求。

差异性市场营销策略的优点主要表现在：①由于企业面对多个细分市场，某一细分市场发生剧变，也不会使企业整体陷入困境，大大减少了经营风险；②由于能较好地满足不同消费者的需求，争取更多的顾客，从而扩大销售量，获得更大的利润；③企业可以通过多种营销组合来增强企业的竞争力，有时还会因在某个细分市场上取得优势、树立品牌形象而带动其他子市场的发展。

差异性市场营销策略的不足之处在于，由于目标市场多，产品经营品种多，因而经营成本较高。同时，经营管理难度较大，要求企业有较强的实力和素质较高的经营管理人员。

### 3. 密集性市场营销策略

密集性市场营销策略是企业集中设计生产一种或一类产品，采用一种营销组合，为一个细分市场服务，如图 3-4 所示。

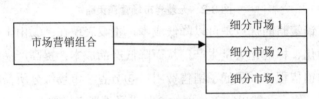

图 3-4　密集性市场营销策略

密集性市场营销策略的优点主要表现在：①可以集中企业的优势，充分利用有限的资源，占领那些被其他企业所忽略的市场，以避开激烈的市场竞争；②专业化的生产和销售可以使这一特定市场的需求得到最大限度的满足，并在特定的领域建立企业和产品的高知名度；③高度专业化满足了特定的需求，目标顾客愿意接受较高的价格，可以使企业保持较高的利润率。

密集性市场营销策略的缺点是目标市场较狭窄，经营风险较大。企业将其所有的精力集中于一个市场，一旦这个市场中消费者的需求发生变化，或有强大的竞争者进入，或企业的预测及营销策略制定有缺陷等，都有可能使企业陷入困境。

### (六)影响目标市场选择的因素

影响目标市场选择的因素主要有以下几个方面。

#### 1. 企业资源

如果企业资源丰富，实力雄厚，具有大规模的单一流水线，产品标准化程度高，内在质量好等，可以采用无差异市场营销策略。如果企业具有相当的规模、技术设计能力强、管理素质较高，可实施差异性市场营销策略；反之，则最好实行密集性市场营销策略。

#### 2. 产品特点

产品具有同质性，即消费者购买和使用时对此类产品特征需求相似，其需求弹性较小，如食盐、石油等可采取无差异市场营销策略。产品具有异质性，消费者对这类产品特征感觉有较大差异，如服装、家具、化妆品等，其需求弹性较大，可采取差异性市场营销策略或密集性市场营销策略。

#### 3. 市场特征

如果消费者的需求和爱好相似，企业可以采取无差异市场营销策略。消费者需求偏好、态度差异很大，宜采取差异性市场营销策略或密集性市场营销策略。

#### 4. 产品生命周期

产品生命周期不同阶段的产品，在"导入期""成长期"，消费者对新产品不甚了解，消费需求还停留在初浅层次，宜采取无差异市场营销策略。在"成熟期""衰退期"，企业生产已定型，消费已成熟，需求向深层次多样化发展，竞争也日趋激烈，宜采取差异性市场营销策略和密集性市场营销策略。

#### 5. 竞争对手策略

如果竞争对手采取无差异市场营销策略，企业应考虑差异性市场营销策略，提高竞争能力。如果竞争对手采取差异性市场营销策略，则企业应进一步细分市场，实行更有效的密集性市场营销策略，使自己产品与竞争对手有所不同。

【同步阅读 3-5】

定制营销是指在大规模生产的基础上，将市场细分到极限程度，即把每一位顾客视为一个潜在的细分市场,并根据每一位顾客的特定要求,单独设计、生产产品并迅捷交货的营销方式。它的核心目标是以顾客愿意支付的价格并以能获得一定利润的成本高效率地进行产品定制。美国著名营销学者科特勒将定制营销誉为21世纪市场营销最新领域之一。全新的网络环境下,兴起了一大批像 Dell、Amazon.com、P&G 等为客户提供完全定制服务的企业。例如,宝洁能够生产一种定制的皮肤护理或头发护理产品以满足顾客的需要。

与传统的营销方式相比,定制营销体现出其特有的竞争优势。首先,能体现以顾客为中心的营销观念。从顾客需要出发,与每一位顾客建立良好关系,并为其开展差异性服务,实施一对一的营销,最大地满足了用户的个性化需求,提高了企业的竞争力。由于它注重产品设计创新与特殊化,个性化服务管理与经营效率,实现了市场的快速形成和裂变发展。在这种营销中,消费者需要的产品由消费者自己来设计,企业则根据消费者提出的要求来进行大规模定制。其次,实现了以销定产,降低了成本。在大规模定制下,企业的生产运营受客户的需求驱动,以客户订单为依据来安排定制产品的生产与采购,使企业库存的最小化,降低了企业成本。因此,它的目的是把大规模生产模式的低成本和定制生产以客户为中心这两种生产模式的优势结合起来,在未牺牲经济效益的前提下,了解并满足单个客户的需求。可以这样说,它将确定和满足客户的个性化需求放在企业的首要位置,同时又不牺牲效率,它的基本任务是以客户愿意支付的价格并以能获得一定的利润的成本高效率地进行产品定制。最后,在一定程度上减少了企业新产品开发和决策的风险。

(资料来源: baike.baidu.com 整理而成)

## 四、市场营销组合

在 20 世纪 50 年代初,根据需求中心论的营销观念,麦卡锡教授把企业开展营销活动的可控因素归纳为四类,即产品、价格、销售渠道和促销,因此,提出了市场营销的 4P 组合。1960 年,麦卡锡在《基础营销》一书中提出了著名的 4P 组合。麦卡锡认为,企业从事市场营销活动,一方面要考虑企业的各种外部环境,另一方面要制定市场营销组合策略,通过策略的实施,适应环境,满足目标市场的需要,实现企业的目标。

麦卡锡绘制了一幅市场营销组合模式图(见图 3-5),图的中心是某个消费群,即目标市场,中间一圈是四个可控要素:产品(Product)、渠道(Place)、价格(Price)、促销(Promotion),即 4P 组合。在这里,产品就是考虑为目标市场开发适当的产品,选择产品线、品牌和包装等;价格就是考虑制订适当的价格;地点就是讲要通过适当的渠道安排运输储藏等把产品送到目标市场;促销就是考虑如何将适当的产品,按适当的价格,在适当的地点通知目标市场,包括销售推广、广告、培养推销员等。图的外圈表示企业外部环境,它包括各种不可控因素,如经济环境、社会文化环境和政治法律环境等。麦卡锡指出,4P 组合的各要素将要受到这些外部环境的影响和制约。

**图3-5　市场营销组合模式图**

市场营销的主要目的是满足消费者的需要，做好市场营销组合工作可以保证企业从整体上满足消费者的需求。所谓市场营销组合是指企业针对目标市场的需要，综合考虑环境、能力、竞争状况，对自己可控制的各种营销因素(产品、价格、分销、促销等)进行优化组合和综合运用，使之协调配合，扬长避短，发挥优势，以取得更好的经济效益和社会效益。市场营销组合是企业本身对目标市场的要求和特点，综合运用企业可控制因素，实行最佳组合，达到企业盈利的目标的整体营销活动。市场营销组合是企业市场营销战略的一个重要组成部分，是将企业可控的基本营销措施组成一个整体性活动，主要包括以下四个方面。

### 1. 产品策略

产品策略包括产品发展、产品计划、产品设计和交货期等决策的内容，其影响因素包括产品的特性、质量、外观、附件、品牌、商标、包装、担保和服务等。

### 2. 价格策略

价格策略包括确定定价目标、制定产品价格原则与技巧等内容，其影响因素包括分销渠道、区域分布、中间商类型、运输方式和存储条件等。

### 3. 促销策略

促销策略是指主要研究如何促进顾客购买商品以实现扩大销售的策略，其影响因素包括广告、人员推销、宣传、营业推广和公共关系等。

### 4. 分销策略

分销策略主要研究使商品顺利到达消费者手中的途径和方式等方面的策略，其影响因素包括付款方式、信用条件、基本价格、折扣、批发价和零售价等。

【案例分析 3-2】

### 奔驰汽车的质量

具有百余年历史的德国奔驰汽车，从产品的构思、设计、研制、试验、生产直至推销、维修，质量第一的原则一直贯彻始终。为提高产品质量，公司建立了一支熟练的技术工人队伍，在国内设有 502 个培训中心，他们成为提高产品质量的决定因素。同时，公司严把质量关，一个引擎要经过 42 道检验，油漆稍有划痕，必须返工。从事生产的工人有 1/7 左

21世纪高职高专经管类专业立体化规划教材

右是专门从事质量控制和质量检验的，且标准非常严格，例如，外厂给公司提供的零部件一箱里有一个零件不合格，就要把整箱零件全部退回。

分析：德国奔驰汽车是享誉全球的名牌汽车，这是因为其将质量第一的原则贯穿于生产的全过程。高质量的产品带来了高知名度、高美誉度、高市场占有率和高效益。

（资料来源：cache.baiducontent.com）

# 本章知识结构图

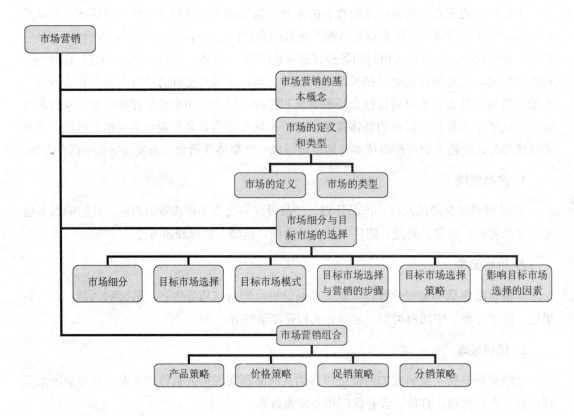

# 扩 展 阅 读

## 市场营销观念与原则综述

### 1. 市场营销观念

市场营销观念是一种新型的企业经营哲学。这种观念是以满足顾客需求为出发点的，即"顾客需要什么，就生产什么"。尽管这种思想由来已久，但其核心原则直到20世纪50年代中期才基本定型。当时社会生产力迅速发展，市场趋势表现为供过于求的买方市场，同时广大居民个人收入迅速提高，有可能对产品进行选择，企业之间的竞争加剧，许多企业开始认识到，必须转变经营观念，才能求得生存和发展。市场营销观念认为，实现企业各项目标的关键在于正确确定目标市场的需要和欲望，并且比竞争者更有效地传送目标市场所期望的物品或服务，进而比竞争者更有效地满足目标市场的需要和欲望。

市场营销观念的出现，使企业经营观念发生了根本性变化，也使市场营销学发生了一次革命。市场营销观念同推销观念相比具有重大的差别。

西奥多·莱维特(Theodore Levitt)曾对推销观念和市场营销观念作过深刻的比较，他指出，推销观念注重卖方需要；市场营销观念则注重买方需要。推销观念以卖主需要为出发点，考虑如何把产品变成现金；而市场营销观念则考虑如何通过制造、传送产品以及与最终消费产品有关的所有事物，来满足顾客的需要。可见，市场营销观念的四个支柱是：市场中心、顾客导向、协调的市场营销和利润。推销观念的四个支柱是：工厂、产品导向、推销和赢利。从本质上说，市场营销观念是一种以顾客需要和欲望为导向的哲学，是消费者主权论在企业市场营销管理中的体现。

2. 社会市场营销观念

社会市场营销观念是对市场营销观念的修改和补充。它产生于20世纪70年代西方资本主义出现能源短缺、通货膨胀、失业增加、环境污染严重和消费者保护运动盛行的新形势下。因为市场营销观念回避了消费者需要、消费者利益和长期社会福利之间隐含着冲突的现实。社会市场营销观念认为，企业的任务是确定各个目标市场的需要、欲望和利益，并以保护或提高消费者和社会福利的方式，比竞争者更有效、更有利地向目标市场提供能够满足其需要、欲望和利益的物品或服务。社会市场营销观念要求市场营销者在制定市场营销政策时，要统筹兼顾三方面的利益，即企业利润、消费者需要的满足和社会利益。

企业经营观，其产生和存在都有其历史背景和必然性，都是与一定的条件相联系、相适应的。当前，外国企业正在从生产型向经营型或经营服务型转变，企业为了求得生存和发展，需要树立具有现代意识的市场营销观念和社会市场营销观念。

3. 市场营销原则

1) 诚实守信的原则

诚实守信是企业经商道德最重要的品德标准，是其他标准的基础。在我国传统经商实践中，它被奉为至上的律条。

2) 义利兼顾的原则

义利兼顾是指企业获利要同时考虑是否符合消费者的利益，是否符合社会整体和长远的利益。利是目标，义是要遵守达到这一目标的合理规则。二者应该同时加以重视，达到兼顾的目标。义利兼顾的思想是处理好利己和利他关系的基本原则。

3) 互惠互利原则

互惠互利是进一步针对企业营销活动的性质，提出的交易中的基本信条。互惠互利原则要求在市场营销行为中，正确地分析、评价自身的利益，评价利益相关者的利益，对自己有利而对利益相关者不利的活动，由于不能得到对方的响应，而无法进行下去。而对他人有利，对自己无利的，又使经济活动成为无源之水，无本之木。

21世纪高职高专经管类专业立体化规划教材

4) 理性和谐的原则

理性和谐的原则是企业道德化活动达到的理想目标模式。在市场营销中，理性就是运用知识手段，科学分析市场环境，准确预测未来市场发展变化状况，不好大喜功，单纯追求市场占有率。

# 同 步 测 试

## 一、单项选择题

1. 美国西北大学教授菲利普·科特勒博士与北卡罗来纳大学教授加利·阿姆斯特朗合著的 1996 年美国出版的《市场营销原理(第七版)》对市场营销的定义是(    )。

   A. 市场营销是创造、沟通与传送价值给顾客，以及经营顾客关系以便让组织与其利益关系人受益的一种组织功能与程序，是一种最直接有效的营销手段

   B. 市场营销是个人和集体通过创造并同他人交换产品和价值以满足需求和欲望的一种社会和管理过程

   C. 市场营销是企业经营活动的职责，它将产品及劳务从生产者直接引向消费者或使用者，以便满足顾客需求及实现公司利润，同时也是一种社会经济活动过程，其目的在于满足社会或人类需要，实现社会目标

   D. 市场营销就是通过创造和交换产品和价值，从而使个人或群体满足欲望和需要的社会和管理过程

2. 无差异市场营销策略是指(    )。

   A. 把整个市场作为一个目标市场，着眼于消费需求的共同性，推出单一产品和单一营销组合加以满足

   B. 将产品及劳务从生产者直接引向消费者或使用者，以便满足顾客需求及实现公司利润，同时也是一种社会经济活动过程，其目的在于满足社会或人类需要，实现社会目标

   C. 是商品供求双方力量相互作用的总和，是从商品供求关系的角度提出的，用以反映买卖双方供求关系的

   D. 是区别消费者需求的异质性，在市场细分的基础上选择若干个细分子市场为目标市场，分别设计不同的营销策略组合方案，满足不同细分子市场的需求

3. 差异市场营销策略是指(    )。

   A. 着眼于消费需求的共同性，推出单一产品和单一营销组合加以满足，为整体市场服务

   B. 将产品及劳务从生产者直接引向消费者或使用者，以便满足顾客需求及实现公司利润，同时也是一种社会经济活动过程，其目的在于满足社会或人类需要，实现社会目标

    C. 从各方面为产品创造特定的市场形象,使之为竞争对手的产品显示不同的特色,把整个市场作为一个目标市场

    D. 是区别消费者需求的异质性,在市场细分的基础上选择若干个细分子市场为目标市场,分别设计不同的营销策略组合方案,满足不同细分子市场的需求

4. 下列不属于目标市场选择与营销步骤的是(　　)。

    A. 市场细分。经过市场细分的子市场之间的消费者具有较为明显的差异性,而在同一子市场之内的消费者则有相对的类似性。所以,市场细分是一个同中求异、异中求同的过程

    B. 确定目标市场。企业根据自身优势,从细分市场中选择一个或者若干个子市场作为自己的目标市场,并针对目标市场的特点展开营销活动,以期在满足顾客需求的同时,实现企业经营目标

    C. 市场定位。市场定位就是企业从各个方面为产品创造特定的市场形象,使之为竞争对手的产品显示出不同的特色,以求在目标顾客心目中形成一种特殊的偏爱

    D. 如何促进顾客购买商品以实现扩大销售的策略。其影响因素包括广告、人员推销、宣传、营业推广和公共关系等

5. 促销策略是指(　　)。

    A. 包括产品发展、产品计划、产品设计和交货期等决策的内容。其影响因素包括产品的特性、质量、外观、附件、品牌、商标、包装、担保和服务等

    B. 包括确定定价目标、制定产品价格原则与技巧等内容。其影响因素包括分销渠道、区域分布、中间商类型、运输方式和存储条件等

    C. 是指主要研究如何促进顾客购买商品以实现扩大销售的策略。其影响因素包括广告、人员推销、宣传、营业推广和公共关系等

    D. 主要研究使商品顺利到达消费者手中的途径和方式等方面的策略。其影响因素包括付款方式、信用条件、基本价格、折扣、批发价和零售价等

## 二、多项选择题

1. 下列表述中,正确的有(　　)。

    A. 市场是商品交换的场所。这是从空间形式来考察市场,市场买主和卖主发生作用的地点或地区

    B. 市场是指某种或某类商品需求的总和。商品需求是通过买主体现出来的,因而市场是某一产品所有现实买主和潜在买主所组成的群体

    C. 市场是商品供求双方力量相互作用的总和,是从商品供求关系的角度提出的,反映买卖双方供求关系的

    D. 市场是交换关系的总和,它所反映的是商品流通全局,也是通常所说的"广义市场"

21世纪高职高专经管类专业立体化规划教材

2. 根据市场状况,可以将市场分为( )。

    A. 买方市场         B. 卖方市场         C. 批发市场         D. 零售市场

3. 根据商品流通环节,可以将市场分为( )。

    A. 买方市场         B. 卖方市场         C. 批发市场         D. 零售市场

4. 下列表述中,正确的有( )。

    A. 市场细分是指企业按照消费者的需求、爱好、购买动机、购买行为和购买能力等差异作为标准,将市场上的顾客划分成若干个顾客群

    B. 每一个顾客群构成一个子市场或细分市场,每一个细分市场都是由具有类似需求倾向的消费者构成的群体

    C. 市场细分不是对消费者的需求和欲望进行分类,而是对产品进行分类

    D. 市场细分是按照消费者欲望与需求把因规模过大导致企业难以服务的总体市场划分成若干具有共同特征的子市场,处于同一细分市场的消费群被称为目标消费群

5. 目标市场选择策略包括( )。

    A. 无差异市场营销策略                  B. 差异性市场营销策略

    C. 密集性市场营销策略                  D. 产品专门化

## 三、简答题

1. 什么是市场?

2. 什么是市场营销?

3. 什么是市场营销组合?

4. 目标市场选择策略包括哪些?

5. 结合所学知识,试对服装市场进行市场细分。

## 四、案例分析题

    日本泡泡糖市场年销售额约为 740 亿日元,其中大部分被"劳特"所垄断。江崎公司通过市场调查发现"劳特"有四点不足。第一,以成年人为对象的泡泡糖市场正在扩大,而"劳特"却依然把重点放在儿童泡泡糖市场上;第二,"劳特"的产品主要是果味型,而消费者的需求正在多样化;第三"劳特"多年来一直生产单调的条板状泡泡糖,缺乏新型式样;第四,"劳特"产品价格是 110 日元,价格偏高,且需 10 日元硬币,消费者往往感到不便。通过调查分析江崎公司的不足,江崎公司决定以成人泡泡糖市场为目标市场并制定了相应的市场营销策略。不久便推出了四大功能产品:司机用泡泡糖,加入了浓度薄荷和天然牛黄,具有提神醒脑、消除困倦的功能;交际用泡泡糖,加入清凉薄荷,使人口气清新;运动用泡泡糖,内含多种维生素,有益于消除疲劳;轻松型泡泡糖,添加叶绿素等植物精华,可改善不良情绪。此外,江崎公司精心设计了新颖包装和多种造型,价格定为50 日元和 100 日元两种。功能性泡泡糖问世后,像飓风一样席卷全日本,不仅挤进了"劳

特"独霸的日本泡泡糖市场，而且占领了不菲的市场额，从 0 猛升至 25%，当年销售额达175 亿日元。

（资料来源：https://www.shangxueba.com/ask/6244845.html)

思考题：你认为江崎公司成功的经验是什么？

# 项 目 实 训

## 【实训项目：促销实训】

任务：11 月对于零售业来说是一个相对的销售淡季，试运用所学知识为家之福超市设计一个促销方案。

## 【实训目的】

(1) 了解促销策划的概念。
(2) 掌握促销准备的内容。
(3) 掌握促销策划的步骤及促销主题的确定。
(4) 熟悉促销活动的开展。

## 【实训内容】

团队：8～10 人自由组成一个小组，并选出 1 名小组负责人，负责协调和领导整个小组共同完成实训任务。

## 【实训要求】

| 训练项目 | 训练要求 | 备 注 |
| --- | --- | --- |
| 熟悉市场营销组合知识 | (1)熟悉市场营销的概念；<br>(2)掌握营销组合内容；<br>(3)初步具有市场意识、营销专业感情和职业情感 | 熟悉市场营销的概念和核心概念 |
| 促销实训 | (1)掌握促销的概念、基本原则；<br>(2)确定促销主题，开展促销活动；<br>(3)掌握在进行促销策划前应做好的工作；<br>(4)掌握促销策划的实施步骤 | 运用现代营销观念指导市场营销实践 |

21世纪高职高专经管类专业立体化规划教材

# 第四章

## 现代企业战略管理

**学习目标与要求**

➤ 了解战略管理的定义和特点;

➤ 了解企业内外部环境分析的内容;

➤ 熟悉企业三种基本竞争战略、企业战略管理的过程;

➤ 掌握分析企业内外部环境的技巧;

➤ 掌握分析选择、控制和实施战略管理的能力。

**【引导案例】**

在物质生活愈发充实的当下，很多人都能明显感受到在整个家电消费和使用过程中，对于服务的要求不仅趋向多样化，而且对服务体验也有更高的需求。例如，空调的深度清洗，热水器出水的忽冷忽热，洗衣机的噪音干扰，以及油烟机的清洁保养，等等。这些问题，几乎随处可见。但是，面对变化中的用户需求，传统的售后服务已经暴露出了很多不足，用户的抱怨主要集中在"上门慢""反复上门"和"服务质量参差不齐"三个重要问题。

海尔发布的智慧服务升级战略率先推出了家电服务行业首个流动服务站，通过全国布局流动服务站来实现快速响应，陆续投入 1 万辆由特种车辆改装的流动服务站，用户预约到上门服务的平均响应时间从原先的 12 小时缩短至 2 小时，相比行业平均 24 小时响应时间提高了 12 倍。发挥服务兵的能动性，来最终解决服务质量的问题。这样海尔的智慧服务，彻底解决了家电维修的三大难题。

(资料来源: https://baijiahao.baidu.com/s?id=1594818515532915641&wfr=spider&for=pc)

# 知 识 要 点

## 一、企业战略

### (一)战略的含义

学习战略管理，首先要明确战略的含义。"战略"一词原本是军事用语，"战"是指战争、战斗；"略"是指策略、谋略。战略是指在战争上克敌制胜的谋划和策略。《辞海》中对"战略"一词的解释是："军事名词。对战略全局的筹划和指挥。它依据敌对双方的军事、政治、经济、地理等因素，照顾战争全局的各方，规定军事力量的准备和运用。"我国春秋末年孙武所著的《孙子兵法》、明朝罗贯中所著的《三国演义》等更是把"战略"这一词完美演绎出来。然而，随着战争年代的逝去，和平发展时代的到来，战略这一词也逐渐逝去当初浓厚的军事竞争色彩，成为一个不断完善的企业管理理论和实践体系。在现代，战略更多的是指在企业管理过程中，面对重大和带有全局性、长远性的问题，管理者依据科学的方法和步骤而做出的谋划和策略。

### (二)企业战略的定义

企业战略是指企业根据环境的变化、本身的资源和实力选择适合的经营领域和产品，形成自己的核心竞争力，并通过差异化力争在竞争中取胜的一种模式。随着世界经济全球化和一体化进程的加快和随之而来的国际竞争的加剧，对企业战略的要求愈来愈高。

企业战略是设立远景目标并对实现目标的轨迹进行的总体性、指导性谋划，属宏观管理范畴，具有指导性、全局性、长远性、竞争性、系统性和风险性六大主要特征。

**【同步阅读 4-1】**

关于企业战略的定义，不同学者和管理者对其也有不同的定义。

安索夫(Ansoff)认为，企业战略是贯穿于企业经营与产品和市场之间的一条"共同经营主线"，它决定着企业所从事的或者计划在将来要从事的经营业务的基本性质。

美国哈佛商学院教授安德鲁斯(K.Andrews)认为，企业战略是企业的目标、意图或目的，以及为达到这些目的而制订的主要方针和计划的一种模式。

加拿大麦吉尔大学管理教授明茨伯格(Mintzberg)从五个角度对企业战略的定义进行了解析，即：计划(Play)、计策(Ploy)、模式(Pattern)、定位(Position)、观念(Perspective)，构成了企业战略的 5P 定义。

## (三)企业战略管理概述

### 1. 企业战略管理的认知

企业战略是企业管理者在管理企业的过程中，为求得企业未来良好的发展而制定企业长远发展目标，为实现目标依据企业内外部环境制定出切实可行的策略，并在实施中根据不断变化的环境做出策略调整，使目标顺利实现。

**【同步阅读 4-2】**

关于企业战略管理的定义，有些学者对其也提出了自己的定义。

在国外比较有代表意义的是安索夫(Ansoff H.I)在其 1976 年出版的《从战略规划到战略管理》一书中指出的："企业的战略管理是指将企业的日常业务决策同长期计划决策相结合而形成的一系列经营管理业务。"

除此之外，斯坦纳在 1982 年版的《企业政策与战略》一书中提到，"企业战略管理是确定企业使命，根据企业外部环境和内部经营要素确定企业目标，保证目标的正确落实并使企业使命最终得以实现的一个动态过程。"

### 2. 企业战略管理的特点

企业战略管理具有以下几个方面的特点。

1)　全局性

企业战略管理是以整个企业为对象，从企业的全局出发，寻求企业总体的发展方向，比如企业要转型到哪个领域，在这个领域要发展到什么程度，通过什么发展策略到达预定的发展目标等。它所专注的不是局部某个细节的问题，而是在总体上做出企业发展方向和目标，使企业总体在未来朝着这个大的方向去发展。

2)　长远性

企业战略管理所面向的是企业未来较长一段时期内的生存与发展，并对其进行统筹规

21世纪高职高专经管类专业立体化规划教材

划，这种长远的战略是以当前企业所处的内外环境为出发点，同时又对企业当前的活动具有指导和限制作用。在纷繁复杂的市场竞争环境中，企业要在未来取得一席之地，必须要未雨绸缪，做出长远的发展规划，使企业发展更好更快。

3) 适应性

企业战略管理是根据企业的内外环境做出的发展规划，在较长时期内对企业的活动具有指导作用，然而环境的变化具有不可预测性，企业发展战略不可一成不变，必须要根据已经变化了的条件做出必要的调整，甚至是根本性的改变，这样才保证企业顺利发展。

4) 挑战性

制定企业战略管理并不是一味地顺从环境的制约，而是尽可能地克服自身的不足、降低周边环境的威胁，力争战胜竞争对手，使企业在优胜劣汰的市场竞争环境中获得生存，赢得市场和客户，使自己立于不败之地。从这点上看，企业战略充满了挑战性，例如，对自身不足的挑战，对对手的挑战，对不利环境的挑战等。

## 二、企业外部环境分析

企业外部环境是企业生存发展的空间，企业的经营活动无时无刻不受到外部环境的影响和制约，企业战略是否科学准确和具有可行性在很大程度上取决于企业战略是否符合企业的外部环境。实践也证明，越是符合外部环境的战略越是能引领企业走向成功。因此，企业管理者在企业战略管理中应该尽可能对外部环境进行准确、完整、透彻的认识，使企业尽量避开外部环境的不利因素，充分利用外部环境的有利因素。通常情况下，企业外部环境的因素包括以下几方面。

### (一)宏观环境分析

任何一家企业都处在一定的环境中生存发展，环境对企业的影响是客观存在也是至关重要的，而且很多时候面对环境的制约，企业是无能为力的，只能以积极的态度去顺应环境而生存。因此，在选择企业战略管理时要十分注重外部宏观环境的分析。在进行宏观环境分析时，PEST 分析法[①]为我们研究企业外部环境提供了一个有效的方法。PEST 分析法主要包括政治法律环境、经济环境、社会文化环境和技术环境四个方面。

#### 1. 政治法律环境

政治法律环境是指对企业的经营活动能够产生制约影响的政治制度和法律法规等。它主要包括企业所在的国家或者地区的政治制度与体制、法律法规、方针政策以及政府对待本行业企业的态度。政治法律对企业的影响是深刻的，企业只有在稳定和宽松的政治环境下，在有利的政策下进行生产经营才如鱼得水，假如不了解当地的政策和法律法规，在企

---

① 所谓 PEST，即 P 是政治(Politics)，E 是经济(Economy)，S 是社会(Society)，T 是技术(Technology)。

业经营管理过程中会困难重重。例如，在 1978 年中国政府决定走改革开放的道路，这一政策的颁发使中国城乡人民走上了发家致富的道路。1983 年以后国家允许个体经济发展，这一政策的出现又促使了我国东部沿海地区多个民营企业的诞生，很多现在著名的民营企业家就是在那个时候顺应国家政策潮流而发家致富起来的。在 2002 年，我国加入 WTO，逐步开放金融、保险电信等服务行业的准入限制，这些政策已经深深地改变了我国很多行业的竞争环境，给很多行业带了严峻的挑战，抑或是难得的机遇。

### 2. 经济环境

经济环境是指构成企业生存和发展的社会经济状况和国家经济政策。经济环境对企业的影响比较直接和具体。经济环境具体可以包括社会经济结构、经济发展水平、经济体制、经济政策、国民收入、利率、汇率、失业率和价格等因素，这些经济因素影响着企业战略的选择和日常的企业经营管理。例如，价格水平的提高会影响消费者的购买力；降低成本，价格竞争会成为市场竞争的主要手段；人民币升值会不利我国出口产品，也不利于国内企业扩大生产规模；利率的提升对房地产会产生不利影响，而对生活必需品行业则只有较小的影响。

### 3. 社会文化环境

社会文化环境是指企业所在国家或者地区的民族特色、文化传统、价值观、宗教信仰、教育水平及风俗习惯等因素。不同的社会文化影响着消费者的消费行为，从而影响着企业的战略选择。在我国，随着改革开放和人民生活水平的提高，思想观念逐渐地开放，在穿着打扮方面人们更倾向于展现自己独特个性，于是很多服装行业厂商越来越关注品牌定位以及彰显个性的服装设计。在沙特阿拉伯，妇女穿着比较保守，在一定年龄以上的女性一般都是戴着面巾，因为他们认为女人戴面纱和穿长袍既是纯洁、贞洁和社会伦理的象征，也是信仰伊斯兰教和维护宗教秩序的重要标志。所以，假如企业要在这样的一个社会文化环境下制定经营战略，必须要考虑这样的社会文化环境背景。

### 4. 技术环境

技术环境是指一个国家或者地区的科技体制、科技政策、科技发展水平以及技术发展动向等。在人类历史上的三次科技革命，改变了社会的方方面面，当今科学技术空前发展，新技术、新能源、新材料和新工艺不断涌现并应用，企业要在战略上做出相应的决策和调整，抓住新科技革命带来的机遇，用新技术、新成果全面提升自己，以获得新的竞争优势。

## (二)行业环境分析

行业环境分析包括对目前从事或拟从事的目标行业的环境分析，其内容应包括行业的发展状况、国际及国内重大事件对该行业的影响、目前行业的优势与问题、行业发展趋势等。行业环境是影响企业生产经营活动最直接的外部因素。行业环境因素主要包括以下几

21世纪高职高专经管类专业立体化规划教材

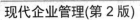
方面。

### 1. 行业生命周期

每个行业都有它的生命周期，我们可以通过观察行业的产品来了解某个行业的发展状况。一般的行业周期可以分为导入期、成长期、成熟期和衰退期。

1) 导入期

在导入期，产品刚进入市场，产品设计还未完善，销售量比较少，产品的开发推广成本高，利润比较低，风险也比较大，同时竞争对手也比较少。所以，在这个时期进入到这个行业比较容易，一旦成功便成为该行业的领导者，在将来较长一段时间能获得高额利润。但是如果失败，企业也要承担巨大的风险后果。

2) 成长期

在成长期，顾客开始接受该产品，销量和利润也开始提升，生产成本不断下降，企业承担风险的能力增强。在这个时期往往是竞争者进入最多的时期，行业竞争开始变得激烈，导致整个行业利润下降。所以在这个时期如果能以较快的速度成功进入该行业并成为行业的优秀企业，那么企业就会获得成功。

3) 成熟期

在成熟期，顾客将重复购买商品，销售趋向饱和，利润不再增长，生产能力开始过剩，竞争激烈。在这个时期进入该行业，会面临很多成熟的、强大的竞争对手，并且会受到很多进入障碍，风险大，成功率小。

4) 衰退期

在衰退期，销售和利润都大幅度下降，产能严重过剩，竞争激烈程度会因为其他企业的退出而降低。这个时期行业内的企业往往开始陷入困境而考虑战略转变，企图走出困境，行业外的企业也会因为该行业利润少而不愿意进入。

【课堂思考 4-1】

#### 白酒行业的生命周期

我国白酒业经由 20 世纪八九十年代的大发展及过度竞争，应该说现在处于生命成熟期的中后期，表现为市场需求趋向饱和，稳中有降，潜在顾客越来越少，竞争逐渐加剧，产品价格走低，促销费用增加，整个白酒业的销售额及行业利润率都在缓慢下降。众多的白酒品牌，其产品生命周期也不尽相同。像茅台、五粮液、洋河等名酒品牌的生命周期较长，也比较规则。目前这类名酒品牌多处于快速成长期或成熟期，其他一些地方酒品牌有极少数处于成长期、成熟期，但绝大部分处于成熟期与衰退期之间。白酒企业以每年 10%的速度递减，更说明白酒品牌多处于衰退期。再从单一的白酒企业来看，其各个具体产品的生命周期则千差万别。有的产品顺利走完产品生命周期的 4 个阶段，且各个阶段的特征明显；有的产品，一进入市场就快速成长，迅速越过导入期；有的产品则可能越过成长期直接进入成熟期；有的产品进入成熟期后再进入第二个快速成长期；更有许多产品根本就没有进入市场或没走完成长期就夭折了。

(资料来源：百度文库整理)

**思考：**

结合案例谈谈行业生命周期包括哪几个阶段？

### 2. 行业竞争结构分析

在对行业总体形势分析之后还要进一步对行业结构进行分析。行业内竞争因素很多，但是可以抓住主要的因素进行分析。按照战略管理学家迈克尔·波特(Michael E. Porter)提出的波特模型进行分析，影响企业竞争力量的主要有五种，分别是潜在的进入者、现有行业竞争者、替代品、供应商的讨价还价能力以及购买者的讨价还价能力。这五种力量的综合作用决定了该行业的总体利润，也强烈地影响着企业战略选择。

1) 潜在的进入者

当一个行业的收入很可观时，其他行业的企业就有可能加入到这个行业，可以说，行业的一个新进入者对于现存的企业是一种竞争的威胁，因为其他行业企业加入越多，本行业内的企业获得的利润就会越少。那么潜在的进入者加入到本行业、给本行业造成威胁的可能性到底有多大？这就要看本行业的进入障碍了，障碍越高威胁就越少，反之则威胁越大。进入障碍一般来自进入的规模经济、资本要求、产品差异、分销渠道和政府政策等。

2) 现有行业竞争者

现有的行业内竞争是五种竞争中最常见也是最重要的竞争，它直接影响整个行业的盈利水平。现有行业内的竞争常常表现为价格的竞争，有时候又表现为广告、服务、创新的竞争。总之，只要行业内存在其他的经营者，它们总会为抢占市场而展开各种竞争，因此，在优胜劣汰的市场竞争环境中，每家企业都必须制定有效的战略参与竞争，求得生存发展。一般来说，在行业集中程度高、成本高、产品差异化程度低、生产能力过剩、退出障碍高、发展慢的情况下行业竞争会趋向激烈。

3) 替代品

替代品是指那些与本企业的产品具有相同功能或者类似功能的产品。当替代品出现，消费者就多了一个购买选择，当本行业的产品价格超过消费者的接受范围时，消费者就很可能转向购买价格更为便宜的替代品来满足自己的需要，从而造成本行业的竞争威胁。为了保持和扩大市场份额，本行业也会采取相应措施来应对这种威胁，比如采用降低价格，或提高服务质量，或者加大宣传力度等，而所有这些措施均使本行业的成本上升，总体利润水平下降。在现代，由于科技的进步和管制放松，大量的替代品已经悄然进入很多行业，有的替代品已经与行业原有产品共存，甚至是完全取代了原有产品。要看一个替代品对行业产品的威胁程度主要看替代品在质量相当的情况下价格是否更低廉，在质量、性能等属性方面是否更能满足消费者的需求，以及购买者转向购买替代品的难易程度等。

21世纪高职高专经管类专业立体化规划教材

4) 供应商的讨价还价能力

供应商的讨价还价能力会影响行业的获利水平。一般来说，行业的获利水平会随着供应商的讨价能力提升而降低。要看供应商的讨价还价能力可以从它以下几方面去判断：①从供应商的数量来看，供应商数量越少，说明行业的供应来源少，在讨价还价中供应商占优势；②从供应商的策略来看，如果供应商采取前向一体化的策略，对前方企业有较强的控制能力，那么供应商的讨价还价能力就比较强；③从供应商的商品属性来看，如果商品差异化大，具有不可替代性的话，供应商的讨价还价能力就强；④从供应商的商品价格上看，如果供应商的价格占企业总成本的比例很大，那么供应商的价格只要稍微地上升就会引起下游企业附加值的上升，这种情况下供应商在讨价还价方面占有优势。

5) 购买者的讨价还价能力

购买者的讨价还价能力也会使企业形成竞争压力。作为购买者都希望在购买时获得物美价廉的商品，因此会千方百计想通过讨价还价要求降低价格、提高产品质量或者更好的服务。一般来说，在下列情况下购买者的讨价还价能力会提高：①当购买者的购买集中度高时，会形成一笔可观的交易，在购买谈判中会处于有利地位；②购买者掌握充分的产品或者行业信息时，在购买谈判时将处于有利地位；③当购买者所购买商品是标准商品时，他们可以在市场上寻找其他的供应者货比三家，直到找到价格较低、质量较好的商品；当购买者的实力比较强大时，他们可以凭借自己的实力自己生产一部分所需的商品，另一部分则外部购买，在这种情况下购买者拥有自己生产的条件和掌握产品的生产信息，在购买谈判时处于有利地位。

【课堂思考 4-2】

### 啤酒行业的经济特征

啤酒行业的经济特征主要表现在以下几个方面。

1. 市场规模及增长速度

目前，我国是全球最大的啤酒消费市场。资料显示，我国人均啤酒年消费水平为 22 升，世界平均水平为 27 升，发达国家人均消费水平为 150 升左右。

2. 竞争角逐范围

目前，我国啤酒产业发展还处在相对完全竞争的阶段，从区域消费分布看，我国的啤酒消费已经非常普及，其中消费量最大的地区集中在华北、华东、华南和东北。

3. 前向和后向整合程度

我国啤酒产业一般多采用垂直销售，同时会集中力量办好啤酒批发市场长年展销与促销，为企业发展提供展示、交易、信息交流平台，采取大力发展兼营店、树立企业品牌、积极拓展啤酒出口渠道等方式进行经营。

4. 分销渠道

目前国内啤酒产业主要采用一级分销制，比较贴近终端；在组织架构上，采用分公司建制，内部实施 ERP，以求达到信息的快速处理与反应；在物流方面，与一些进出口公司合作单独成立物流公司。

5. 竞争对手的产品服务差别化

产业总体差距仍较大，产品质量虽然比较稳定，但各类品牌啤酒风味差异很小，且同一品牌的均一性不理想。

6. 产业的生产能力利用率

从我国啤酒产业现状及国外啤酒品牌在国内现状可以看出，国内啤酒产业生产能力过剩，供大于求，市场竞争激烈。生产能力大量过剩推动啤酒由"卖方市场"转入"买方市场"，啤酒产业因此走入"微利时代"。

7. 产业盈利水平

虽然我国啤酒产量超过美国，但盈利总额尚不及美国的 1/4。我国啤酒市场正面临生产资源、原料供应紧张问题，其中包括水源和电力。

(资料来源：http://www.docin.com/p-812607548.html)

思考：

结合本案例分析行业的经济特性主要包括哪些内容？

## (三)竞争对手分析

在所有的外部环境中，竞争对手对企业经营行为起着影响和被影响的作用，这种相互关系的作用直接影响着企业的经营战略决策的选择。因此，竞争对手在外部环境分析中是相当重要的。竞争对手的分析包括竞争对手的目标、假设、现行战略和能力分析。

### 1. 竞争对手的目标

每个企业都有它的目标，并且企业的一切活动都朝着它的目标去进行，因此我们可以通过了解竞争对手的目标来预测它的行动。首先，对竞争对手目标的了解我们可以知道其对现状是否满意，如果不满意，它将会有可能采取什么战略措施，或者在面对其他企业的战略转变时，它将做出怎样的反应等。其次，对竞争对手目标的了解可以知道竞争对手当前所采取行动的严重性，其采取的行动与目标关联度越大，说明它当前的行动严重性越高。最后，对竞争对手目标的了解我们可以推测其当前所采取的行动是否会获得它的母公司的全力支持，如果竞争对手为实现它的目标而所采取的行动也关乎它的母公司目标的实现，而且它的母公司状况良好、实力雄厚，那么它的母公司就很有可能全力支持它所采取的行动。

### 2. 竞争对手的假设

每个企业所确立的战略目标，其根本是基于他们的假设之上的，对竞争对手的假设分析主要有两类，其一，竞争对手对它企业本身的假设。有些企业认为自己在功能和质量上高人一等，有些企业则认为自己在成本和价格上胜出一筹。名牌产品企业对低档产品的渗透可能不屑一顾，而以价格取胜的企业对其他企业的削价则会关注。其二，竞争对手对行

21世纪高职高专经管类专业立体化规划教材 >>

业及行业内其他企业的假设。例如，哈雷公司在 20 世纪 60 年代不仅对摩托车行业充满信心，而且对日本企业过于掉以轻心，认为它们不过是在起步学习阶段，对自己构不成威胁。然而 20 年过后，日本摩托车在美国市场获得了成功。

### 3. 竞争对手的现行战略

一般竞争对手的战略是不对外公布的，但是可以通过对竞争对手的产品和市场行为来推断它的现行战略，预计它目前战略的实施效果、分析竞争对手现行战略对本企业的影响，基于上述的准确推断能够制定一个对本企业有利的战略。

### 4. 竞争对手的能力

竞争对手的目标、假设和现行战略会影响到它反击的可能性、时间性及强烈程度，而它的实力又决定了它发起进攻或反击的战略行动的能力。考查竞争对手的这种能力主要从以下几个方面进行。

1) 核心能力

核心能力主要包括竞争对手的各个主要职能、优势能力，这些能力随着时间的推移而发生变化。

2) 应变能力

影响应变能力的因素主要包括竞争对手的资金实力、固定成本和可变成本比例、已经定型但未退出的新产品、剩余生产能力等。

3) 增长能力

这一点主要考虑竞争对手的企业总体到具体职能的增长能力如何，或者从财务的角度去判断竞争对手有可能增长的方面。

4) 持久力

持久力是指竞争对手在收入低或者资金周转慢的压力下能够持续生存的能力。持久力主要受到企业的资金实力、管理能力、财务目标和股票市场等因素的影响。

## 三、企业内部环境分析

企业内部战略环境是企业内部与战略有重要关联的因素，是企业经营的基础，是制定战略的出发点、依据和条件。

企业内部环境或条件分析目的在于掌握企业历史和目前的状况，明确企业所具有的优势和劣势。它有助于企业制定有针对性的战略，有效地利用自身资源，发挥企业的优势；同时避免企业的劣势，或采取积极的态度改进企业劣势。扬长避短，更有助于百战不殆。

### (一)企业资源分析

企业要进行生产经营活动、参与市场竞争必须拥有一定的资源作为基础和前提，企业所拥有的资源形成了企业的经营实力，也是支撑企业完成使命、实现目标的条件。对企业内部环境分析就是要对企业内部所拥有的有形和无形资源进行透彻的分析和掌握，从而有效地展开企业战略管理。

### 1. 有形资源

企业的有形资源是物质形态的资源，可以摸得到看得清，并且可以在企业的资产负债表上体现出来，它是企业参与市场竞争的硬件要素，主要包括三个方面：①实物资源，如企业的固定资产、机械设备、原材料等；②财务资源，主要包括企业的货币资源或者企业的融资能力，这些资源可以来自于股东、债权人等；③人力资源，主要体现在企业所拥有的员工数量上，一个实力雄厚庞大的企业一般拥有着一支优秀的员工队伍。

很显然，几乎每个企业都有自己的有形资源，但是在同一行业中，只有拥有独特的有形资源才可以形成企业的竞争优势。例如，沃尔玛公司取得成功的重要原因是拥有自己的卫星，通过卫星高度信息化、自动化地管理它们的物流运营，在物流环节节省了大量成本，使得沃尔玛成为全球零售巨头。沃尔玛在这方面的资源优势是其他零售企业不可轻易模仿和超越的。

### 2. 无形资源

无形资产是指那些不能在企业财务报表上直接体现出来的、不能用货币度量或者直接转化成货币的资源。无形资产是看不见摸不着的，但却是企业里一种非常重要的资源。例如，企业的创新能力、商誉、技术、企业文化和企业形象等，这些都是企业在长年发展累积下来的宝贵的无形资源，而且这些无形资源相对于有形资源来说是很难被竞争对手获知和模仿的，很多时候无形资源用金钱也是买不到的。另外，无形资源还具有价值非转移性的特点，它不像有形资产那样越用越少，反而随着时间的转移，无形资产越用，积累得越多越丰富，例如，一种生产工艺，员工生产得越多，经验就越丰富，产品的质量就越可靠。再如，在美国婴儿食品市场上，嘉宝公司已有80多年的发展历史，现在为孩子购买嘉宝婴儿食品的父母中，很多人小的时候就是嘉宝食品的使用者。这是因为，嘉宝有着很好的产品声望、品牌形象、企业文化和专利技术等无形资源，而这些资源是嘉宝长期发展所累积下来的。

## (二)企业能力分析

企业在经过资源分析，掌握自己所拥有的有形和无形资源之后，并不意味着这些资源就自动发挥效用，还需要企业去整合、调配、利用这些资源才会给企业带来效益。这就关系到企业的能力了。企业能力分析是指能把企业的资源加以统筹整合以完成预期的任务和目标的能力。在企业能力分析中，通常会对以下企业的关键能力做分析。

### 1. 财务能力

企业的经营状况很大程度上可以反映在企业的财务报表和资料记录上，所以要分析企业的经营状况就需要对企业的财务状况进行客观、公正的分析。常用的财务分析方法有以

21世纪高职高专经管类专业立体化规划教材

下几种。

1) 比较分析

比较分析是为了说明财务信息之间的数量关系与数量差异，为进一步的分析指明方向。这种比较可以是将实际与计划相比，可以是本期与上期相比，也可以是与同行业的其他企业相比。

2) 趋势分析

趋势分析是为了揭示财务状况和经营成果的变化及其原因、性质，帮助预测未来。用于进行趋势分析的数据既可以是绝对值，也可以是比率或百分比数据。

3) 因素分析

因素分析是为了分析几个相关因素对某一财务指标的影响程度，一般要借助于差异分析的方法。

4) 比率分析

比率分析是通过对财务比率的分析，了解企业的财务状况和经营成果，往往要借助于比较分析和趋势分析方法。

## 2. 营销能力

营销是企业产品实现价值获取利润的重要环节，企业营销能力的强弱决定企业经营成果的优劣，是影响企业荣辱兴衰的关键，因此它也是企业进行内部环境分析的一个重要因素。营销力的构成主要有以下几个方面。

1) 价值力

价值力是指企业的产品(服务)所能带给顾客的价值，体现出企业的产品客观上能多大程度满足顾客的需求。因此，价值力是整个企业营销力的基础。价值力又由产品、服务和品牌等构成。

2) 销售力

销售力体现着企业和消费者之间能顺利达成交易的能力。在提供能满足消费者需求的产品的前提下，企业和消费者之间只有通过交易才能实现达成各自所欲所需的目标。在产品价值同质化愈演愈烈的市场上，销售策略的选择尤为重要。销售力是企业与消费者达成交易的推动力，是企业营销力的核心所在。企业的销售策略体现在对于产品价格、分销渠道、促销等变量的安排和把握上。

3) 持续力

持续力是企业持续满足顾客需求的能力，是企业能持续经营的保证。企业只有持续地满足顾客的需求，才能实现自身的长期生存和发展。这就要求企业不断地提供能满足消费者需求的产品，与价值链上相关成员维系良好的关系，并且具备能高效实现企业市场营销目标的执行力。分析企业的持续力可以细分考查产品的生命力、顾客关系力和营销执行力。

### 3. 生产管理能力

生产是企业将原料转化成成品或者服务的环节，良好的管理能够使企业充分地利用资源、减少库存、降低成本以及保证产品和服务的质量，这对于企业完成战略目标是很重要的。在企业生产能力分析这一环节可以从生产的五要素去分析：即生产过程、生产能力、库存、劳动力和质量。

### 4. 组织效能

企业的活动是以组织活动的形式出现的，企业的目标也是由组织去实现，因此，合理的组织是企业制定和实施战略管理不可或缺的。要对组织进行分析必须明确评价组织效能的一般标准，良好的组织应符合以下基本原则：目标统一、组织有效、统一指挥、责权对等、分工协作、层次和幅度合理、沟通方便、气氛良好、有利于人才培养和合理使用。

### 5. 企业文化

企业文化是在一定的条件下，在企业生产经营和管理活动中所创造的具有该企业特色的精神财富和物质形态。它包括文化观念、价值观念、企业精神、道德规范、行为准则、历史传统、企业制度、文化环境和企业产品等。企业文化是企业的灵魂，是推动企业发展的不竭动力，很多企业管理者越来越重视企业文化的建设，纵观现代成功的大企业背后都有浑厚的企业文化作基础，如今很多企业管理者也越来越重视企业文化的建设。企业界实践证明，企业文化的力量既可能支持企业的战略管理，助其成功，也可以阻碍战略目标的实现，促其失败。因此，要分析企业文化现状，从中找出制约企业战略管理的因素，加以加强或改进，是企业战略管理者面临的重要挑战。

【同步阅读 4-3】

#### 海尔文化

海尔集团是以企业文化为软系统的现代型企业，它的每一次经营上的创新都来自于一次企业文化的革命。海尔集团的领导层认为，企业文化是企业管理中最持久的驱动力和最持久的约束力，它高度融合了企业理念、经营哲学、价值观和个人的人生观，是一个企业的凝聚剂。

海尔的经营理念具有鲜明的个性——海尔特色，同时有较强的哲理性和实用性，具有普遍的推广作用。具体表现为：海尔定律(斜坡球体论)，即企业如同爬坡的一个球，受到来自市场竞争和内部职工惰性而形成的压力。如果没有一个止动力，它就会下滑，这个止动力就是基础管理。海尔的市场观念："只有淡季的思想，没有淡季的市场""卖信誉不是卖产品""否定自我创造市场"。

创名牌方面如下。

名牌战略：要么不干，要干就要争第一。国门之内无名牌。

质量观念：高标准、精细化、零缺陷。优秀的产品是优秀的人干出来的。

21世纪高职高专经管类专业立体化规划教材

> 服务理念: 带走用户的烦恼, 烦恼到零。留下海尔的真诚, 真诚到永远。
> 售后服务理念: 用户永远是对的。
> 海尔发展方向: 创中国的事业名牌。

(资料来源: 根据豆丁网整理)

### (三)企业核心能力分析

美国麦肯锡管理咨询公司对企业核心能力下的定义是: 企业核心能力是某一组织内部一系列互补的技能和知识的组合, 使某一项或多项关键业务达到行业一流水平。企业核心能力与企业竞争力是不同的, 企业核心能力比企业竞争力范围要小, 但却处于企业核心地位, 它是企业内部能力、资源与知识的积累与浓缩, 能够决定企业竞争力的强弱, 也是企业获得超额收益和保持企业竞争优势的关键。

核心能力对于企业正确制定和顺利实现其战略目标具有重要的意义, 也是企业保持竞争优势的关键所在, 企业要明确哪一项是自身的核心能力。要分析企业众多项能力中哪一项是核心能力, 可以通过四个标准来判断, 同时符合以下四个标准的才可以称之为核心能力。

#### 1. 有价值

有价值的资源和能力意味着它能够利用企业内外部环境的有利因素, 能够降低或者完全避开企业内外部环境的不利因素, 甚至是把不利因素转化成企业发展的有利因素而为企业创造价值。企业的这种能力无疑对企业的战略具有积极的促进作用。例如, 腾讯公司 PC 端的即时通信(IM), 即用户关系链就是它的核心能力, 通过 IM 腾讯能够连接我国的几亿用户, 成为我国主要生活方式、娱乐手段、虚拟财产和个人成绩的系统, 使腾讯拥有庞大的用户群。

#### 2. 独特

企业拥有一项独特的能力使得现有和潜在的竞争对手无法模仿和超越, 这样企业就能在这个领域里保持竞争优势。假如某种能力在行业里普遍存在, 那么比较优势就无从谈起, 所以企业要创造开发出其他竞争对手没有的能力才能获得强于其他竞争对手的比较优势。几乎每一个著名的企业都有自己独特的核心能力作为招牌和看家本领。例如, 丰田公司凭着低成本、高质量制造技术的独特能力而获得全球市场的竞争优势; 戴尔公司采取直销模式使业务增长率取得了行业的领先水平; 可口可乐独特的配方使它享誉全球、名满天下。

#### 3. 难以模仿

难以模仿是企业的这项能力不会被其他企业在短时间内轻易模仿。这一点是企业核心能力独特性的延伸, 假如所具有的独特性的能力在短时间内就能被竞争对手轻易地模仿, 那么就不算具有独特性了, 也就成不了企业的核心能力。美国企业管理代表团曾经前往日本某著名企业参观学习，在来之前日本企业的总裁吩咐所有的车间部门都打开门让美国企业代表随便参观，这时日本企业内的员工提出反对，理由是美国代表团来参观把秘密都学完之后本企业就没有竞争优势了。但是总裁说，没事的，两国企业文化不同，就算它们看到了也学不了，拿不走。可见，企业核心能力是难以模仿的。

### 4. 不可替代

不可替代是指企业所拥有的资源不被其他企业找到战略等价资源替代。一种能力越是难以被替代，价值就越高，这种能力越是不可见，就越难以找到它的替代能力。例如，电脑的硬件设备是无法隐藏的，开发一种新的硬件设备，只要投放市场就会在短时间内被竞争对手模仿，因此电脑的硬件设备更新速度很快。

**【案例分析 4-1】**

#### 沃尔玛的核心竞争力之顾客至上——优质服务能力的培育

市场竞争的严峻事实告诉我们，任何企业如不以满足顾客需要为中心将无法生存下去。对零售业来说更是如此，沃尔玛将"顾客至上"排在公司目标的第一位。

沃尔玛始终站在消费者采购代理的立场上，苛刻地挑选供应商，顽强地讨价还价，目的就是做到在商品齐全、品质有保证的前提下向顾客提供价格低廉的商品。

沃尔玛的顾客关系哲学是：顾客是老板，顾客永远是对的。每位初到沃尔玛的员工都被谆谆告诫：你不是在为主管或者经理工作，其实你和他们没有什么区别，你们共同拥有一个"老板"——那就是顾客。为使顾客在购物过程中自始至终地感到愉快，沃尔玛要求其员工的服务要超越顾客的期望值：要主动把顾客带到他们找寻的商品前，而不是仅仅给顾客指一指；主动与顾客热情打招呼，询问其是否需要帮助；员工要熟悉自己部门商品的性能和价格高低，保证顾客趁兴而来，满意而归。

沃尔玛一贯重视营造良好的购物环境，经常在商店开展种类丰富且形式多样的促销活动，如社区慈善捐助、娱乐表演、季节商品酬宾、竞技比赛、幸运抽奖、店内特色娱乐、特色商品展览和推介等，吸引广大的顾客。在沃尔玛，每周都进行顾客期望和反映的调查，管理人员根据收集到的顾客反馈信息即时更新商品的组合，组织采购，改进商品陈列摆放、营造舒适的购物环境，使顾客在沃尔玛不但买到称心如意的商品，而且得到满意的全方位的购物享受。

公司还为顾客提供"无条件退货"保证。只要是从沃尔玛购买的商品，无任何理由，沃尔玛都无条件受理退货。高品质服务意味着顾客永远是对的。沃尔玛宁可要回一件不满意的商品，而不愿失去一位不满意的顾客。正是这种时刻把顾客需要放在第一位，对待顾客的优良服务品质，使沃尔玛受到顾客的欢迎。

（资料来源：根据 http://www.doc88.com/p-7512418804176.html 整理）

**分析：** 市场竞争日趋白热化，顾客满意度成为竞争成败的关键因素之一。沃尔玛深知

21世纪高职高专经管类专业立体化规划教材

优质服务能力的培育是公司赖以生存的核心竞争因素。因此，沃尔玛注重提升顾客满意度，提高对待顾客的优良服务品质，以顾客至上的强大优质服务能力赢得了市场，取得了市场上的竞争优势。

## 四、竞争战略

现代市场竞争非常激烈，每一个企业都面临着外部竞争的压力，企业进行战略管理就是要寻求一种适合的、有效的战略，解决如何在竞争激励的环境中求得生存。在竞争环境中，有三种基本战略供企业选择，即成本领先战略、差异化战略和集中战略。

### (一)成本领先战略

#### 1. 成本领先战略的含义

成本领先战略是指企业通过有效的途径降低成本，使企业以较低的成本赢得竞争优势的战略。成本领先的竞争优势基础是总成本比竞争对手要低。成本领先战略要使企业的某项业务成本最低，因此每一项业务操作都应当包含成本控制的内容，它是管理的任务。

#### 2. 成本领先战略的适用环境

1) 内部环境

(1) 企业具备先进的生产工艺设备。生产工艺直接决定生产产品的原材料消耗，生产效率决定制造成本的高低。

(2) 企业具备生产产品系列化能力。企业生产一系列相关的产品，在满足顾客选择需求的同时实现规模经济效益，降低总成本。

(3) 企业具有先进的设备。技术先进的设备可以提高劳动生产率，降低消耗。

(4) 企业具有合理的组织。降低总成本需要企业所有部门的参与和努力，各部门目标一致，齐心协力才有较好的效果。

(5) 企业具有先进的管理制度。企业通过提高管理水平，做好财务控制，减少研究开发和广告促销开支的措施，达到降低成本的目标。

2) 外部环境

(1) 行业内价格竞争激烈，此时成本领先战略是竞争胜利的可选战略。

(2) 价格成为消费者决定购买的决定因素，当产品的质量没有很大差异，产品都是标准化和同质化的时候，谁能够降低成本，降低价格，谁就能赢得消费者的青睐。

(3) 消费者有价格谈判优势时，企业将倾向于依靠降低价格来获得消费者。

(4) 产品差异化途径少，产品差异化是吸引顾客的有效方法，但是当产品差异化途径少或者成本过高时，企业往往会转向通过降低价格来吸引顾客从而获得竞争优势。

(5) 多数顾客使用产品的方式相同，这意味着企业不用过多花费为消费者的个性化需求而设计产品，低价格取代产品的特色而成为消费者选择的主要因素。

### 3. 实施成本领先战略的途径

成本领先战略的思想是通过比竞争对手更低的成本获得竞争优势，那么寻求低成本的方法和途径便是成功实施低成本战略的关键。为了获得低成本竞争优势，企业可以采用价值链分析和规模控制的方法。

1) 价值链分析

价值链分析方法是企业为一系列的输入、转换与输出的活动序列集合，在这一系列活动过程中，每一个活动对企业的利润产生的影响程度是不一样的。首先，每一个活动对企业的利润贡献不一样，例如企业的仓储部门和营销部门，后者对企业的利润贡献程度明显比前者大。其次，每一个活动可降低成本的空间不一样，有些活动对企业来说甚至是不创造价值的，如产品的装卸搬运。最后，所有活动的排列组合不一样会对成本产生不一样的影响，每一个环节的活动是企业整个业务流程活动的组成部分，部分活动的合理组合可以有效降低整体的成本。所以，企业管理者可以通过价值链分析，去掉对企业利润没有贡献的活动，想方设法降低那些对企业利润贡献程度低但又必需的活动，合理组合企业的活动，使企业降低成本。

【同步阅读 4-4】

#### 俄亥俄州牛排包装公司重设价值链

在牛排包装行业中，传统的成本链包括：在分布很稀疏的各个农庄和农场饲养牛群，将这些活牛运到劳动密集型的屠宰场，然后将整个牛排送到零售商处，其屠宰部再把牛排砍成小块，包装起来卖给消费者。俄亥俄州牛排包装公司采用了一个完全不同的战略改造了传统的价值链，其建立大型的自动化屠宰场，并将屠宰场建在便于经济运输牛群的地方，在加工厂将部分牛肉砍得更小块一点，从而牛肉块数量会随之增多，之后装盒，然后再装运到零售商那里。该公司的入厂牛群运输费用在传统价值链下是一个主要的成本项目，但现在因减少了长途运输而大大减少；同时，不再整块运送牛肉因而也减少了高额的牛肉废弃，大大减少了出厂成本。该公司采取的战略非常成功，从而取得了美国最大的牛肉包装公司的地位，一举超越了先前的行业领先者。

(资料来源：http://blog.sina.com.cn/s/blog_4c3284c101000ch7.html)

2) 规模控制

企业通过规模经济效益可以降低成本，但是这并不是一味地规模越大，成本就越低。从产品的数量上看，数量过多，超过了销售能力，那么企业的库存压力变大，成本会上升。从企业的规模来看，企业的规模过大，会造成生产复杂，人员冗余，管理成本过大。从企业与外部企业的整合程度来看，整合跨度过大同样也会造成企业管理费用和各种开支变大，使成本上升。因此，需要企业通过对自身能力、竞争对手、行业以及市场进行科学分析，然后把企业的规模控制在合理范围内，使企业的成本最低。

## (二)差异化战略

### 1. 差异化战略的含义

差异化战略被认为是将公司提供的产品或服务差异化,形成一些在全产业范围中具有独特性的东西。这些差异化的东西可以是产品的技术、品牌形象、外观特点和客户服务等。这些差异化可以使消费者倾向于购买企业的产品或者服务,使企业获得竞争优势。

### 2. 差异化战略的适用环境

1)  内部环境

(1)  具备很强的新产品设计研发能力。

(2)  具有一流的人才,包括管理人才、技术人才和营销人才等。

(3)  具有完善的销售渠道。

(4)  具有较好的企业形象。

(5)  具有雄厚的资金实力。

2)  外部环境

(1)  顾客需求多样化,为企业实施差异化战略带来有利的外部环境。

(2)  竞争对手不具备或者不愿意采用差异化战略,这样减少了来自竞争对手的压力。

(3)  行业技术进步快,竞争优势主要表现在不断推出新产品的特色上。

### 3. 实施差异化战略的途径

1)  有形差异化

有形差异化是在商品的形态特征上进行的差异化,这种差异化是消费者能够看得见、感受得到的,如产品的外观、性能、结构、质量等,在原有的基础上进行完善和强化,形成独具特色的产品,这是很多企业实施差异化策略经常采用的方法。企业可以在市场调查了解顾客需求和偏好的基础上,根据自身能力对产品自身原有的特性加以改进和完善,形成产品的差异化。

2)  无形差异化

无形差异化是不能直接观察得到的,但却是一种行之有效的差异化。顾客在购买产品时,不仅仅受到产品的外在特性影响,更多时候是受到个人的情感因素、社会因素、企业文化、品牌等影响。这些因素对顾客的影响更深远长久,也是企业克敌制胜的法宝,因此现在很多企业都纷纷实施品牌战略、大力推行企业文化建设。

【课堂思考 4-3】

北京的火锅店众多,竞争相当激烈。来自四川资阳的海底捞火锅独树一帜,以高质量的服务在北京火锅市场中占据了一席之地。海底捞的高质量服务体现在就餐前、就餐中、就餐后。就餐前有便利的泊车位置,周一到周五提供免费停车,而且顾客在等待排队时,还为顾客免费提供水果饮料，让等待充满了快乐。在就餐时有及时到位的席间服务，有服务员充当小孩子的保姆，精彩的拉面表演等。在就餐后会给顾客一些小优惠，例如在就餐后如果你需要，服务员会很乐意多送你果盘、豆子、口香糖等，让顾客感到满意。

思考：

海底捞火锅采取了什么策略在北京获得一席之地？体现了什么样的战略管理思想？

### (三)集中战略

#### 1. 集中战略的含义

集中战略是指企业把有限的资源集中到某一特定的目标市场上，并为这个特定的目标市场提供特定的产品或者服务，为此，企业必须提供比竞争对手更为有效的产品和服务，在这个特定的细分市场里占有竞争优势。这种战略在确定了目标市场之后可以通过产品差异化和成本领先的方法形成集中战略。

#### 2. 集中战略的适用环境

1) 内部环境

(1) 企业能力和资源有限，不能实施低成本领先战略或者差异化战略。

(2) 企业具有服务某特定目标市场的资源。

(3) 企业具有某特定市场的资源整合能力。

2) 外部环境

(1) 消费者群体不一样，需求不一致，这为企业实施集中战略创造了机会。

(2) 细分市场能为企业带来足够的利润，且获利潜力巨大。

(3) 在预定的目标细分市场里没有其他竞争对手打算进入。

#### 3. 实施集中战略的途径

1) 地区集中化

按地理因素细分，就是按消费者所在的地理位置、地理环境等来细分市场。因为处在不同地理环境下的消费者，对于同一类产品往往会有不同的需要与偏好。例如，对自行车的选购，城市居民喜欢式样新颖的轻便车，而农村的居民注重坚固耐用的加重车等。

2) 客户集中化

不同的用户对同一产品有不同的需求，例如，晶体管厂可根据晶体管用户的不同将市场细分为军工市场、工业市场和商业市场，军工市场特别注重产品质量；工业用户要求有高质量的产品和服务；商业市场主要用于转卖，除要求保证质量外，还要求价格合理和交货及时。实施集中化战略的企业可以根据自己的资源和能力选定和服务于某一类客户群。

3) 产品集中化

产品集中化是在产品进行细分的基础上，对某一个或者少数几个产品进行精心经营而获得竞争优势。例如，在手机出现之初只有高收入的人才能够买得起，到现在很多手机生

21世纪高职高专经管类专业立体化规划教材

产企业将重点放在生产设计出一些外观精美、性能高同时价格低廉的手机,一投放市场便获得广大普通消费者的欢迎。

【案例分析 4-2】

## 尼西奇公司

创业于 1921 年的尼西奇公司原来只生产雨衣、游泳帽等产品,常常处于订货不足的局面,后来专攻尿垫产品。他们是如何谋划和划分这个特定的细分市场呢?当时基于一份人口普查报告,推定了战后生育的高峰将带来对婴儿尿垫的高度需求。尼西奇认为,对婴儿而言,尿布是不可缺少的,于是公司定位于专门生产小孩尿布,果断放弃多样化经营。在企业发展中,他们不断研制新材料,设计新款式,建立自身的研发中心,专设资料室,陈列了来自世界各国的尿垫,堪称"尿垫博览会"。通过市场的专业化经营,走出了小产品大销路的企业经营新路,其产品不仅占据了日本市场,还远销世界 70 多个国家,成为世界上最大的尿垫专业生产厂商。

(资料来源: http//:blog.ifeng.com/article/34961742.html)

分析:

上述例子使我们认识到,资源越有限,越要懂得目标集中。对企业家来说,成功来自简单、专注和重复。

## 五、企业战略管理的过程

战略管理是对一个企业的未来发展方向制定决策和实施这些决策的动态管理过程。一个完整的战略管理过程应该包括战略分析、战略评价与选择、战略实施与控制这三个环节,并且这三个环节是相互联系、循环往复、不断完善的。

### (一)战略分析

#### 1. 战略分析的含义

战略分析即通过资料的收集和整理分析组织的内外环境,包括组织诊断和环境分析两个部分。它是企业制定正确战略所必需的内外环境分析。

#### 2. 战略分析的目的

战略分析的目的主要有以下几个方面。

(1) 在全面和系统的战略分析的基础上得到企业的科学竞争战略。

(2) 有明确的发展方向,有清晰的业务发展阶梯。

(3) 企业战略在组织内得到充分沟通并达成共识。

(4) 企业发展方向一致,上下同心协力达成战略目标。

(5) 让员工认同并支持企业的战略和目标,增强员工责任感。

(6) 建立战略决策机制，决策具有科学性和前瞻性。

(7) 不但重视短期绩效，更重视长期发展。

(8) 企业的整体业绩和核心竞争力不断提升。

### 3. SWOT 分析法

SWOT 分析法是企业战略分析中经常采用的分析方法，这种方法通过分析企业本身的竞争优势(Strength)、竞争劣势(Weakness)、机会(Opportunity)和威胁(Threat)，从而将公司的战略与公司内部资源、外部环境有机结合，以便制定一个既符合本企业现实的资源优势，又符合外部环境要求的战略，这对于制定公司未来的发展战略有着至关重要的意义。

1) 企业的优势和劣势、机会和威胁

所谓的 SWOT，就是企业优势(Strength)、劣势(Weakness)、机会(Opportunity)和威胁(Threat)这四个英文单词的首写字母，要分析企业 SWOT，首先对企业的这四要素进行深入分析。

(1) 优势。这是企业相对于竞争对手来说更具优势的内部资源，这些资源可以是比竞争对手更具优势的生产技术、企业形象、人力资源、管理水平、销售渠道、固定资产、企业文化、成本和价格等。管理者应该充分发挥和加强这些具有优势的资源作用，使企业具有独特的竞争优势。

(2) 劣势。这是企业相对于竞争对手来说处于劣势的内部资源，这些资源可以包括缺乏具有竞争力的生产技术、有形资产、无形资产和人力资源等。企业管理者应该意识到自己的劣势所在，要么回避要么弥补这个劣势。

(3) 机会。这是外部环境给企业所带来的潜在机会，它是企业获得生存的契机，企业管理者在制定战略时应该抓住外部环境的机会，使公司获得竞争优势的最大和最好的机会。这些机会可能是消费者需求扩大，或是细分市场的出现、新技术的出现、市场准入壁垒降低、可扩大市场份额的机会等。

(4) 威胁。这是外部环境带来的对本企业发展产生制约的因素，这些因素可使企业的盈利能力和市场地位受到威胁，管理者要时刻警惕这些因素，采取相应的战略行动来回避或者减轻威胁。这些威胁的因素有很多，如新的强大竞争对手进入、新的替代品出现、产品市场占有率降低、新的不利的政策出台、客户或者供应商谈判能力增强、经济萧条或者经济周期的冲击等。

【课堂思考 4-4】

#### 沃尔玛的 SWOT 分析

**1. 优势(Strength)**

沃尔玛是著名的零售业品牌，它以物美价廉、货物繁多和一站式购物而闻名。沃尔玛的销售额在近年内有明显增长，并且在全球化的范围内进行扩张。例如，它收购了英国的零售商 ASDA。沃尔玛的一个核心竞争力是由先进的信息技术所支持的国际化物流系统。

21世纪高职高专经管类专业立体化规划教材

例如，在该系统支持下，每一件商品在全国范围内的每一间卖场的运输、销售、储存等物流信息都可以清晰地看到。信息技术同时也加强了沃尔玛高效的采购过程。沃尔玛的一个焦点战略是人力资源的开发和管理。优秀的人才是沃尔玛在商业上成功的关键因素，为此沃尔玛投入时间和金钱对优秀员工进行培训并建立忠诚度。

### 2. 劣势(Weakness)

沃尔玛建立了世界上最大的食品零售帝国。尽管它在信息技术上拥有优势，但因为其巨大的业务拓展，这可能导致对某些领域的控制力不够强。因为沃尔玛的商品涵盖了服装、食品等多个部门，它可能在适应性上比起更加专注于某一领域的竞争对手存在劣势。该公司是全球化的，但是目前只开拓了少数几个国家的市场。

### 3. 机会(Opportunity)

采取收购、合并或者战略联盟的方式与其他国际零售商合作，专注于欧洲或者大中华区等特定市场。沃尔玛的卖场当前只开设在少数几个国家内。因此，拓展市场(如中国、印度)可以带来大量的机会。沃尔玛可以通过新的商场地点和商场形式来获得市场开发的机会。更接近消费者的商场和建立在购物中心内部的商店可以使过去仅仅是大型超市的经营方式变得多样化。沃尔玛的机会存在于对现有大型超市战略的坚持。

### 4. 威胁(Threat)

沃尔玛在零售业的领头羊地位使其成为所有竞争对手的赶超目标。沃尔玛的全球化战略使其可能在其业务国家遇到政治上的问题。多种消费品的成本趋向下降，原因是制造成本的降低。造成制造成本降低的主要原因是生产外包转向了世界上的低成本地区。这导致了价格竞争，并在一些领域内造成了通货紧缩。

(资料来源：http://wenku.baidu.com/view/83db0fda50e2524de5187ec3.html)

思考：

根据沃尔玛的 SWOT 分析讨论如何选择企业战略？

### 2) SWOT 矩阵分析

对企业的内部环境的优势劣势和外部环境的机会威胁分析，就是要评价企业内部的优势和劣势，然后判断所面临的外部环境是机会还是威胁，在此基础上做出有利于企业未来发展的决策。通过内外环境分析可以得出四种可供的选择战略，如表 4-1 所示。

表 4-1　SWOT 矩阵分析

|  | 优势 S | 劣势 W |
|---|---|---|
| 机会 O | SO 战略(增长型战略) | WO 战略(扭转型战略) |
| 威胁 T | ST 战略(多种经营战略) | WT 战略(防御型战略) |

SO 类型的企业具有很好的内部优势与外部发展机会，应当采取增长式战略，如加大生产，扩大市场。

WO 类型的企业内部资源处于劣势，但面临巨大的外部机会，应当采用扭转型战略，旨在充分利用外部机会，消除内部劣势。

ST 类型的企业具有内部资源优势，但是受到外部环境的威胁，可以采取多种经营战略，充分发挥内部资源的优势，避开外部环境的威胁。

WT 类型的企业内部存在资源的劣势，又受到外部环境的威胁，可以采取防御型战略，进行业务调整，设法避开外部威胁消除劣势，求得生存。

在进行企业 SWOT 矩阵分析时应做到明确企业所处的矩阵位置，然后制定出合理的战略，使企业处于有利的竞争地位。

【同步阅读 4-5】

### 科尔尼关于邮政业的 SWOT 分析

1. 内部条件

1) 优势(S)

(1) 作为国家机关，拥有公众的信任；

(2) 顾客对邮政服务的高度亲近感与信任感；

(3) 具有众多的人力资源；

(4) 具有创造邮政金融的可能性。

2) 劣势(W)

(1) 上门取件相关人力及车辆不足；

(2) 市场及物流专家不足；

(3) 组织、预算、费用等方面的灵活性不足；

(4) 包裹破损可能性很大；

(5) 追踪查询服务不够完善。

2. 外部环境

1) 机会(O)

(1) 随着电子商务的普及对邮件需求增加(年均增加 38%)；

(2) 能够确保应对市场开放的事业自由度；

(3) 物流及 IT 等关键技术的飞跃性发展。

2) 威胁(T)

(1) 通信技术发展后，对邮政的需求可能减少；

(2) 现有宅送企业的设备投资及代理增多；

(3) WTO 邮政市场开放的压力；

(4) 国外宅送企业进入国内市场。

3. SWOT 矩阵分析

1) SO 组合

(1) 以邮政网络为基础，积极进入宅送市场；

(2) 进入 Shopping Mall 市场；

(3) EPOST 活性化;

(4) 开发灵活运用多项关键技术的多样化的邮政服务。

2) WO 组合

(1) 构建邮寄包裹专门组织;

(2) 实物与信息化的统一，进行实时的追踪及物流控制;

(3) 将增值服务和一般服务进行差别化定价;

(4) 服务内容的再整理。

3) ST 组合

(1) 灵活运用范围宽广的邮政物流网络，树立积极的市场战略;

(2) 与全球化的物流企业进行战略联盟;

(3) 提高国外邮件的收益性及服务水平;

(4) 积极开拓市场，留住顾客。

4) WT 组合

(1) 根据服务特性，对包裹详情单和包裹运送网分别运营;

(2) 对已经确定的邮政物流进行综合资源规划，提高效益，由此提高市场竞争力。

(资料来源：根据豆丁网整理)

## (二)战略评价与选择

在经过战略分析之后会有几种战略方案供企业选择，到底选哪一种战略或战略组合是最好的呢？这就需要企业管理者进行战略评价与选择。

### 1. 战略评价

1) 评价标准

(1) 可接受标准。这一点关系到战略从一开始提出到最后的收益结果是否被接受，接受者可能会涉及股东、高层管理、甚至是政府和社会公众。另外，还要考虑是否能够接受战略可能带来的各种风险。

(2) 可行性标准。这一点评价战略是否能够真正实施起来，在实施的时候是否有足够的人才、资金、物质、技术等条件作为保障。

(3) 适宜性标准。这一标准用来评价战略是否科学合理，所谓的科学合理就是所提出的战略是否已经充分地利用了自身的优势资源和外部的有利机会，以便企业最好最快地实现企业的使命和目标。

2) 评价方法

战略评价方法有波士顿矩阵法、决策矩阵法、生命周期法、汤姆森和斯特兰方法、决策树法、通用矩阵法等多种方法，这里仅介绍波士顿矩阵法，也称为 BCG 矩阵法，这种评价方法主要用于对各种经营业务单位的战略方案进行分析、选择。

(1) 波士顿矩阵的介绍。波士顿矩阵(又称为四象限分析法、产品系列结构管理法、波士顿咨询集团法等),是由美国著名的管理学家、波士顿咨询公司创始人布鲁斯·亨德森(Bruce Henderson)于1970年首创的一种用来分析和规划企业产品组合的方法。它主要的意思就是在一个企业内,通过研究产品的市场占有率和产品市场增长率,把企业现有产品划分为不同的四种类型,即明星、金牛、问题和瘦狗。通过研究自己的产品,对公司内部进行规划,对产品进行策划,将企业有限的资源有效地分配到合理的产品结构中去,以保证企业收益,使企业在激烈的竞争中取胜。

(2) 波士顿矩阵的图解。如图4-1所示,矩阵的横轴是市场占有率,表示企业某种业务或者产品的市场份额相对于行业内最大竞争对手市场份额的比率。相对市场份额的分界线为1.0,大于1.0的属于高市场占有率,在行业中有较强的竞争地位。小于1.0的属于低市场占有率,在行业中竞争地位弱。

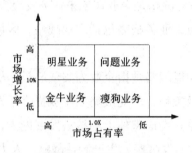

图4-1 波士顿矩阵

纵轴表示市场增长率,是企业所在行业某项业务或者产品前后两年市场销售额增长的百分比。市场增长率以10%作为增长高低的分界线。

(3) 波士顿分析。根据企业某项业务或者产品的市场增长率和市场占有率为标准划分,某项业务或者产品必定落在矩阵中的某个位置,根据其所在位置选择不同的战略。

① 问题业务。这类业务市场增长率很高,但是相对于行业内的最大竞争对手来说市场占有率却是很低的,表明这项业务是有问题的。要解决这个问题就是要提高它的市场占有率,使其成为明星业务。同时要解决这个问题需要企业投入较大的资金,需要考虑是否值得投资。

② 明星业务。这类业务市场增长率高,市场占有率也高,这项业务是行业内的领头军,能够为企业带来连续增长的利润,在行业中充当明星,是业务比较理想的状态。为了能够保持和扩展这种明星业务,企业应该选择保护这种业务的战略,为这种业务提供所需资源,支持它们继续发展。

③ 金牛业务。这种业务市场增长率不高,这是因为这种业务已经进入了成熟期的饱和状态,同时企业的市场占有率很高,表明这个业务在成熟的阶段本企业拥有较好的竞争优势。这种状态的业务不需要企业继续扩大投入也能为企业带来极大的利润,让企业获得资金支持其他业务的发展。

④ 瘦狗业务。这种业务市场增长率和市场占有率都低,表明该业务处于成熟期的饱

21世纪高职高专经管类专业立体化规划教材

和状态中，同时相对于强大的竞争对手来说市场占有率低，此时的业务处于极其不利的地位，无法为企业创造巨大的利润。在这种状态下，业务管理者选择的战略，要么勉强维持，要么就清理业务，退出经营。

**2. 战略选择**

1) 战略选择的内容

(1) 发展愿景的选择。发展愿景是关于企业所希望的在长远的未来要发展成什么样的企业，愿景是企业对未来发展的重要选择，有了这个愿景企业才明确了发展方向。

(2) 战略目标的选择。战略目标是企业为了实现其愿景在一定时期内对主要成果期望达到的目标值。战略目标对发展速度和质量提出了要求，速度和质量是成反比例关系的，必须在现实的条件上在速度和质量之间做出一个平衡点。

(3) 业务战略的选择。业务战略是企业在未来业务发展方面的重大选择、规划及策略。业务战略为企业提供了发展点。业务战略包括产业战略、区域战略、客户战略和产品战略四大业务战略。

(4) 发展能力的选择。职能战略是指企业为实现愿景、战略目标、业务战略，在企业职能方面的重大选择、规划及策略。职能战略为企业提供了发展能力。职能战略首先要根据愿景、战略目标、业务战略，考虑整体上的核心发展能力，为实现核心发展能力，又进一步考虑市场营销战略、技术研发战略、生产制造战略、人力资源战略和财务投资战略。

2) 战略选择的影响因素

(1) 企业过去的战略。新战略的起点是过去战略的延续，新战略很大程度上受到过去战略的影响，那是因为在相对稳定的环境下，受到同样的观念、环境、条件的影响，企业内部的管理者会采取与过去大同小异的战略，除非企业内外环境发生了很大的变化，或者是实践证明过去的战略是不合理的，这个时候他们才考虑对过去的战略做出重大改变。

(2) 企业对外部环境的依赖程度。

企业的外部环境，如供应商、客户、竞争对手、政府、群众等会间接地影响着企业战略的选择，企业对外部环境的依赖程度越大，战略选择受到外部环境的影响也就越大。例如，很多海尔集团的供应商主要是为海尔提供产品，依赖海尔而生存，当海尔做出重大决策时，海尔的供应商们不得不纷纷随着海尔做出战略调整。

(3) 企业内部人员的态度。企业在选择战略时会很明显地受到企业内部人员的影响，特别是高层管理者的影响。在很多企业里战略选择权是掌握在高层管理者的手中，高层管理者要选择什么样的战略还关系到高层管理者的知识、智慧和胆略。战略选择除了受到高层管理者的影响之外，还受到企业中层管理者甚至底层员工的影响。

(4) 时间因素。时间也会影响战略的选择，时间紧迫的情况下选择的战略可能只注重预防不良的后果而不考虑效益；时间规划期长的情况需要考虑的因素多，而且这些因素在将来都有可能发生变动。

(5) 竞争对手。在战略选择时必须要考虑竞争对手的反应，战略的本身就有与对手竞赛的色彩，好的战略是与竞争对手博弈的结果。

## (三)战略实施与控制

制定的正确战略是为了更好地实施战略，实施战略是以正确的战略为前提，二者在战略管理过程中缺一不可。再美好的战略也只有通过实施才能变为现实，否则只是个美好的愿望而已；而再强有力的实施如果没有正确的战略作为指导，那么实施只会南辕北辙，最终失败。

### 1. 战略实施的条件

战略的实施需要一定的条件作为支持，这些支持条件一般包括以下几个方面。

1) 组织结构

战略需要健全的组织结构来保证实施，组织结构是企业的组织意义和组织机制赖以生存的基础，它是企业组织的构成形式。企业需将目标任务分解到职位，再把职位综合到部门，由众多的部门组成垂直的权力系统和水平分工协作系统的一个有机的整体，组织结构是为战略实施服务的，不同的战略需要不同的组织结构与之对应，组织结构必须与战略相协调。

2) 制度

企业的发展和战略实施需要完善的制度作为保证，而实际上各项制度又是企业精神和战略思想的具体体现。因此，在战略实施过程中，应制定与战略思想相一致的制度体系，要防止制度的不配套、不协调，更要避免背离战略的制度出现。

3) 价值观

由于战略是企业发展的指导思想，只有企业的所有员工都领会了这种思想并用其指导实际行动，战略才能得到成功的实施。因此，战略研究不能只停留在企业高层管理者和战略研究人员一个层次上，而应该让执行战略的所有人员都能够了解企业的整个战略意图。

4) 人员

战略实施还需要充分的人力准备，有时战略实施的成败决定于有无合适的人员去实施，实践证明，人力准备是战略实施的关键。战略的实现需要合格的人才在适应的岗位上发挥应有的作用。

5) 技能

在执行公司战略时，仅仅有员工满腔热情的投入还不行，还需要员工掌握一定的技能，它关系到战略实现的速度和质量，目标实现的程度，因此企业有必要对员工进行严格、系统的培训，使其能够胜任岗位的要求。

21世纪高职高专经管类专业立体化规划教材

6) 风格

这是企业在长期的管理中逐步形成的，有学者研究发现，杰出的企业在战略管理中都呈现出既中央集权又地方分权的宽严并济的管理风格。他们让生产部门和产品开发部门极端自主，又固执地遵守着几项流传久远的价值观。

除了上面提到的条件之外，还有很多条件对战略的实施起到支持和保障的作用，如资金、技术、生产能力、信息、供应和市场营销等，而且不同的战略有不同的条件要求。

**2. 战略实施模型**

战略实施模型主要有以下几种。

1) 指挥型

这种模式的特点是企业总经理考虑的是如何制定一个最佳战略的问题。在实践中，计划人员要向总经理提交企业经营战略的报告，总经理看后做出结论，确定战略之后，向高层管理人员宣布企业战略，然后强制下层管理人员执行。

2) 变革型

这种模式的特点是企业经理考虑的是如何实施企业战略。在战略实施中，总经理本人或在其他人员的帮助下，需要对企业进行一系列的变革。例如，建立新的组织机构，新的信息系统，变更人事，甚至是兼并或合并经营范围，采用激励手段和控制系统以促进战略的实施，进一步增强战略成功的机会。

3) 合作型

这种模式的特点是企业的总经理考虑的是如何让其他高层管理人员从战略实施一开始就承担有关的战略责任。为发挥集体的智慧，企业总经理要和企业其他高层管理人员一起对企业战略问题进行充分的讨论，形成较为一致的意见，制定出战略，再进一步落实和贯彻战略，使每位高层管理者都能够在战略制定及实施的过程中做出各自的贡献。

4) 文化型

这种模式的特点是企业总经理考虑的是如何动员全体员工都参与战略实施活动，即企业总经理运用企业文化建立共同的价值观和行为准则，使所有成员在共同的文化基础上参与战略的实施活动。由于这种模式打破了战略制定者与执行者的界限，力图使每一位员工都参与制定实施企业战略，因此，企业各部分人员都在共同的战略目标下工作，使企业战略实施迅速，风险小，企业发展迅速。

5) 增长型

这种模式的特点是企业总经理考虑的是如何激励下层管理人员制定实施战略的积极性及主动性，为企业效益的增长而奋斗。即总经理要认真对待下层管理人员提出的一切有利企业发展的方案，只要方案基本可行，符合企业战略发展方向，在与管理人员探讨了解决方案中的具体问题的措施以后，应及时批准这些方案，以鼓励员工的首创精神。采用这种模式，企业战略不是自上而下的推行，而是自下而上的产生。

### 3. 战略控制

在战略实施过程中难免会发生失效，这个时候就需要战略控制。所谓战略控制是指将预定的战略目标与实际效果进行比较，检测偏差程度，评价其是否符合预期目标要求，发现问题并及时采取措施借以实现企业战略目标的动态调节过程。

1）控制过程

（1）确定评价内容。

为了战略管理按照预定的目标进行，必须对战略实施过程做全面地了解和必要的评价。评价的关键是要在明确评价目的的基础上，具体确定评价内容，这些内容要客观真实，能够反映企业战略实施的目前状况。

（2）建立评价标准。

在制定评价标准时，企业可以根据预期的目标或计划制定出应当实现的战略效益。在这之前，企业需要评价已定的计划，找出企业需要努力的方向，明确实现目标所需要完成的工作任务。

（3）衡量实际绩效。

企业需要检查战略实施的情况，衡量企业的实际绩效，同时管理者还需要通过各种衡量方法检测环境变化所产生的各种信号，收集和处理数据，进行具体的职能控制，确保衡量客观准确。

（4）评价实际绩效。

评价实际绩效主要是判断和衡量实现企业效益实况，并对环境变化的状况进行评价，然后将企业战略实施的实况与实施计划进行比较，从中找出两者之间的差距以及分析形成差距的原因。

（5）采取纠正措施。

在生产经营活动中，一旦企业判断出外部环境的机会或威胁可能造成的结果，则必须采取相应的纠正或补救措施。当然，当企业的实际效益与标准效益出现了很大的差距时也应及时采取纠正措施。

2）控制方式

按照控制时间来看，企业战略控制可以分为如下三类。

（1）事前控制。在战略实施之前，要设计好正确有效的战略计划。该计划要得到企业高层领导人的批准后才能执行，其中有关重大的经营活动必须得到企业领导人的批准同意才能开始实施，所批准的内容往往也就成为考核经营活动绩效的控制标准。这种控制多用于重大问题的控制，如任命重要的人员、重大合同的签订、购置重大设备等。

（2）事后控制。这种控制方式发生在企业的经营活动之后，才把战略活动的结果与控

21世纪高职高专经管类专业立体化规划教材

制标准相比较。这种控制方式工作的重点是要明确战略控制的程序和标准，把日常的控制工作交由职能部门人员去做，即在战略计划部分实施之后，将实施结果与原计划标准相比较，由企业职能部门及各事业部将定期的战略实施结果向高层领导汇报，由领导者决定是否有必要采取纠正措施。

(3) 随时控制。随时控制，即过程控制，企业高层领导者要控制企业战略实施中的关键性的过程或全过程，随时采取控制措施，纠正实施中产生的偏差，引导企业沿着战略的方向进行经营。这种控制方式主要是对关键性的战略措施进行随时控制。

# 本章知识结构图

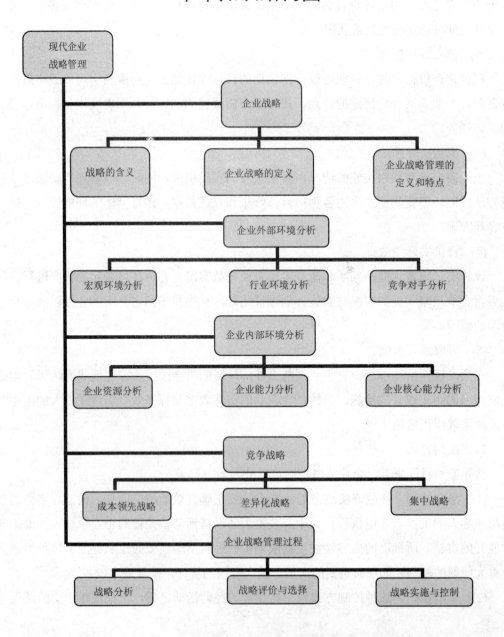

# 扩展阅读

## 企业战略管理团队的建立原则

发展中的企业需要重视自身战略管理工作的实施，进而保障企业自身的战略可以在经济市场中顺利地实施。这就要求企业建立起自身的战略管理组织，促进企业的快速发展。企业在建立战略管理组织时，其相关的原则有以下几个方面。

1. 把战略转化为可操作的行动

跟高层管理团队一起研讨战略，确定战略目标，把战略转化为一张简单易懂的战略地图，战略地图的核心就是描述企业如何创造价值，并为管理制定的战略找到一个标准化的战略要素检查清单。设计良好的战略地图可以明确组织或业务单元和职能部门的各个战略目标之间的因果逻辑关系，战略地图是让企业战略可视化，战略地图呈现了企业所关注的结果性目标以及实现这些目标的路径。

2. 使组织围绕战略协同化

协同是组织涉及的最高目标。组织是由很多机构、业务单元和专业的职能部门组成的，它们各自拥有自己的战略。为了使组织整体绩效超过组织内各个部门所产生绩效的总和，每个单元的战略必须相互关联和协同。传统的组织是围绕着职能划分来设计的，如财务、制造、营销、销售、客户服务和采购等。每一个职能部门都有自己的语言、知识和文化。职能部门之间的壁垒是阻碍战略实施的一个主要障碍，大多数组织在跨部门职能间的沟通和协调上都存在很大的困难。

3. 让战略成为每一个人的日常工作

实践中，没有一个公司能够只依靠首席执行官和高层管理团队就成功实施新的战略，战略执行需要得到所有员工的支持，需要组织中每一位员工的积极奉献。那么如何将战略从公司决策层转移给执行团队，再转移给负责日常运营和客服服务的一线基层员工。战略中心型组织需要所有的员工能够理解战略，并且每一天的工作都围绕着战略来开展。这不是一个自上而下的命令，应该是一个自上而下的沟通过程。很多公司是通过研讨会的方式来实现让员工理解战略的。

(资料来源：根据中华会计网校网站整理)

# 同 步 测 试

## 一、单项选择题

1. 在公司战略的现代概念中，将战略定义为一系列或整套的决策或行动方式，这套方式有时是可以安排的。根据以上描述，体现的是战略的(　　)。

21世纪高职高专经管类专业立体化规划教材

A. 计划性　　　　　　B. 适应性　　　　　C. 长期性　　　　D. 全局性

2. 下列选项中，属于竞争战略的是(　　)。

A. 集中化战略　　　　B. 稳定战略　　　　C. 财务战略　　　D. 收缩战略

3. 公司为了选择适应的战略制定方法，在评估战略备选方案时，通常使用的标准不包括(　　)。

A. 可接受性标准　　　B. 适宜性标准　　　C. 财务标准　　　D. 可行性标准

4. 战略管理的基本环节有(　　)。

A. 环境分析　　　　　　　　　　　　　B. 战略实施

C. 战略评价与控制　　　　　　　　　　D. 以上都是

5. 京东商城和苏宁电器市场部门分别制定采用降价的让利方式进行网络促销，类似于海量的广告宣传、代金券、返利等各种具体措施，这体现的战略是(　　)。

A. 职能战略　　　　　B. 业务单位战略　　　C. 广告战略　　　D. 总体战略

二、多项选择题

1. 下列选项中，属于内部环境分析的有(　　)。

A. 行业环境分析　　　　　　　　　　　B. 经营环境分析

C. 企业能力分析　　　　　　　　　　　D. 核心竞争力分析

2. 竞争对手分析包括 (　　)。

A. 竞争者的目标　　　　　　　　　　　B. 竞争者的能力

C. 竞争者的想法　　　　　　　　　　　D. 竞争者的替代品

3. 企业核心能力的判断标准有(　　)。

A. 有价值的能力　　　　　　　　　　　B. 特殊的能力

C. 难以模仿的能力　　　　　　　　　　D. 不可替代的能力

4. 公司战略的类型主要包括(　　)。

A. 增长型战略　　　　　　　　　　　　B. 变革型战略

C. 稳定型战略　　　　　　　　　　　　D. 防御型战略

5. 在波士顿矩阵中，下列经营单位，不属于市场增长率低、相对市场占有率高的情况的有(　　)。

A. 问题类　　　　　　B. 明星类　　　　　　C. 金牛类　　　　D. 瘦狗类

三、简答题

1. 什么是企业战略管理？

2. 简述企业外部环境分析的内容。

3. 简述企业应该如何培养核心能力。

4. 简述集中化战略的适用条件。

5. 阐述企业战略管理的过程。

### 四、案例分析题

王老吉是王老吉凉茶的品牌，创立于清道光年间(1828 年)，创始人王泽邦被公认为凉茶始祖。王老吉采用本草植物材料配制而成，有"凉茶王"之称。除了红罐王老吉、绿盒王老吉外，王老吉凉茶家族再添"吉祥三宝"：固体凉茶、低糖凉茶和无糖凉茶，开创了凉茶产品新形态。一代又一代王老吉人凭借着独有的凉茶秘方，创制出了一代又一代的凉茶产品。"让每个中国人都能喝到最正宗的王老吉凉茶"，成为王老吉大健康概念的构成之一。王老吉以为消费者提供百年不变的品质，来支撑 180 多年来消费者们对王老吉不变的信赖。

思考：

(1) 根据资料判断王老吉凉茶采取的是何种经营战略？

(2) 说明该种战略选择的适用条件。

# 项 目 实 训

## 【实训项目：战略分析】

假如你和同学毕业后打算自主创业，欲在学校附近开办一家文具店，请你用 SWOT 分析法评价分析文具店经营环境，以及应采取的相应策略。

## 【实训目的】

掌握 SWOT 分析法的应用。

## 【实训内容】

从影响文具店经营的宏观环境、微观环境的主要因素进行入手分析，根据校园周边环境情况进行经营环境评价分析。

## 【实训要求】

| 训练项目 | 训练要求 | 备　注 |
|---|---|---|
| SWOT 分析 | (1)分析文具店的内部优势；<br>(2)分析文具店的内部劣势；<br>(3)分析文具店的外部机会；<br>(4)分析文具店的外部威胁 | 掌握 SWOT 分析法，选择合适的战略 |

### 文具店 SWOT 分析矩阵

| 优势与劣势 | 内部优势(Strength) | 内部劣势(Weakness) |
|---|---|---|
| | | |
| 机会与威胁 | 外部机会(Opportunity) | 外部威胁(Threat) |
| | | |

21世纪高职高专经管类专业立体化规划教材

# 第五章

## 生产运作管理

**学习目标与要求**

- ➢ 了解生产运作管理的含义、内容及分类;
- ➢ 了解现代生产的方式;
- ➢ 掌握生产系统布局的方法;
- ➢ 掌握生产过程空间与时间组织的方法;
- ➢ 掌握生产计划方法;
- ➢ 掌握现场管理方法。

**【引导案例】**

### 汽车流水线生产线的诞生

福特从小就对摆弄机械很感兴趣，16岁就去了当时的工业城市底特律，在多个工厂做技师、工程师等工作，1903年建立了汽车公司。福特认为，若没有统一规格，就没办法大规模生产产品。所以，1908年年初，福特要求进行生产标准化，只制造低廉、单一品种。T型车就是这种思想的产物。T型车轻便耐用、结构简单、价格低廉，最初的价格只有825美元/辆，相当于同类车价格的三分之一，一般工薪阶层都买得起。这种车面世后，大量订单涌来。然而，福特汽车公司发现他们的设备和生产方式难以满足市场的大量需求，所以不断进行改进。最初，福特与底特律其他厂一样，依靠全能技工组装汽车。技工必须从一种工件移向另一种工件。每个组装工都需要完成诸多的工序和任务，一旦工位上的汽车部件要变为成品时，他们就要走向下一道工序。经过改进后，组装工不用再离开岗位去取工具或零部件，工厂专设了传递工承担这一任务。后来，组装分工越来越细。原来是一名技工"包干"，变成是由几名技工各负责特定的几项工序，同时组装同一辆汽车。改进生产方式的当年，T型车的产量达到10 660辆，创下了汽车行业的生产纪录。1913年福特又率先建立了一条流动的生产线，从一个零件开始到一辆整车，都在这条流水线上完成，生产效率大大提高，一个底盘的生产时间由原来的14个小时缩短到了1.5小时。到了1914年，经过优化的流水装配线已经可以在93分钟内生产一部汽车，1921年福特汽车开始垄断美国汽车市场。现在，即使经过了一个世纪，仍然有大量的工厂采用以大量通用零部件进行大规模流水线装配作业的生产方式。

(资料来源：[美]H.福特.亨利·福特手记：缔造福特汽车王国.汝敏，译.民主与建设出版社.2003)

**思考：**
结合案例，谈谈福特汽车公司为什么能够取得成功。

# 知 识 要 点

## 一、生产运作管理概述

### (一)生产运作管理的含义及特征

#### 1. 生产运作管理的含义

生产是人类最基本、最重要的活动之一。生产活动就是把一定资源和要素转化为特定产品的活动，它是将一定的资源输入某种转化组合过程然后输出某种产品或服务。提供有形产品的制造性活动一般称为生产，提供无形产品的服务性活动一般称为运作。因此，企业制造产品和提供服务的活动统称为生产运作，制造型企业和服务型企业的产品和服务的制造、提供过程的管理统称为生产运作管理。

综上所述，生产运作管理是指为实现经营目标，有效地利用生产资源，对企业生产活动进行计划、组织、控制，生产满足社会需要的产品的管理活动。生产运作管理需要了解生产运作系统与生产运作过程。

**【同步阅读 5-1】**

### 制造性生产与服务性运作的关系

制造性生产与服务性运作的相同点包括：①两者目的相同，都是为了高效、低耗地提供有竞争力的产品或服务，满足市场需求；②两者活动过程相同，都是把一定的资源投入经过转化输出产品。

两者的差异点包括：①最终生产的"产品"形态不同。制造性生产的产出品是有形的，服务性运作的产出品是无形的。②产出存储性不同。制造性生产产出品可以存储，服务性运作的产出品无法存储。③生产与消费是否可分离。服务的"生产"与消费过程同时存在而无法分隔。服务人员在提供服务之时，也是顾客消费服务之时，如购买理发服务的过程，就是理发服务的生产过程。而制造性生产的生产过程与消费可以处于不同的时间与空间。

#### 2. 生产运作管理的特征

生产运作管理具有以下几个方面的特征。

(1) 能够满足人们的某种需要，具有某种使用价值。

(2) 需要投入一定的资源，经过一定的转换才能实现。

(3) 生产运作过程中实现价值增值。

## (二)生产运作管理的内容

生产运作管理的内容包括生产系统设计与生产系统运行。

#### 1. 生产系统设计

生产系统设计包括产品和服务的选择与设计、工艺选择、能力规划、生产设施选择以及生产设施布置等方面。生产系统设计一般在设施建造阶段进行。

#### 2. 生产系统运行

生产系统运行包括生产计划、组织与控制。生产计划解决生产什么、生产多少与何时生产的问题；生产组织解决如何配置生产资源与要素，要素进行不同的配置构成了不同的生产方式；生产控制解决如何保证按计划完成生产任务的问题，包括进度控制、库存控制和质量控制等。

## (三)生产运作的类型

生产和服务千差万别，产量也有大小之分，生产和服务提供过程差异也较大。把握不

21世纪高职高专经管类专业立体化规划教材

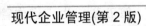

同类型的生产运作规律和特点，对于生产管理有着重要的意义。

生产活动按其性质不同可归纳为制造性生产和服务性生产两大类，在此基础上可再进行分类。

### 1. 制造性生产

制造性生产是指将有形的资源输入通过物理或化学的转化过程输出有形的产品的过程。

1) 按照工艺特征划分

按照工艺特征的不同，制造性生产可以分为流程生产与离散生产。

(1) 流程生产是指物料按照工艺流程顺序依次流动，连续进行，生产过程相对稳定。化工、炼油、制糖、造纸行业等属于此类型。

(2) 离散生产是指产品一般由多重部件组成，物料加工相对独立，是离散的、间断的流动，产品最后由零部件组装而成。汽车、手机等产业属于此类型。

2) 按照生产来源划分

按照生产来源的不同，制造性生产可以分为订货型生产和备货型生产。

(1) 订货型生产是指根据客户订单进行生产，即按照合同订单规定的数量、规格、质量、价格和交货期来组织生产。

(2) 备货型生产是指没有接到客户订单，根据市场需求预测，按照已有的生产标准或产品系列进行有计划的生产，产品有一定的库存，通过成品库存满足客户需要。

3) 按生产专业化程度划分

按生产专业化程度的不同，制造性生产可分为大量生产、成批生产和单件生产三种类型。生产专业化程度可通过产品品种、产量和生产重复性等因素来衡量。产品品种越多，同一品种的产量越少，生产重复性越低，则生产专业化程度越低；反之，则生产专业化越高。

(1) 大量生产是指品种少，同种产品产量大，生产重复性高的生产。例如，美国福特汽车公司长期大量生产 T 型车一个型号规格。

(2) 成批生产是指产品品种不单一，每种都有一定的产量，生产条件较稳定，生产具有一定重复性的生产。根据产量的大小，可以将成批生产分为大批生产、中批生产和小批生产。

(3) 单件生产是指产品品种多，每种生产一件，不重复生产的类型。

由于大批生产与大量生产的特点相近，所以习惯上合称大量大批生产。同样，小批生产的特点与单件生产相近，习惯上合称单件小批生产。

### 2. 服务性生产

服务性生产又称非制造性生产，不制造有形产品，主要提供劳务。但是，不制造有形产品不等于不提供有形产品。例如，修理、采购、批发等就并非单纯提供劳务。

与制造业相比，服务性生产具有以下特点：劳动生产率难以测定；生产过程一般要与顾客接触；一般没有产成品库存，生产过程相对分散；质量标准难以确定。

# 二、生产系统布局

生产系统布局包括厂址选择布局、厂区生产单位布局和车间内部设备布局等。这些工作属于生产系统前期设计方面的内容。厂区生产单位布局和车间内部设备布局统称为设施布局。

## (一)厂址选择布局

厂址选择布局是确定设施选址坐落的区域和具体位置。厂址选择不仅影响建厂投资建设速度、工厂内部的生产布置，还影响建成后的经营成本及发展前景。厂址选择一般要根据原材料供应地及销售市场的情况，选择多个地址，计算交通运输、生产成本，进行评价，选择最佳地点。

### 1. 厂址选择的主要影响因素

(1) 自然环境因素：包括气候条件和地理条件等。

(2) 社会经济因素：包括法律政策、区域规划、是否接近市场以及公众支持等。

(3) 资源设施因素：包括水资源、动力资源、劳动力资源和基础服务设施等。

### 2. 厂址选择的方法

1) 因素评分法

因素评分法首先按照生产经营的要求，确立评价的因素；按照因素的重要程度赋予权重或分值；对待选择的地点按各因素符合程度进行打分；最后计算每一地点各因素总分值，选择得分最多的地点作为厂址。因素评分法较粗略，但简洁直观。

例 5-1　某企业计划建造一个生产制造厂，在 A、B、C 三个地点进行选择。有关条件如表 5-1 所示。

表 5-1　厂址选择材料

| 影响因素 | | 分　值 | A 方案 | B 方案 | C 方案 |
|---|---|---|---|---|---|
| 自然环境 | 气候 | 10 | 6 | 8 | 7 |
| | 地质 | 20 | 12 | 17 | 14 |
| | 地形地貌 | 20 | 11 | 16 | 15 |
| 社会经济 | 市场接近性 | 40 | 30 | 35 | 21 |
| | 环境保护 | 10 | 5 | 6 | 6 |
| | 运输经济性 | 30 | 20 | 25 | 24 |
| | 企业协作 | 20 | 9 | 18 | 17 |
| | 土地成本 | 40 | 32 | 37 | 35 |

21世纪高职高专经管类专业立体化规划教材

续表

| 影响因素 | | 分 值 | A方案 | B方案 | C方案 |
|---|---|---|---|---|---|
| 资源设施 | 供水 | 30 | 20 | 26 | 21 |
| | 排水 | 30 | 23 | 26 | 24 |
| | 生活条件 | 30 | 24 | 27 | 26 |
| | 劳动力供给 | 20 | 12 | 16 | 15 |
| | 动力供给 | 40 | 32 | 38 | 32 |
| 总分 | | 340 | 236 | 295 | 257 |

经过计算，B方案得分最高，所以B方案为最佳方案。

2) 量本利分析法

量本利分析法也叫盈亏平衡点分析法，通过计算不同厂址在相同计划年产量下盈亏平衡点产量的大小来选择厂址，盈亏平衡点产量最小的方案最优。

例5-2 某企业计划建造一个生产制造厂，在A、B、C三个地点进行选择。有关条件如表5-2所示。

表5-2 厂址选择材料

| 项 目 | A | B | C |
|---|---|---|---|
| 总固定成本/元 | 1 500 000 | 1 000 000 | 1 000 000 |
| 总可变成本/元 | 3 500 000 | 3 000 000 | 2 000 000 |
| 总成本/元 | 5 000 000 | 4 000 000 | 3 000 000 |
| 年产量/件 | 20 000 | 20 000 | 20 000 |
| 销售单价/(元/件) | 400 | 400 | 400 |
| 单位可变成本/(元/件) | 175 | 150 | 100 |
| 盈亏平衡点产量/件 | 6667 | 2857 | 3333 |

盈亏平衡点产量是总成本等于总收入时的产品产量，总成本=固定成本+(单位变动成本×产量)，总收入=销售单价×产量，则当销售收入等于支出时，固定成本+(单位变动成本×产量)=销售单价×产量，盈亏平衡时的年产量=固定成本÷(销售单价−单位变动成本)。

A方案盈亏平衡点产量=1 500 000÷(400−175)=6667(件)

B方案盈亏平衡点产量=1 000 000÷(400−150)=2857(件)

C方案盈亏平衡点产量=500 000÷(400−125)=3333(件)

B方案的盈亏平衡点产量最小，所以在B地建厂更盈利。

## (二)厂区生产单位布局

生产单位是包含一定生产要素，占据一定空间位置，实现一定功能的生产子系统。生产单位布局即对厂区内的车间、仓库、动力部门、维修部门和运输路线等各类生产单位和辅助部门进行合理配置和空间安排。

### 1. 生产单位布局的要求

1) 有利生产

满足工艺设计流程要求，同类或生产密切联系的车间和部门尽量安排在一起，有助于提高生产率，便于组织生产和协作。

2) 经济效益

减少交叉和迂回路线，减少运输次数，缩短运输路线，节省运输费用和生产周期，减少生产费用。在安全、卫生的前提下紧凑布置，生产和协作关系密切的车间和部门就近布置，节约投资和生产费用。

3) 科学合理地利用土地

有效利用占地面积，按照生产过程的要求合理划分厂区，例如，生产区、生活区。厂区布局应该注意通风、采光、绿化、防火、卫生等要求，使厂区环境、建筑布置与周围环境相协调。

4) 未来发展

厂区布局要充分考虑企业未来发展的需要，适当留有发展余地。

### 2. 生产单位布局的方法

1) 作业相关图法

作业相关图法通过考虑各生产单位生产作业活动的相互关联，按关系密切程度来安排生产单位的布局。这个方法在服务业也有较多的应用。

步骤一：确定各部门之间的关系密切程度，并分析关系密切的原因。

将部门关系密切程度划分为 A、E、I、O、U、X(或 1、2、3、4、5、6)六个等级，说明一个部门与另一个部门的密切程度(如表 5-3 所示)，关系密切原因(如表 5-4 所示)。

表 5-3　关系密切程度表

| 关系密切程度 | 代　号 | 关系密切程度 | 代　号 |
|---|---|---|---|
| 绝对重要 | A | 一般 | O |
| 特别重要 | E | 不重要 | U |
| 重要 | I | 不予接近 | X |

表 5-4　关系密切原因表

| 代　号 | 关系密切原因 | 代　号 | 关系密切原因 |
|---|---|---|---|
| 1 | 使用共同的原始记录 | 6 | 工作流程连续 |
| 2 | 共用人员 | 7 | 做类似的工作 |
| 3 | 共用场地 | 8 | 共用设备 |
| 4 | 人员接触频繁 | 9 | 其他 |
| 5 | 文件交换频繁 | | |

步骤二：绘制作业相关图。

经过调查研究，某工厂六个部门作业关系图的绘制如图 5-1 所示。图 5-1 左边是工厂的六个部门，右边每个菱形格表示两个部门之间的关系。

步骤三：运用试验方法，根据相互关系密切程度，按密切程度等级高的部门相邻布置的原则，安排出最合理的布置方案。

首先写出关系密切度为 A(绝对重要)的成对部门：1-3、1-5、1-6、3-5、3-6 和 5-6，即它们必须相邻。首先，将 1、3、5 和 6 靠近，图 5-2 所示的布局可以满足每对部门的关系密切度为 A 的要求。

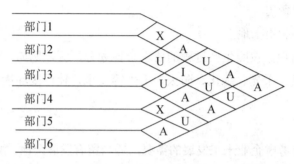

图 5-1　作业关系图

| 1 | 3 |
|---|---|
| 5 | 6 |

图 5-2　关系密切度为 A 的部门位置图

关系密切度为 X(不予接近)的成对部门是 1-2、4-5。1 不与 2 相邻，4 不与 5 相邻。将 2 和 4 放到两个剩下的位置，图 5-3 所示的布局完全满足这两对部门的关系密切度要求。

| 1 | 3 | 2 |
|---|---|---|
| 5 | 6 | 4 |

图 5-3　生产单位部门位置图

2)　物料流向图法

物料流向图法是根据各生产过程中物料流向和运输量大小，来安排生产单位的布局。把流量大的安排在靠近的位置。物料流向图法适合于工艺专业化的设施布置。

例 5-3　某企业有五个生产部门，请用物料流向图法确定生产部门分布。

根据生产过程中物料流向，初步确定各设施的相对位置；统计各设施之间的物料流量，制定物料运量表，如表 5-5 所示。

表 5-5 物料运量表(合并前)

单位：吨

|  | 01 | 02 | 03 | 04 | 05 | 合计 |
|---|---|---|---|---|---|---|
| 01 |  | 1 | 2 | 6 |  | 9 |
| 02 |  |  |  | 4 | 3 | 7 |
| 03 |  | 1 |  | 1 | 4 | 6 |
| 04 |  |  |  |  |  |  |
| 05 |  |  |  |  |  |  |
| 合计 | 0 | 2 | 2 | 11 | 7 |  |

将对折线上下数字合并，如表 5-6 所示。

表 5-6 物料运量表(合并后)

单位：吨

|  | 01 | 02 | 03 | 04 | 05 | 合计 |
|---|---|---|---|---|---|---|
| 01 |  | 1 | 2 | 6 |  |  |
| 02 |  |  | 1 | 4 | 3 |  |
| 03 |  |  |  | 1 | 4 |  |
| 04 |  |  |  |  |  |  |
| 05 |  |  |  |  |  |  |
| 合计 |  |  |  |  |  |  |

根据物料流量的大小，将物料流量大的安排在相邻的位置；根据其他因素进行调整，如图 5-4 所示。

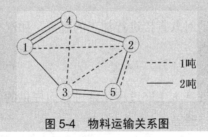

图 5-4 物料运输关系图

## (三)车间内部设备布局

在确定了生产单位布局后，需要对车间内部的设备进行合理的安排和布置，以利于提高生产效率。设备布局需要考虑加工路线最短、便于运输操作和利用生产面积。

车间设备布局的形式，主要有以下几种类型。

### 1. 固定式布置

加工对象位置固定，生产工人和设备随着加工产品所在的位置而转移，如大型船舶等。

21世纪高职高专经管类专业立体化规划教材

### 2. 工艺专业化布置

将完成相同工艺加工任务的同类机器集中布置。

### 3. 对象专业化布置

把生产某种产品所需要的不同设备、工人布置在一个生产单位里。例如，汽车制造厂的发动机车间。

### 4. 混合布置

不同的设备布局形式结合使用。

## 三、生产过程组织

### (一)生产过程的要求

#### 1. 生产过程的内涵

生产过程指从资源要素的投入到成品出产的全过程。

根据生产产品劳动的性质及在生产过程中所起作用的不同，生产过程可以分为以下四个部分。

1) 生产技术准备过程

生产技术准备过程是指产品在投入生产前所进行的各种准备工作过程，如产品设计、产品论证、工艺设计、工艺准备、工艺操作规程的编制、设备布置和劳动定额制定等。

2) 基本生产过程

基本生产过程是指对劳动对象直接进行加工的过程，如汽车厂的加工和装配。基本生产过程是企业的主要生产活动。

3) 辅助生产过程

辅助生产过程是指为保证基本生产过程正常进行而提供的各种辅助性生产活动过程，如制造企业动力供应和设备修理等。

4) 生产服务过程

生产服务过程是指为保证生产活动正常进行所从事的各种服务性生产活动的过程，如原材料运输、保管和产品检验等。

在上述生产过程的四个组成部分中，基本生产过程是核心，其他三个部分是围绕基本生产过程进行的。

#### 2. 组织生产过程的要求

组织好生产过程关系到时间、生产资源是否有效利用，产品是否能够达到预期的产品规格、质量。

1) 生产过程的连续性

生产过程的连续性是指产品在生产过程的各个阶段、各个工序，在时间上衔接紧密，连续进行，不发生非预计中断的情况。

2) 生产过程的比例性

生产过程的比例性是指产品生产过程各工艺阶段、各工序之间，在生产能力上和产品劳动量上保持一定的比例关系。

3) 生产过程的平行性

生产过程的平行性是指生产过程实行平行交叉作业。平行作业是指相同的零件同时在数台相同的机床上加工；交叉作业是指一批零件在上道工序还未加工完时，将已完成的部分零件转到下道工序加工。

4) 生产过程的节奏性

生产过程的节奏性也称为生产过程的均衡性，是指生产过程的各工艺阶段、各个工序在相同的时间间隔内，产品产量大致相等或均匀增减，节拍能够相互协调配合，没有忽紧忽松的现象。

5) 生产过程的柔性

生产过程的柔性是指生产过程的组织形式灵活，能适应多规格产品生产以及市场变化的要求。

## (二)生产过程的空间组织

生产过程的空间组织是指合理设置企业各生产单位和运输线路，包括厂房、车间和设备的布局。生产过程的空间组织主要有工艺专业化、对象专业化和混合形式。

### 1. 工艺专业化

工艺专业化是指按照生产工艺流程，将相同的机器设备设置在统一生产单位的布局方法。其特点是"三同一不同"，即同设备、同工种工人、同工艺方法、不同加工对象，如图 5-5 所示。

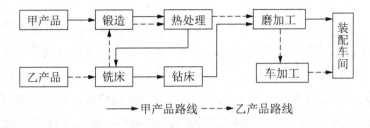

图 5-5 工艺专业化示意图

工艺专业化的优点包括：产品生产灵活，能适应不同产品需求；生产可靠性高，有利于充分利用设备生产能力；有利于提高工人技术水平和熟练度；设备管理与维护相对容易。

工艺专业化的缺点包括：生产周期长；运输路线长；生产协作、管理较复杂；在制品数量多，资金占用大。

医院是按工艺专业化原则布置的典型。

### 2. 对象专业化

对象专业化是指按产品(零件、部件)建立生产单位。在对象专业化生产单位里，集中了生产某种产品所需要的各类设备和工人。其特点是"三不同一同"，即不同设备、不同工种、不同加工方法、同加工对象(见图 5-6)。

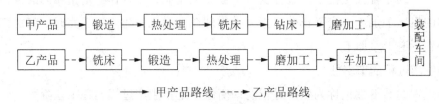

图 5-6  对象专业化示意图

对象专业化的优缺点与工艺专业化相反。

对象专业化的优点包括：运输次数少，运输路线短；协作关系简单，生产管理简化；在制品少，生产周期短。

对象专业化的缺点包括：产品变化适应性差；设备、场地利用率低；工艺及设备管理复杂。

### 3. 混合形式

混合形式是将工艺专业化和对象专业化结合起来的一种形式。它综合了两种专业化形式的优点，在实际中应用比较普遍。例如，在锻造车间采取工艺专业化形式布局，在装配车间采用对象专业化形式布置。混合形式机动灵活，适应面广，如应用得当，可取得较好的经济效益。

## (三)生产过程的时间组织

合理组织生产不仅要求生产单位和设备在空间上合理布局，而且要求劳动对象在不同的工序和生产单位的时间上紧密衔接，实现有节奏的生产，从而提高劳动生产率，节省成本。生产过程的时间组织就是确定劳动对象在各生产单位之间、各工序之间，在时间上衔接和移动的方式。生产对象在时间上实现有序、有节奏的移动，可以有效利用资源，节省成本，提高经营效率。生产对象的主要移动方式有顺序移动、平行移动和平行顺序移动三种。

### 1. 顺序移动

顺序移动是指一批零件在上一道工序全部完成以后，才整批送到下一道工序去进行加工。零件在工序之间是按次序连续地整批运送，运输次数少，管理简单，但生产周期长，如图 5-7 所示。

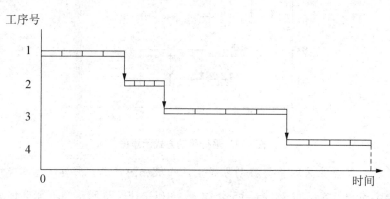

图 5-7　顺序移动方式示意图

一批零件的加工周期 $T_{顺}$ 为

$$T_{顺} = n\sum_{i=1}^{m} t_i$$

其中：$T_{顺}$——顺序移动加工周期；

　　　$n$——零件加工批量；

　　　$t_i$——第 $i$ 工序的单件工序时间；

　　　$m$——零件加工的工序数。

例 5-4　已知某企业采取顺序移动方式生产四批相同产品，需要经过四道工序，单件工时 $t_1$=10 分钟，$t_2$=5 分钟，$t_3$=15 分钟，$t_4$=10 分钟。请问这四批零部件全部加工完毕需要多长时间？

$$
\begin{aligned}
T_{顺} &= nt_1 + nt_2 + nt_3 + nt_4 \\
&= n(t_1 + t_2 + t_3 + t_4) = n\sum t_i \\
&= 4 \times (10 + 5 + 15 + 10) \\
&= 160 (分钟)
\end{aligned}
$$

### 2. 平行移动

平行移动是指每个零件在前一道工序完工后，立即转送到下一道工序继续加工(见图 5-8)。零件在各工序之间是逐件运送，并在不同工序上平行作业。平行移动方式加工周期短，但运输频繁。平行移动方式加工周期的计算公式为

$$T_{平} = \sum_{i=1}^{m} t_i + (n-1)t_L$$

其中：$t_L$——最长单件工序时间。

21 世纪高职高专经管类专业立体化规划教材

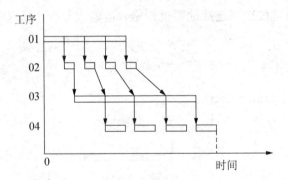

图 5-8 平行移动方式示意图

**例 5-5** 已知某企业采取平行移动方式生产四批相同产品，需要经过四道工序，单件工时分别为 $t_1=10$ 分钟，$t_2=5$ 分钟，$t_3=15$ 分钟，$t_4=10$ 分钟。请问这四批零部件全部加工完毕需要多长时间？

$$T_{平} = \sum_{i=1}^{m} t_i + (n-1)t_L$$

$$= (t_1+t_2+t_3+t_4) + (n-1)t_3$$

$$= (10+5+15+10) + 3 \times 15$$

$$= 85(分钟)$$

**3. 平行顺序移动**

平行顺序移动是指在平行移动方式的基础上，为使设备工作连续，适当推迟速度较快工序的开始时间，既考虑平行性，又考虑顺序性，是前两种方式的结合。采用这种移动方式时，当前道工序加工时间小于或等于后道工序加工时间时，按平行移动的方式移动；当前道工序加工时间大于后道工序时间时，后道工序开始加工第一个零件的时间，比前道工序加工完第一个零件的时间要往后移。后移时间的长短，以前道工序最后一个零件的完工时间为基准，往前推移"(总工序数-1)×后道工序加工时间"作为零件在后道工序的开始加工时间，如图 5-9 所示。这样既可以防止下道工序时开时停的现象，又可以把工作地的间歇时间集中起来加以利用，使设备和工人都有较充足的负荷，但组织工作比较复杂。平行顺序移动方式加工周期的计算公式为

$$T_{平顺} = n\sum_{i=1}^{m} t_i - (n-1)\sum_{j=1}^{m-1} \min(t_j, t_{j+1})$$

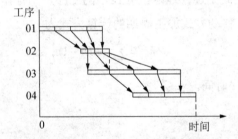

图 5-9 平行顺序移动方式示意图

以例 5-5 数据为例，参照图 5-9，其加工时长如下。

$$T_{平顺} = n\sum_{i=1}^{m} t_i - (n-1)\sum_{i=1}^{m-1} t_{较短}$$

$$= T_{顺} - (n-1)\sum t_{较短}$$

$$= 160 - 3 \times (5+5+10)$$

$$= 100(分钟)$$

平行移动生产周期最短，但是如果前道工序单件时间长于后道工序单件时间，就会出现工人、设备停工等待的情况。平行顺序移动生产周期次之，但零碎时间可集中利用，使工人、设备负荷饱满。顺序移动生产周期最长，但便于管理。因此，在具体选择移动方式时，应根据企业实际情况权衡选择。若批量小、工序单件时间短、重量轻，可采用顺序移动方式；反之，采取平行移动方式或平行顺序移动方式。

## 四、生产计划

生产计划是指为了满足市场需要，对产品品种、产量、质量、产值等方面做出的规划和生产进度安排。

### (一)生产计划的特点

不同层次生产计划的特点如表 5-7 所示。

表 5-7　不同层次生产计划的特点

| | 战略层生产计划 | 战术层生产计划 | 作业层生产计划 |
|---|---|---|---|
| 计划时间 | 长期(3～5 年以上) | 中期(1 年、季) | 短期(月、周、日等) |
| 空间范围 | 企业 | 分厂、车间 | 车间、工段、小组 |
| 计划单位 | 产品大类 | 具体品种 | 零部件、工序 |
| 详细程度 | 粗略、高度综合 | 一般、综合 | 详细、具体 |
| 内容 | 产品方向、规模、技术 | 产量、产值、品种 | 物料需求、短期作业任务 |
| 管理层次 | 企业高层 | 中层部门 | 基层部门 |

### (二)生产能力

生产能力是指企业全部固定性资产(如主要生产设备、动力设备、厂房等)在一定时期，一定的组织和技术条件下，所能生产某类产品的最大产量。生产能力是企业安排生产任务、制订计划的依据。

#### 1. 影响生产能力的因素

企业生产能力受多种因素的影响，包括设备及生产面积的数量、工人数量及技术水平、设备工作时间及生产率定额、原材料供给、生产组织管理等。

21世纪高职高专经管类专业立体化规划教材

## 2. 生产能力的计算

生产能力的计算一般从基层开始，从下而上进行。

### 1) 设备组生产能力

单台设备生产能力的计算公式为

$$M=Fe/t_i$$

其中：$M$——单台设备的生产能力；

$Fe$——单台设备的有效工时；

$t_i$——具体产品的单件工时。

某工序由一台机器进行，单台设备的生产能力即为该工序生产能力。当某工序由 $S$ 台机器进行，该工序生产能力为 $M_S$。各工序能力不相等时，生产线能力由最小工序能力确定。

### 2) 车间生产能力

如果只是零件加工车间，那么该车间生产能力取决于生产能力最小的那条生产线的能力。如果是部件制造车间，既有零件加工流水线，又有部件装配流水线，那么车间生产能力由装配流水线的生产能力决定。

### 3) 工厂生产能力

工厂生产能力是在车间生产能力基础上综合平衡得到的。首先，基本车间能力平衡。各基本生产车间设备、加工对象和工艺差异大，所以基本车间生产能力由主导生产环节来确定。主导生产环节是指产品生产的关键工艺和关键设备。其次，基本生产车间和辅助车间生产能力平衡。当两者能力不一致时，工厂生产能力由基本生产车间能力决定。如果辅助部门能力不足时，采取各种措施提高能力。

### 4) 劳动者生产能力

劳动者生产能力计算公式为

$$M=F\times D/t$$

其中：$F$——计划期内每个工人的有效工作时间；

$D$——作业组的工人数；

$t$——工人的平均工时定额。

## (三)生产作业计划

生产作业计划是生产计划的继续，是年度生产计划的具体化，是为实施生产计划、组织企业日常生产活动而编制的执行性计划。生产作业计划根据年度生产计划的要求，对每个生产单位的详细规定具体到月、周、日时期内的生产任务。

### 1. 生产作业计划的内容

生产作业计划包括：编制全厂的生产作业计划和车间内部的作业计划；编制生产准备计划；进行设备的负荷核算和平衡；日常生产派工、调度、执行统计与考核；制定或修改期量标准。

**2. 期量标准**

期量标准又称为作业计划标准，是指在一定的技术及组织条件下对生产对象在生产期限和生产数量方面所规定的标准数据。不同生产类型的期量标准各不相同，如表5-8所示。

表5-8　不同生产类型的期量标准

| 生产类型 | 期量标准 |
| --- | --- |
| 大量大批生产 | 节拍、标准计划、在制品占用量定额 |
| 成批生产 | 批量、生产间隔期、生产周期、生产提前期、在制品占用量 |
| 单件小批生产 | 产品生产周期、生产提前期 |

下面介绍几种主要的期量标准。

1) 批量、生产间隔期

批量是同种产品(或零件)一次性投入或出产的数量；生产间隔期是指相邻两批同种产品(或零件)投入或出产的时间间隔。批量及生产间隔期之间的关系为

$$批量(n)=生产间隔期(R)×平均日产量(q)$$

其中，

$$平均日产量(q)=计划期产量(N)÷计划期工作日数(Fd)$$

2) 生产周期

生产周期是指从原材料投入到成品出产所经过的整个生产过程的全部时间。产品生产周期由各个零部件的生产周期组成。生产周期与批量直接相关，批量越大，生产周期越长；批量越小，生产周期越短，如图5-10所示。

3) 生产提前期

生产提前期是指产品在各工艺阶段出产或投入的日期比成品出产日期所提前的时间。它是以产品最后完工时间为起点，根据各工艺阶段的生产周期和保险期，按反工艺过程的顺序进行计算，如图5-10所示。

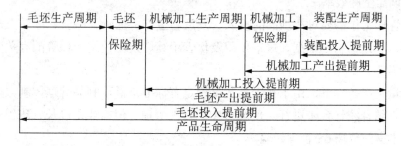

图5-10　生产周期与生产提前期示意图

(1) 前后车间生产批量相等的情况：

$$产品在最后车间的出产提前期=0$$
$$产品在最后车间的投入提前期=该车间的生产周期$$
$$产品在某车间的出产提前期=后车间投入提前期+保险期$$
$$产品在某车间的投入提前期=该车间出产提前期+该车间生产周期$$

21世纪高职高专经管类专业立体化规划教材

(2) 前后车间批量不相等的情况：

车间出产提前期=后车间投入提前期+保险期+(该车间生产间隔期-后车间生产间隔期)

## (四)生产作业计划控制

生产作业计划控制是对产品生产的数量和进度的控制。生产作业计划控制是保证生产活动顺利进行，实现生产作业计划的重要手段。生产作业计划控制包括生产进度控制、在制品管理和生产调度。

### 1. 生产进度控制

生产进度控制是指从生产技术准备到产成品入库的生产活动，其内容包括投入进度控制、出产进度控制和工序进度控制。

1) 投入进度控制

投入进度控制是指对原材料、零部件投入提前期的控制，劳动力、设备、技术准备工作的控制。有投入才有产出，投入进度是进度控制的第一步。

2) 出产进度控制

出产进度控制是指对产品或零部件的出产品种、出产数量、出产日期和出产提前期的控制。

3) 工序进度控制

工序进度控制是指生产过程中每道工序上的加工进度控制。

### 2. 在制品管理

在制品是企业生产中正在加工或准备加工装配的原材料或零部件。在制品管理是指对在制品进行计划、协调和控制的工作，是对工序各环节在制品的实务和账目控制。在制品管理主要是保证各生产活动的节奏性、连续性，使各环节相互协调衔接，缩短生产周期，避免积压，调高生产效率。

在制品管理工作需要对在制品的投入、发放、生产、保管、检验、周转及产出等各环节进行计数、登记、制定票据、规定使用及保管手续、建立使用及保管的有关管理制度、查账、盘点等。

在大批量生产条件下，由于在制品数量稳定有标准定额，制品管理控制方法通常采用轮班任务报告结合统计台账进行。现场可实行目视管理，但需要工段长、班组长和生产调度员具有较丰富的现场 6S 管理经验。

在多品种、单件小批生产的条件下，由于产品品种和批量经常变化，所以，一般采用加工路线单或工作票等凭证，结合统计账来进行在制品控制管理。

【同步阅读 5-2】

在制品管理工作就是对在制品进行计划、协调和控制的工作。在加工—装配型的工业企业中，搞好在制品管理工作有着重要的意义。它是调节各个车间、工作地和各道工序之间的生产，组织各个生产环节之间平衡的一个重要杠杆。合理地控制在制品、半成品的储备量，使它们不受损坏，可以保证产品质量，节约流动资金，缩短生产周期，减少和避免积压。

### 3. 生产调度

生产调度是以生产作业计划为依据，对生产作业计划执行过程中已出现和可能出现的偏差及时进行了解、预防和处理，保证整个生产活动协调有序地进行。生产调度是保障生产作业计划顺利进行的重要手段。

1) 生产调度工作的主要内容

生产调度工作的主要内容包括：检查零部件等的投入和出产进度，及时发现问题，采取有效措施解决；控制在制品流转；检查、督促有关部门做好生产准备和生产服务；检查、督促生产过程中的物资供应，合理调配劳动力；检查设备的运转情况；调整厂内运输；组织厂部和车间的生产调度会议，监督有关部门执行；做好生产计划完成情况的统计分析工作。

2) 生产调度工作的原则

生产调度工作的原则主要有以下几个。

(1) 计划性原则。生产调度必须以生产作业计划为依据，保证生产作业计划规定的任务和进度，同时也要不断提高生产计划的质量。

(2) 统一性原则。各级调度部门根据生产作业计划的要求和上级指示行使调度权力，下一级生产单位和同级的有关职能部门应该坚决执行，维护"政令统一"。

(3) 预防性原则。调度部门要抓好生产准备性工作，把问题消灭在萌芽状态；要有紧急情况的预案；积极采取措施缩小生产作业计划中可能发生事故问题的影响。

(4) 及时性原则。生产调度部门及时发现生产中出现的有关问题，并及时采取措施解决，避免造成更大损失。这要求调度人员及时掌握生产动态，并具有良好的处理问题能力。

## 五、生产现场管理

生产现场反映了一个企业的形象、管理水平和精神面貌，也会对企业的生产效率产生影响。生产现场管理就是按照一定的标准和要求，采取科学合理的制度、方法，对生产现场的人员、设施设备、原材料等进行合理的配置、管理、控制，从而达到环境美观、生产安全、情绪良好的状态。生产现场管理方法主要有 6S 管理、定置管理和目视管理等方法。

### (一)6S 管理

#### 1. 6S 管理的含义

6S 管理是现场管理的一种方法，6S 即整理(Seiri)、整顿(Seiton)、清扫(Seiso)、清洁(Seiketsu)、素养(Shitsuke)、安全(Security)。6S 管理是 5S 管理的深化，6S 管理比 5S 管理多

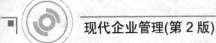

了一个安全。6S 之间相互联系与制约，整理、整顿、清扫是具体操作内容；清洁是指将上面的 3S 实施的行动规范化，是贯彻执行及维持的结果；素养是指每位员工养成良好的习惯，是 6S 的核心，长时间的维持必须靠素养的提高；安全是基础，是实现前面 5S 的前提。

### 2. 6S 管理的内容

1) 整理

将工作场所不需要的物品消除掉，有必要的留下来，从而改善工作场所，腾出占用的空间，塑造清爽的工作环境。

2) 整顿

把整理后留下来的必用物品进行科学合理的摆放，不同类型和作用的物品加以不同的标识，从而减少寻找物品的时间，提高工作效率。

3) 清扫

将工作场所清扫干净，改变脏、乱、差，创造明朗、畅快的工作环境。

4) 清洁

将整理、整顿、清扫之后的成果制度化、长久化，经常保持环境处在美观的状态，创造舒适的工作环境，从而使职工精神愉悦地工作。

5) 素养

每位成员都要养成良好的习惯，具备较好的行为规范，具备积极主动的精神。各项活动都离不开人，只有拥有良好素养的人才能够实现良好的现场管理。

6) 安全

重视成员安全教育，提高安全意识，防患于未然。只有建立起安全生产的环境，员工才有安全感，才能放心生产。

## (二)定置管理

定置管理是对生产现场中的人、物、场所之间的关系进行分析研究，使之达到最佳结合状态的一门科学管理方法。它以物在场所的科学定置为前提，以完整的信息系统为媒介，以实现人和物的有效结合为目的，不断改善生产现场条件，科学地利用场所，通过对生产现场的整理、整顿，把生产中无关的物品清除掉，把需要的物品放在规定位置上。通过整顿，促进人与物的有效结合，促进生产现场管理规范化、科学化，实现高效生产，优质完成任务。

## (三)目视管理

目视管理，也称为可视化管理，是指利用形象直观、色彩适宜的各种视觉感知信息来组织现场生产活动，达到提高劳动生产率的一种管理手段。目视管理以视觉信号显示为基本手段，以公开化、透明化为基本原则，尽可能地将管理者的要求和意图让大家看得见，借以推动自主管理或自主控制。现场的作业人员可以通过目视的方式将自己的建议、成果、感想展示出来，与领导、同事以及工友们进行相互交流。

目视管理的主要工具有红标签、标示板、白线标示、红线标示、警示灯、看板、标准作业图和柏拉图等。

# 六、现代生产方式

随着消费多元化以及企业竞争加剧，为了在竞争中胜出，企业界不断改进生产方式，探索出多种现代生产方式。目前，主要有以下几种比较成熟的现代生产方式。

## (一)准时生产与精益生产

### 1. 准时生产方式

准时生产方式(Just In Time，JIT)是日本丰田汽车公司在20世纪60年代实行的一种生产方式。在以前，世界汽车生产企业包括丰田公司均采取福特式的大规模传统流水线方式，前面设备生产零部件，后面的设备等待，等前面零件一运到，全体人员总动员，后面的设备人员紧急生产产品。这种方式造成了生产过程中的积压和待工，导致了严重的资源浪费。同时，第二次世界大战以后，工业生产向多品种、小批量的方向发展，单品种、大批量的流水生产方式的弱点日趋明显。准时生产方式采取的是优化生产物流，减少浪费的多品种少批量、短周期的生产方式。

1) JIT 的基本原则

JIT 以准时生产为出发点，降低成本、排除浪费。在生产现场控制技术方面，准时制的基本原则是在正确的时间，生产正确数量的零件或产品，即时生产。它将传统生产过程中前道工序向后道工序送货，改为后道工序根据"看板"向前道工序取货，看板系统是准时制生产现场控制技术的核心手段之一。

2) JIT 的基础手段

JIT 的基础手段有均衡化生产、看板管理和全面质量管理等。

(1) 均衡化生产。均衡化生产使物流在各作业之间、生产线之间、工序之间、工厂之间平衡、均衡地流动。为达到均衡化，在 JIT(准时生产方式)中采用月计划、日计划，并根据需求变化及时对计划进行调整。

(2) 看板管理。JIT 以订单驱动，通过看板管理，把供、产、销紧密地联系起来，使物资储备、成本库存和在制品大为减少，提高了生产效率。在实现 JIT 生产中，最重要的管理工具是看板，看板是用来控制生产现场的生产排程工具。具体而言，是一张卡片，卡片的形式随不同的企业而有差别。看板上的信息通常包括：产品名称、零件号码、制造编号、容器形式、容器容量、看板编号、零件外观和移送地点等。

(3) 全面质量管理。JIT 强调全面质量管理，目标是消除不合格品，消除可能引起不合格品的根源，并设法解决问题。JIT 中还包含许多有利于提高质量的因素，如批量小、零件很快移到下工序、质量问题可以及早发现等。

### 2. 精益生产

1) 精益生产的来源

精益生产(Lean Production，LP)源于丰田生产方式，是由美国麻省理工学院组织世界上 17 个国家的专家、学者，花费五年时间，以汽车工业这一开创大批量生产方式和准时生产方式 JIT 的典型工业为例，经过理论总结归纳出来。精益生产方式的优越性不仅体现在生产制造系统，同样也体现在产品开发、协作配套、营销网络以及经营管理等多个方面，它是当前一种优良的生产组织体系和方式。准时生产主要以生产系统为中心，精益生产则涉及企业整个的经营模式，是准时生产的升华。

2) 精益生产的实质

精益生产方式是一种以最大限度地减少企业生产资源浪费，降低企业管理和运营成本的方式。精益生产方式的实质是管理全过程的精益管理，包括人事组织管理的精益化，进行组织扁平化改革，减少辅助人员；推行生产均衡化、同步化，实现零库存与柔性生产；推行包括整个供应链全生产过程的质量保证体系；精简产品开发设计、生产、管理中不产生附加值的工作。

## (二)敏捷制造

### 1. 敏捷制造的来源

20 世纪 90 年代，信息技术迅猛发展，为重新夺回美国制造业的世界领先地位，由美国国防部支持，通用汽车公司、波音公司、IBM、德州仪器公司等 15 家著名大公司和国防部代表共 20 人组成了核心研究队伍。此项研究历时三年，于 1994 年年底提交了《21 世纪制造企业战略》报告。在这份报告中，提出了既能体现国防部与工业界各自的特殊利益，又能获取他们共同利益的一种新的生产方式，即敏捷制造。

### 2. 敏捷制造的内涵

敏捷制造即为了对迅速改变的市场需求和市场进度做出快速响应，把灵活的管理组织及架构、先进制造技术和有技术、有知识的管理人员集成为一个系统。敏捷制造比其他制造方式具有更灵敏、更快捷的反应能力。同时，敏捷制造主要解决三个要素(生产技术、管理和人力资源)的配合问题。

敏捷制造生产更快，成本更低，劳动生产率更高。机器生产率加快，质量提高，可提高生产系统的可靠性，减少库存；但是实施起来费用高。

敏捷制造的核心思想是：提高企业对市场变化的快速反应能力，满足顾客的需求。敏捷制造要充分利用企业内外部资源，建立扁平化组织或虚拟组织，或与其他企业与团体合作，结成战略联盟。

### 3. 敏捷制造的特点

敏捷制造具有以下几个方面的特点。

(1) 产品的开发、生产全过程都是为了满足用户需求。

(2) 采用灵活动态的组织结构。

(3) 着眼于长期经济效益。

(4) 建立新型的标准体系，实现技术、管理和人的集成。

(5) 最大限度地调动、发挥人的积极作用。

# 本章知识结构图

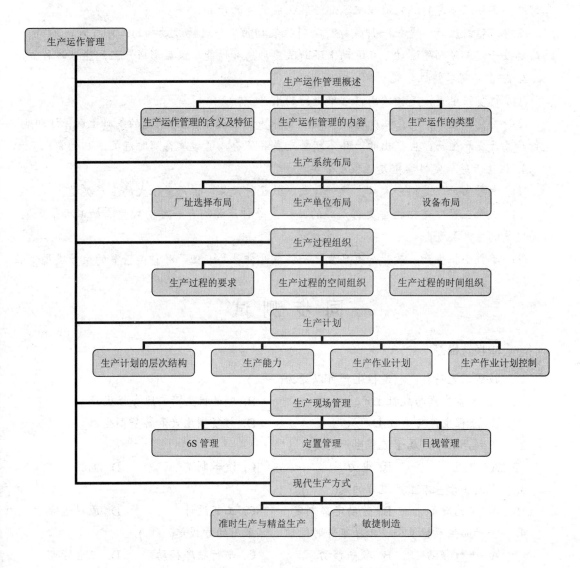

# 扩展阅读

## 制造性生产的分类

1. 按产品使用性能分类

(1) 通用产品，是指按照一定的标准设计生产的产品。

(2) 专用产品，是指根据用户的特殊需求专门设计和生产的产品。

2. 按生产工艺特征分类

(1) 加工装配式生产，是指先分别通过各种固有的加工作业工序，制造出图纸规定的零部件，再按照一定的工艺流程把零部件装配成最终的产品。

(2) 流程式生产，是把一种或数种物料从最初的工序或接近最初的工序投入，均匀、连续地按一定工序顺序运动，在运动中不断改变形态和性能，最后形成产品的生产过程。

3. 按产品需求特性分类

(1) 订货性生产，是指按用户订单进行的生产。

(2) 备货性生产，是在对市场需求(现实需求和潜在需求)进行研究的基础上，有计划地进行产品开发和生产，生产出的产品不断补充成品库存，通过库存随时满足用户的需求。

4. 按生产的稳定性和重复性程度分类

(1) 大量生产，是指一次只生产一种或少数几种产品，但产量很大的生产类型。

(2) 成批生产，是指轮番更新产品的品种，每种产品均有一定的数量，加工对象周期性的重复的生产类型。

(3) 单件小批生产，是指一次只生产一件或几件产品，但产品种类繁多的生产类型。

# 同步测试

## 一、单项选择题

1. 按照工艺特征，制造性生产可以分为( )。
   - A. 大量生产与成批生产
   - B. 制造性生产与服务性生产
   - C. 流程生产与离散生产
   - D. 订货型生产和备货型生产

2. 下列产业中，属于流程生产的是( )。
   - A. 电视
   - B. 电力
   - C. 汽车制造
   - D. 电脑

3. 下列属于基本生产过程的是( )。
   - A. 工艺准备
   - B. 劳动定额制定
   - C. 工艺设计
   - D. 原料运输

4. 当产品生产批量小、工序单件时间短，可采用的方式是( )。
   - A. 平行移动
   - B. 顺序移动
   - C. 平行顺序移动
   - D. 三者皆可

5. 下列选项中，不属于现场管理内容的是( )。
   - A. 整理
   - B. 素养
   - C. 节俭
   - D. 清洁

## 二、多项选择题

1. 生产运作的内容包括(　　)。

A. 工艺选择　　　B. 生产设施布局　　　C. 制订生产计划　　　D. 生产控制

2. 下列选项中，属于成批生产期量标准的有(　　)。

A. 节拍　　　B. 批量　　　C. 标准计划　　　D. 生产提前期

3. 生产调度工作的原则有(　　)。

A. 计划性　　　B. 预防性　　　C. 统一性　　　D. 及时性

4. 下列选项中，属于目视管理工具的有(　　)。

A. 红标签　　　B. 看板　　　C. 红线标示　　　D. 警示灯

5. 敏捷制造是要把(　　)三者集合起来。

A. 生产技术　　　B. 设备　　　C. 管理　　　D. 人力资源

## 三、简答题

1. 简述生产运作的内容。

2. 试述组织生产过程的要求。

3. 试述工艺专业化、对象专业化空间布局的优缺点。

4. 试述不同层次生产计划的特点。

5. 试述敏捷制造的特点。

## 四、计算题

1. 某汽车制造公司决定在南方建造一座新厂，现在南方三个省初步确定了三个备选厂址 A、B 和 C。经过专家调查和判断，对这三个厂址按五个因素进行评分，结果如表5-9所示。

表5-9　厂址选择材料

| 选址因素 | 权重 | 备选厂址 | | |
| --- | --- | --- | --- | --- |
| | | A | B | C |
| 交通运输 | 0.25 | 90 | 95 | 80 |
| 土地费用 | 0.10 | 80 | 75 | 95 |
| 生活条件 | 0.25 | 90 | 80 | 90 |
| 人口素质 | 0.20 | 90 | 85 | 80 |
| 科技文化条件 | 0.20 | 90 | 80 | 80 |

请问哪个厂址较为可取？

2. 对于某批产品，装配车间的批量为 40 件，生产周期为 30 天，生产间隔期为 10 天；机加工车间的批量为 120 件，生产周期为 50 天，生产间隔期为 30 天，保险期为 10 天；毛坯车间的批量为 240 件，生产周期为 20 天，生产间隔期为 60 天，保险期为 5 天。试分别计算装配车间投入提前期，机加车间出产提前期，机加车间投入提前期，毛坯车间出产提前期，毛坯车间投入提前期。

# 项目实训

## 【实训项目：选址】

中百仓储超市有限公司(简称：中百仓储)成立于1997年12月，是我国上市公司中百控股集团股份有限公司的全资公司。公司围绕消费者息息相关的"饭桌子、米袋子、油瓶子、菜篮子"，以其"低价无假货"的经营宗旨，成为湖北省有影响力的大型连锁超市。和其他分店一样，这是一家货物品种齐全的中型综合类超市，该超市的周边是居民密集区。因此，自开业以来，渐渐成为了附近居民购物的首选地。同时，又带动了周边的商业发展。

中百仓储超市分店一般以中型店面为主，使得该超市可以深入居民聚集区，吸引了很多购买力。其次，中百仓储超市背后的中百控股集团，为了保证货物的质量和价格，一般采用集团采购方式，选取最低价的供货商，尽量控制成本。

(1) 根据上面所描述的中百仓储超市的选址方法，试分析其选址方法是否合理，并总结出决定选址规划的因素有哪些，还有哪些因素它还未考虑。

(2) 如果你作为一家与中百仓储超市相类似的超级市场的市场部主管，你在进行一家新店选址的时候，会考虑哪些因素？

### 【实训目的】

(1) 熟悉选址的意义、影响因素。

(2) 熟悉选址的方法。

### 【实训内容】

(1) 结合案例进行选址设计。

(2) 讨论选址在生产运作活动中的作用。

### 【实训要求】

| 训练项目 | 训练要求 | 备　注 |
|---|---|---|
| 厂址选择 | (1)掌握厂址选择的影响因素；<br>(2)掌握厂址选择的方法 | 选址有定性、定量两类方法 |
| 生产单位布局 | (1)了解生产单位布局的要求；<br>(2)掌握生产单位布局的方法 | 按照步骤计算 |
| 生产过程空间组织 | (1)了解生产过程空间组织的类型；<br>(2)掌握工艺专业化、对象专业化的优缺点；<br>(3)掌握工艺专业化、对象专业化的设置方法 | 要注意工艺专业化、对象专业化的配合 |
| 生产过程时间组织 | (1)了解生产过程时间组织的类型；<br>(2)掌握生产过程时间组织的方法；<br>(3)掌握不同移动方式的适用场所 | 会计算生产周期 |

# 第六章

## 现代企业质量管理

学习目标与要求

➤ 了解全面质量管理的概念和重要意义;

➤ 熟悉质量保证、质量控制、质量体系的内容;

➤ 掌握 PDCA 循环方法,掌握质量控制的统计方法。

【引导案例】

## 为什么买香草冰淇淋汽车就会"秀逗"

有一天，美国通用汽车公司的庞帝雅克(Pontiac)部门收到一封客户抱怨信，上面是这样写的："这是我为了同一件事第二次写信给你，我不会怪你们没有回信给我，因为我也觉得这样别人会认为我疯了，但这的确是一个事实。

"我们家有一个传统的习惯，就是我们每天在吃完晚餐后，都会以冰淇淋来当我们的饭后甜点。由于冰淇淋的口味很多，所以我们家每天会在饭后投票决定要吃哪一种口味，等大家决定后我就会开车去买。但自从最近我买了一部新的庞帝雅克后，在我去买冰淇淋的这段路程问题就发生了。

"你知道吗？每当我买的冰淇淋是香草口味时，我从店里出来车子就发动不了了。但如果我买的是其他的口味，车子发动就顺得很。我要让你知道，我对这件事情是非常认真的，尽管这个问题听起来很猪头。为什么当我买了香草冰淇淋后这部庞帝雅克就'秀逗'，而我不管什么时候买其他口味的冰淇淋，它就像一尾'活龙'？为什么？为什么？"

事实上，庞帝雅克的总经理对这封信还真的心存怀疑，但他还是派了一位工程师去查看究竟。当工程师去找这位先生时，很惊讶地发现这封信是出自一位事业成功、乐观，且受了高等教育的人。工程师安排与这位先生的见面时间刚好是在用完晚餐的时间，两人于是一个箭步跃上车，往冰淇淋店开去。那个晚上投票结果是香草口味，当买好香草冰淇淋回到车上后，车子又"秀逗"了。这位工程师之后又依约来了三个晚上。第一晚，巧克力冰淇淋，车子没事。第二晚，草莓冰淇淋，车子也没事。第三晚，香草冰淇淋，车子"秀逗"。

这位具有逻辑性思维的工程师，到目前还是死不相信这位先生的车子对香草过敏。因此，他仍然继续安排相同的行程，希望能够将这个问题解决。工程师开始记下从开始到现在所发生的种种详细资料，如时间、车子使用油的种类、车子开出及开回的时间……根据资料他有了一个结论，这位先生买香草冰淇淋所花的时间比买其他口味的时间要短。

为什么呢？问题是出在这家冰淇淋店的内部设置上。因为，香草冰淇淋是所有冰淇淋口味中最畅销的口味，店家为了让顾客每次都能很快地取拿，特意将香草口味陈列在单独的冰柜，并将冰柜放置在店的前端；至于其他口味，则放置在距离收银台较远的后端。

现在，工程师想要知道的答案是，为什么这部车会因为从熄火到重新激活的时间较短而"秀逗"？原因很清楚，绝对不是因为香草冰淇淋的关系。工程师很快在心中浮现出答案，答案应该是"蒸气锁"。因为当这位先生买其他口味冰淇淋时，由于时间较久，引擎有足够的时间散热，重新发动时就没有太大的问题。但是买香草口味冰淇淋时，由于花的时间较短，引擎太热以至于还无法让"蒸气锁"有足够的散热时间，车子就发动不了。

思考：

(1) 美国通用汽车公司如何满足顾客的质量要求？

(2) 此案例对你有哪些启发？

# 知 识 要 点

## 一、质量及质量管理概述

### (一)质量的概念

国际标准 ISO 9000:2000(3.1.1)将质量定义为"一组固有特性满足要求的程度"。其中，"固有"就是指在某事或某物中本来就有的，尤其是那种永久的特性。"要求" 包括明示的、隐含的或必须履行的需求及期望。

ISO 8402:1994 对质量的定义是："反映实体(产品、过程或活动等)满足明确或隐含的需要能力的特性总和。"

世界著名质量管理专家朱兰(Joseph M.Juran)则从用户的角度出发，认为"质量就是适用性"。所谓适用性，就是产品满足顾客要求的程度。

质量不仅仅是企业关心的核心问题，也是消费者关心的问题。例如，服务业与制造业用户对质量的评价如表 6-1 所示。

表 6-1 用户对质量的评价因素

| 行业分类 | 服 务 业 | 制 造 业 |
|---|---|---|
| 硬件 | 以饭店服务业为例，如饭店的布局以及餐桌等硬件的样式、外观等 | 产品的外观；<br>产品安装和使用的难易程度等 |
| 产品或服务支持 | 银行业务中的数据记录错误；<br>对直接或间接应承担的责任的态度等 | 付款手续的准确性以及改正错误的难易程度；<br>广告的可信度等 |
| 心理影响 | 旅馆服务员的服务态度；<br>商店的顾客投诉营业员热情与否等 | 产品销售人员对所售产品的了解程度；<br>品牌的信誉等 |

### (二)质量管理的概念

ISO 9000:2000(3.2.8)对质量管理的定义是："在质量方面指挥和控制组织的协调活动。"

ISO 8402:1994 对质量管理的定义是："确定质量方针、目标和职责，并通过质量体系中的质量策划、质量控制、质量保证和质量改进来使其实现的所有管理职能的全部活动。"

日本工业标准给质量管理下的定义是："经济地生产质量符合买方要求的物品和提供质量符合顾客要求的服务的手段体系。"

日本著名质量管理专家石川馨给质量管理下的定义为："开发、设计、生产、提供最经济、最有用、买方满意地购买的优质产品。"

从以上质量管理的定义可以看到，质量管理是一个组织管理职能的重要组成部分，必须由一个组织的最高管理者来推动，各级管理者各尽其责，全体员工积极参与。

### (三)质量管理的发展过程

质量管理这一概念早在20世纪初期就提出来了,它是伴随着企业管理与实践的发展而不断完善,并随着市场竞争的变化而发展起来的。

#### 1. 事后检验阶段

20世纪初,美国企业出现了流水作业等先进生产方式,提高了对质量检验的要求。随之在企业管理队伍中出现了专职检验人员,组成了专职检验部门。从20世纪初到20世纪40年代前,美国的工业企业普遍设置了集中管理的技术检验机构。

事后质量检验对于工业生产来说,无疑是一个很大的进步,因为它有利于提高生产率,有利于分工的发展。但从质量管理的角度看,事后检验效能较差,因为这一阶段只是按照标准规定对成品进行检验,即从成品中挑出不合格品。这种质量管理方法的任务只是"把关",即严禁不合格品出厂或流入下一工序,而不能预防废品产生。虽然可以防止废品流入下道工序,但是由废品造成的损失却无法消除。

#### 2. 事前控制阶段

由于第二次世界大战对大量生产(特别是军需品)的需要,事后检验工作立刻显示出其弱点,检验部门成了生产中最薄弱的环节。由于事先无法控制质量以及检验工作量大,军火生产常常延误交货期,影响前线军需供应。这时美国贝尔电话研究所的统计学家休哈特(Shewhart)防患于未然的控制产品质量的方法及道奇(Dodge)、罗米格(Romig)的抽样检查方法被重视起来。

这一阶段的手段是利用数理统计原理,预防产生废品并检验产品的质量。在方式上是由专职检验人员转型的专业质量控制工程师和技术人员承担相应工作。这标志着将事后检验的观念转变为预防质量事故的发生,并事先加以预防的事前检验的概念,使质量管理工作前进了一大步。

但这个阶段曾出现一种偏见,就是过分强调数理统计的方法,忽视了组织管理工作和生产者的能动作用,使人误认为"质量管理好像就是数理统计方法""质量管理是少数数学家和学者的事情",因而对统计的质量管理产生了一种高不可攀的感觉。

#### 3. 全面质量管理阶段

从20世纪60年代开始,进入全面质量管理(Total Quality Management,TQM)阶段。20世纪50年代以来,随着科学技术的迅速发展,工业生产技术手段越来越现代化,工业产品更新换代越来越频繁,产品质量要求大大提高,此时单纯依靠统计质量控制已无法满足要求。因为整个系统工程与试验研究、产品设计、试验鉴定、生产准备、辅助过程、使用过程等每个环节都有着密切的关系,仅仅靠控制过程是无法保证质量的。这样就产生了全面质量管理。

所谓全面质量管理,就是企业全体人员及有关部门同心协力,把专业技术、经营管理、数理统计和思想教育结合起来，建立起产品的研究设计、生产制造、售后服务等活动全过程的质量保证体系，从而用最经济的手段，生产出用户满意的产品。它重视人的因素，强调企业全员参加，全过程的各项工作都要进行质量管理。它运用系统的观点，综合而全面地分析研究质量问题。它的方法、手段更加丰富、完善，从而能对产品质量进行真正地管理，产生更高的经济效益。

【同步阅读 6-1】

### 从"扁鹊论医"看质量管理

魏文王对名医扁鹊说："你们家兄弟三人，都精于医术，到底哪一位医术最好呢？"扁鹊答说："长兄最好，中兄次之，我最差。"魏文王吃惊地问："你的名气最大，为何反长兄医术最高呢？"扁鹊惭愧地说："我扁鹊治病，是治病于病情严重之时。一般人都看到我在经脉上穿针管来放血、在皮肤上敷药等大手术，所以以为我的医术高明，名气因此响遍全国。我中兄治病，是治病于病情初起之时。一般人以为他只能治轻微的小病，所以他的名气只及于本乡里。而我长兄治病，是治病于病情发作之前。由于一般人不知道他事先能铲除病因，所以觉得他水平一般，但在医学专家看来他水平最高。"

以上的"病"可以理解为"质量事故"。能将质量事故在"病情"发作之前就进行消除，才是"善之善者也"。预防质量事故，要从"小病"做起，也就是要防患于未然。事后控制不如事前控制。对于成功处理已发质量事故的人要进行奖励，同时，更要对预防质量事故的人和行为进行奖励。质量管理如同医生看病，治标不能忘固本。许多企业悬挂着"质量是企业的生命"的标语，而现实中存在"头痛医头、脚痛医脚"的质量管理误区。

### (四)加强质量管理的意义

质量的高低，是衡量一个国家生产力发展水平和高新技术水平高低的重要标志。保证和提高商品质量，满足消费者的需要，对于当前国民经济的发展，促进企业技术改造和质量管理的完善，提高人民生活水平有着重要意义。

从微观上来说，质量是企业赖以生存和发展的保证，是开拓市场的生命线；用户对产品质量的要求越来越高，提高质量能加强企业在市场中的竞争力；产品质量是形成顾客满意的必要因素，因此较好的质量会给企业带来较高的利润回报；质量管理是公司品牌的保护伞，严抓质量管理可以提高品牌美誉度；加强质量管理也是维护人们生活以及身心健康的必要措施。

从宏观上来说，当今世界的经济竞争，很大程度上取决于一个国家的产品和服务质量。质量水平的高低可以说是一个国家经济、科技、教育和管理水平的综合反映。当今市场环境的特点之一是用户对产品质量的要求越来越高。在这种情况下，就更要求企业将提高产品质量作为重要的经营战略和生产运作战略之一。这是因为，低质量会给企业带来相当大的负面影响：它会降低公司在市场中的竞争力，增加生产产品或提供服务的成本，损害企

21世纪高职高专经管类专业立体化规划教材

业在公众心目中的形象等。同时，以前价格被认为是争取更多的市场份额的关键因素，现在情况已有了很大变化。很多用户现在更看重产品质量，并且宁愿花更多的钱获得更好的产品质量。在今天，质量稳定的高质量产品会比质量不稳定的低质量产品拥有更多的市场份额，这个道理是显而易见的。较好的质量也会给生产厂商带来较高的利润回报。高质量产品的定价可以比相对来说质量较低产品的定价高一些。

## 二、ISO 9000 族质量管理体系标准

20 世纪中叶，随着军事工业的迅速发展，武器装备日趋先进，生产过程日益复杂，许多产品的质量问题往往在使用过程中才逐渐暴露，促使人们逐渐认识到：如果组织的管理体系不完善，就不可能始终提供满足顾客需要的产品。这导致采购方不但对产品特性提出要求，还对供方质量管理体系提出要求，并以此作为产品规范中有关产品要求的一种补充，质量管理体系标准由此产生。

### (一)ISO 9000 族标准的由来

ISO 9000 质量管理体系是由国际标准化组织(ISO)在总结过去质量检验和统计质量管理的成果的基础上制定的一系列质量保证模式。ISO 组织制定的各项国际标准在全球范围内得到该组织的 100 多个成员国和地区的认可。

ISO 9000 系列标准问世以后，为了加强质量管理，适应品质竞争的需要，各国企业家们纷纷采用 ISO 9000 系列标准，在企业内部建立质量管理体系，申请质量管理体系认证，很快形成了一个风靡世界的潮流。目前，全世界已有 100 多个国家和地区积极推行 ISO 9000 国际标准，40 多万家企业拿到了 ISO 9000 质量管理体系认证证书。

### (二)ISO 9000 族标准的构成

ISO 9000 族标准是指导企业建立质量保证体系的标准，是有关质量标准体系的核心内容。其中核心标准主要有以下四个。

#### 1. ISO 9000：2005《质量管理体系基础和术语》

该标准表述了 ISO 9000 族标准中质量管理体系的基础，确定了 84 个相关术语及其定义，明确提出了质量管理八项原则，强调八项质量管理原则是 ISO 9000 族标准的基础。该标准提出了以过程为基础的质量管理体系模式，鼓励采用过程方法管理组织。

#### 2. ISO 9001：2008《质量管理体系——要求》

该标准规定了质量管理体系要求，以证实组织有能力稳定地提供满足顾客和适用的法律法规要求的产品；通过体系的有效应用，包括体系持续改进的过程以及保证符合顾客与适用的法律法规要求，旨在增进顾客满意。

标准规定的所有要求是通用的，适用于各种类型、不同规模和提供不同产品的组织，

可供组织内部使用，也可用于认证或合同目的。在满足顾客要求方面，该标准关注的是质量管理体系的有效性。

### 3. ISO 9004：2009《质量管理体系——业绩改进指南》

该标准提供了超出 ISO 9001 要求的指南，以便组织考虑提高质量管理体系的有效性和效率，进而考虑开发组织业绩的潜能。与 ISO 9001 相比，该标准将顾客满意和产品质量的目标扩展为包括相关方满意和组织的业绩。

### 4. ISO 9011：2011《质量和环境管理体系审核指南》

该标准为审核原则、审核方案的管理、质量管理体系审核和环境管理体系审核的实施提供了指南，也对审核员的能力和评价提供了指南。

## (三)ISO 9000 族标准的基础

随着全球竞争的不断加剧，质量管理越来越成为所有组织管理工作的重点。质量管理的八项基本原则，不仅是 ISO 9000 族标准的理论基础，而且成为任何一个组织建立质量管理体系并有效开展质量管理工作所必须遵循的基本原则。

### 1. 以顾客为关注焦点

ISO 9000 将全面满足顾客需求作为宗旨，并规定了买卖双方的权利和义务。企业只有牢牢把握这一宗旨，以顾客需求为中心，生产出适销对路的产品才能真正赢得市场。

以顾客为关注焦点，组织依存于顾客。因此，组织应当理解顾客当前和未来的需求，满足顾客要求并争取超越顾客期望。就是一切要以顾客为中心，没有了顾客，产品销售不出去，市场自然也就没有了。所以，无论什么样的组织，都要满足顾客的需求，顾客的需求是第一位的。

要满足顾客需求，首先就要了解顾客的需求。这里说的需求，包含顾客明示的和隐含的需求，明示的需求就是顾客明确提出来的对产品或服务的要求；隐含的需求或者说是顾客的期望，是指顾客没有明示但是必须要遵守的，如法律法规的要求，还有产品相关标准的要求。另外，作为一个组织，还应该了解顾客和市场的反馈信息，并把它转化为质量要求，采取有效措施来实现这些要求。想顾客所想，这样才能做到超越顾客期望。这个指导思想不仅领导要明确，还要在全体职工中贯彻。

### 2. 重视高层领导的作用

成功实施 ISO 9000 标准，需要建立并有效运行质量管理和质量保证体系，企业高层领导应对企业的质量问题承担主要责任。

领导者确立组织统一的宗旨和方向。他们应当创造并保持使员工能充分参与实现组织目标的内部环境。作为组织的领导者，必须将本组织的宗旨、方向和内部环境统一起来，积极地营造一种竞争的机制，调动员工的积极性，使所有员工都能够在融洽的气氛中工作。

21世纪高职高专经管类专业立体化规划教材

领导者应该确立组织的统一宗旨和方向，就是所谓的质量方针和质量目标，并能够号召全体员工为组织的统一宗旨和方向努力。

领导的作用，即最高管理者应该具有决策和领导一个组织的关键作用。确保关注顾客要求，确保建立和实施一个有效的质量管理体系，确保提供相应的资源，并随时将组织运行的结果与目标比较，根据情况决定实现质量方针、目标的措施，决定持续改进的措施。在领导作风上还要做到透明、务实和以身作则。

### 3. 全员参与

全体职工是每个组织的基础。组织的质量管理不仅需要最高管理者的正确领导，还有赖于全员的参与。只有全体员工的充分参与，才能使他们的才干为组织带来收益。所以要对职工进行质量意识、职业道德、以顾客为中心的意识和敬业精神方面的教育，还要激发员工的积极性和责任感。没有员工的合作和积极参与，是不可能做出什么成绩的。

对于企业而言，应鼓励全体员工积极参与质量管理工作，具体包括以下几个方面。

(1) 承担起解决质量问题的责任。

(2) 不断增强技能、知识和经验，主动地寻找机会进行质量改进。

(3) 在团队中自由地分享知识和经验，关注为顾客创造价值。

(4) 在生产过程中对企业的质量管理目标进行不断地改进和创新，通过产品所具有的质量和个人行为向顾客和社会展示自己的企业。

(5) 从工作中能够获得满足，并为是企业的一名成员而感到骄傲和自豪。

### 4. 重视过程方法

ISO 9000 标准强调企业必须建立和完善质量体系，它把对全过程控制的思想作为其基本思想，将相关的资源和活动作为过程进行管理，可以更高效地得到期望的结果。

任何使用资源将输入转化为输出的一个活动或一组活动就是一个过程。系统地识别和管理组织所应用的过程，特别是这些过程之间的相互作用，称为"过程方法"。组织可利用过程方法达到活动有效性和效率的同时提高。

质量管理体系的四大过程是：管理职责，资源管理，产品实现，以及测量、分析和改进。以过程为基础的质量管理体系模式如图 6-1 所示。

在质量管理体系中，过程方法强调：对整个过程给予界定，以理解并满足要求和实现组织的目标；从增值的角度考虑过程；识别过程内部和外部的顾客、供方和其他受益者；识别并测量过程的输入和输出，获得过程业绩和有效性的结果；基于客观的测量进行持续的过程改进。

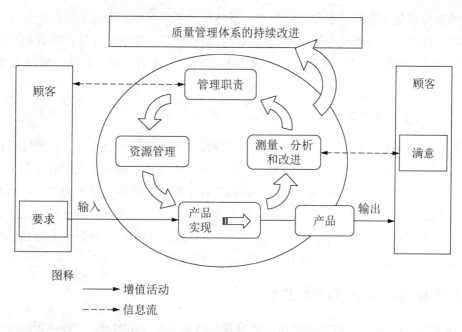

**图 6-1 以过程为基础的质量管理体系模式**

### 5. 管理的系统方法

所谓系统管理是指将相互关联的过程作为系统加以识别、理解和管理，有助于组织提高实现目标的有效性和效率。这就是通过各分系统协同作用，互相促进，使总体的作用大于各分系统作用之和。

实施系统管理的原则可达到以下效果：有利于组织制订出相关的具有挑战性的目标；使各过程的目标与组织设定的总目标相关联；对各过程的有效监督、控制和分析，可以对问题产生的原因有比较透彻的了解，并及时地进行改进和预防；协调各职能部门，减少部门之间的障碍，提高运行效率。

### 6. 持续的质量改进

ISO 9000 的核心思想之一是持续地进行质量改进，将质量改进作为完善质量体系的动力。

持续改进总体业绩应当是组织的一个永恒的目标。持续改进是"增强满足要求的能力的循环活动"。为了改进组织的整体业绩，组织应不断改进其产品质量，提高质量管理体系及过程的有效性和效率，以满足顾客和其他相关方日益增长和不断变化的需求与期望。只有坚持持续改进，组织才能不断进步。

### 7. 基于事实的决策方法

决策是组织中各级领导的职责之一。所谓决策就是针对预定目标，在一定约束条件下，从诸方案中选出最佳的一个付诸实施。达不到目标的决策就是失策。正确的决策需要领导者用科学的态度，以事实或正确的信息为基础，通过合乎逻辑的分析，做出正确的决断。

21世纪高职高专经管类专业立体化规划教材

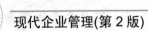

有效决策是建立在基于事实的数据和信息分析的基础上的。实施本原则至少可以为组织带来以下作用：①客观把握组织的质量状况，减少错误决策的可能性；②有利于优化资源配置，使资源的利用达到最优化；③充分发挥科学方法的作用，提高决策的效率和有效性。

### 8. 与供方互利的关系

组织与供方是相互依存的，互利的关系可增强双方创造价值的能力。随着生产社会化的不断发展，组织的生产活动分工越来越细，专业化程度越来越强。通常情况下，某一个产品不可能由一个组织从最初的原材料开始加工直至形成最终顾客使用的产品，而往往是通过多个组织分工协作来完成的。因此，绝大多数组织都有其供方。供方所提供的高质量产品是组织为顾客提供高质量产品的保证之一。组织市场的扩大，则为供方增加了更多的合作机会。所以，组织与供方的合作与交流是非常重要的。

## (四)实施 ISO 9000 标准的意义

实施 ISO 9000 标准，可以促进组织质量管理体系的改进和完善，对促进国际经济贸易活动、消除贸易技术壁垒、提高组织的管理水平都能起到良好的作用。概括起来主要有以下几方面的意义。

### 1. 有利于提高产品质量，保护消费者利益，提高产品可信程度

按 ISO 9000 标准建立质量管理体系，通过体系的有效应用，促进企业持续地改进产品和过程，实现产品质量的稳定和提高，无疑是一种对消费者利益最有效的保护，也增加了消费者选购合格供应商产品的可信程度。

### 2. 提高企业管理能力

ISO 9000 标准鼓励企业在制定、实施质量管理体系时采用过程方法，通过识别和管理众多相互关联的活动，以及对这些活动进行系统的管理和连续的监视与控制，以实现顾客能接受的产品。此外，质量管理体系提供了持续改进的框架，增加顾客(消费者)和其他相关方满意的程度。因此，ISO 9000 标准为有效提高企业的管理能力和增强市场竞争能力提供了有效的方法。

### 3. 有利于企业的持续改进和持续满足顾客的需求和期望

顾客的需求和期望是不断变化的，这就促使企业持续地改进产品和过程。而质量管理体系要求恰恰为企业改进产品和过程提供了一条有效途径。

### 4. 有利于促进国际贸易，消除技术壁垒

在国际经济技术合作中，ISO 9000 标准被作为相互认可的技术基础。ISO 9000 的质量管理体系认证制度也在国际范围中得到互认，并纳入合格评定的程序之中。世界贸易组织/技术壁垒协定(WTO/TBT)是 WTO 达成的一系列协定之一，它涉及技术法规、标准和合格评

定程序。贯彻 ISO 9000 标准为国际经济技术合作提供了国际通用的共同语言和准则；取得质量管理体系认证，已成为参与国内和国际贸易，增强竞争力的有力武器。因此，贯彻 ISO 9000 标准对消除技术壁垒，排除贸易障碍起到了十分积极的作用。

## 三、质量认证

质量认证也叫合格评定，是国际上通行的管理产品质量的有效方法。

### (一)实施质量认证的意义

实施质量认证，保护用户和消费者的利益，促进国际贸易和发展国际质量认证合作，其意义具体表现在以下几方面。

#### 1. 提高商品质量信誉和在国内外市场上的竞争力

商品在获得质量认证证书和认证标志并通过注册加以公布后，就可以在激烈的国内国际市场竞争中提高自己产品质量的可信度，有利于占领市场，提高企业经济效益。

#### 2. 提高商品质量水平，全面推动经济的发展

商品质量认证制度的实施，可以促进企业进行全面质量管理，并及时解决在认证检查中发现的质量问题；可以加强国家对商品质量进行有效的监督和管理，促进商品质量水平不断提高。同时，已取得质量认证的产品，还可以减少重复检验和评定的费用。

#### 3. 提供商品信息，指导消费，保护消费者利益，提高社会效益

消费者购买商品时，可以从认证注册公告或从商品及其包装上的认证标志中获得可靠的质量信息，经过比较和挑选，购买到满意的商品。

### (二)质量认证分类及表示方法

按认证对象的不同，质量认证分为产品质量认证和质量管理体系认证两类。

#### 1. 产品质量认证

在认证制度产生之前，卖方(第一方)为了推销其产品，通常采用"产品合格声明"的方式来博取顾客(第二方)的信任。这种方式在产品简单、不需要专门的检测手段就可以直观判别优劣的情况下是可行的。但是，随着科学技术的发展，产品品种日益增多，产品的结构和性能日趋复杂，仅凭买方的知识和经验很难判断产品是否符合要求；加之卖方的"产品合格声明"并不总是可信的，这种方式的信誉和作用就逐渐下降。这种情况下，产品质量认证制度也就应运而生。

目前，世界各国的产品质量认证一般都依据国际标准进行认证，这些标准 60%是由 ISO 制定的，20%是由 IEC(国际电工委员会)制定的，其余的 20%是由其他国际标准化组织制定的。

21世纪高职高专经管类专业立体化规划教材

产品质量认证包括合格认证和安全认证两种。依据标准中的性能要求进行认证的叫作合格认证,依据标准中的安全要求进行认证的叫作安全认证。前者是自愿的,后者是强制性的,如输美产品的 UL 认证、输欧产品的 CE 认证等均属安全认证。

**2. 质量管理体系认证**

质量管理体系认证,是依据国际通用的质量和质量管理标准,经国家授权的独立认证机构对组织的质量体系进行审核,通过注册及颁发证书来证明组织的质量体系和质量保证能力符合要求。产品质量认证和质量管理体系认证的比较如表 6-2 所示。

表 6-2　产品质量认证和质量管理体系认证的比较

| 项　目 | 产品质量认证 | 质量管理体系认证 |
|---|---|---|
| 对象 | 特定产品 | 组织的质量管理体系 |
| 获准认证条件 | 产品质量符合指定标准要求;<br>质量管理体系满足质量管理体系要求及特定产品的补充要求 | 质量管理体系满足质量管理体系要求和必要的补充要求 |
| 证明方式 | 产品认证证书、认证标志 | 质量管理体系认证(注册)证书、认证标志 |
| 证明使用 | 证书不能用于产品上,标志可用于获准认证的产品上 | 证书和标志都不能在产品上使用 |
| 性质 | 自愿性、强制性 | 自愿性 |
| 目的 | 产品认证 | 质量管理体系认证 |
| 两者关系 | 获得产品认证资格的组织一般无须再申请质量管理体系认证(除非申请的质量管理体系范围不同),但没有规定可以发两张证书 | 获得质量体系认证资格的组织可以再申请特定产品的认证,但免除对质量管理体系通用要求的检查 |

**3. 质量认证的表示方法**

质量认证有认证证书和认证标志两种表示方法。

1) 认证证书

认证证书即合格证书,是由认证机构颁发给组织的一种证明文件,证明某项产品或服务符合特定标准或技术规范。认证证书的内容至少应包括:证书编号、认证依据的法规文件和编号、企业名称、产品名称、型号、规格或等级、采用标准的名称和编号、有效期、认证机构名称、印章及颁发日期。

2) 认证标志

认证标志即合格标志,是由认证机构设计并发布的一种专用标志,用以证明某项产品或服务符合特定标准或技术规范。经认证机构批准,使用在每台(件)出厂的认证合格产品上。认证标志是质量标志,通过质量标志可以向购买者传递正确可靠的质量信息,帮助购买者识别认证的商品与非认证的商品,指导购买者选购自己满意的商品。

### (三)企业申请质量认证的条件

企业开展质量认证是为了保证产品质量，提高产品信誉，保护用户和消费者的利益，促进国际贸易和发展经贸合作。这个认证目的非常清楚地说明，企业要开展认证，必须具备条件。

#### 1. 质量管理体系认证必须具备的条件

质量管理体系认证必须具备以下两个条件。

(1) 中国企业持有工商行政管理部门颁发的"企业法人营业执照"，外国企业持有部门机构的登记注册证明。

(2) 企业已按 ISO 9000 族标准中的质量管理体系要求建立和实施可文件化的质量管理体系。

#### 2. 产品质量认证必须具备的条件

产品质量认证必须具备以下四个条件。

(1) 中国企业持有工商行政管理部门颁发的"企业法人营业执照"；外国企业持有部门机构的登记注册证明。

(2) 产品质量稳定，能正常批量生产。质量稳定是指产品在一年以上连续抽查合格。小批量生产的产品，不能代表产品质量的稳定情况，必须正式成批生产产品的企业，才有资格申请认证。

(3) 产品符合国家标准、行业标准及其补充技术要求，或符合标准化行政主管部门确认的标准。产品是否符合标准需由国家质量技术监督局确认和批准的检验机构进行抽样调查予以证明。

(4) 生产企业建立的质量管理体系符合 GB/T 9001(idtISO 9001)族中质量管理的要求。建立适用的质量管理体系，并使其有效运行。

具备以上四个条件，企业即可向国家认证机构申请产品认证。一般来说，已批量生产的企业大多数已经具备了前三个条件，后一个条件是要努力创造的。

### (四)ISO 9000 质量认证的步骤

根据许多公司的贯彻质量标准经验，企业可采取以下几个步骤进行 ISO 9000 质量认证。

#### 1. 培训教育，提高全员参与质量管理的意识

推行 ISO 9000 标准需要企业上下全体员工积极参与，每一位员工都必须有责任感，企业应围绕 ISO 9000 标准展开教育培训活动。

#### 2. 编制公司的质量文件

质量文件包括公司的质量政策、质量责任和质量保证体系的要求以及标准工作程序等。

21世纪高职高专经管类专业立体化规划教材

### 3. 按标准程序的要求进行反复的检查审核

在推行 ISO 9000 质量保证制度的过程中，为检查和促进公司整个质量体系工作真正按 ISO 9000 的要求运作，要求进行不断地检查审核，包括内部质量审核和请顾问公司咨询审核。

### 4. 取得正式认证

通过多次预审和最后的评审后企业才能领取到 ISO 9000 质量认证书。

### 5. 获证后的工作

获取 ISO 9000 认证不是一劳永逸的事，企业应将其精神进一步贯彻落实到质量管理的具体工作中，要不断地总结经验并将之文件化。获证后，有关部门还会进行抽查，因此应将贯彻质量标准活动持续不断地进行下去。

ISO 9000 质量体系的认证程序如图 6-2 所示。

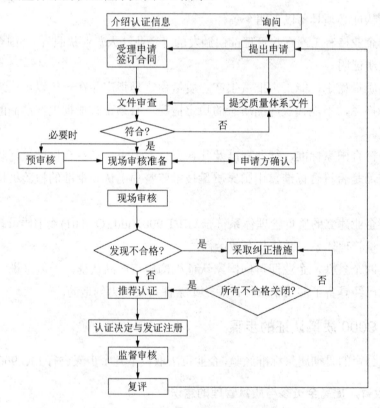

**图 6-2　ISO 9000 质量体系的认证程序**

## 四、全面质量管理

### (一)全面质量管理的概念

全面质量管理就是以质量为中心，全体职工和有关部门积极参与，把专业技术、经济管理、数理统计和思想教育结合起来，建立起产品的研究、设计、生产、服务等全过程的质量体系，从而有效地利用人力、物力、财力和信息等资源，以最经济的手段生产出顾客满意、组织及其全体成员以及社会都得到好处的产品，从而使组织获得长期成功和发展。

## (二)全面质量管理的特点

全面质量管理的内涵和原理决定了它的特点是"三全"，即全员性、全过程、全企业(范围)的质量管理。

### 1. 全员性的质量管理

产品质量的优劣，取决于企业全体人员的工作质量水平，提高产品质量必须依靠企业全体人员的努力。企业中任何人的工作都会在一定范围和一定程度上影响产品的质量。显然，过去那种依靠少数人进行质量管理是很不得力的。因此，全面质量管理要求不论是哪个部门的人员，也不论是厂长还是普通职工，都要具备质量意识，都要承担具体的质量职能，积极关心产品质量。

### 2. 全过程的质量管理

所谓的全过程是相对制造过程而言的，就是要求把质量管理活动贯穿于产品质量产生、形成和实现的全过程，全面落实预防为主的方针，逐步形成一个包括市场调研、开发设计直至销售服务全过程所有环节的质量保证体系，把不合格品消灭在质量形成过程之中，做到防患于未然。

### 3. 全企业的质量管理

全企业的质量管理主要是从组织管理的角度来考虑如何进行质量管理，其基本含义是要求企业各管理层次都有明确的质量管理活动内容。

## (三)全面质量管理的内容

全面质量管理过程的全面性，决定了全面质量管理的内容应当包括设计过程、制造过程、辅助过程和使用过程四个过程的质量管理。

### 1. 设计过程质量管理的内容

产品设计过程的质量管理是全面质量管理的首要环节。这里所指的设计过程，包括市场调查、产品设计、工艺准备、试制和鉴定等过程(即产品正式投产前的全部技术准备过程)。产品设计质量管理的主要工作内容包括通过市场调查研究，根据用户要求、科技情报与企业的经营目标，制定产品质量目标；组织由销售、使用、科研、设计、工艺、制度和质管等多部门参加的审查和验证，确定适合的设计方案；保证技术文件的质量；做好标准化的审查工作；督促遵守设计试制的工作程序等。

21世纪高职高专经管类专业立体化规划教材

### 2. 制造过程质量管理的内容

制造过程是指对产品直接进行加工的过程。它是产品质量形成的基础，是企业质量管理的基本环节。它的基本任务是保证产品的制造质量，建立一个能够稳定生产合格品和优质品的生产系统。产品制造过程质量管理的主要工作内容包括组织质量检验工作；组织和促进文明生产；组织质量分析，掌握质量动态；组织工序的质量控制，建立管理点等。

### 3. 辅助过程质量管理的内容

辅助过程是指为保证制造过程正常进行而提供各种物资技术条件的过程。它包括物资采购供应、动力生产、设备维修、工具制造、仓库保管和运输服务等。辅助过程质量管理的主要工作内容包括：做好物资采购供应(包括外协准备)的质量管理，保证采购质量，严格入库物资的检查验收，按质、按量、按期地提供生产所需要的各种物资；组织好设备维修工作，保持设备良好的技术状态；做好工具制造和供应的质量管理工作等。

### 4. 使用过程质量管理的内容

使用过程是考验产品实际质量的过程，它是企业内部质量管理的继续，也是全面质量管理的出发点和落脚点。这一过程质量管理的基本任务是提高服务质量，包括售前服务和售后服务，保证产品的实际使用效果，不断促使企业研究和改进产品质量。使用过程质量管理的主要工作内容有：开展技术服务工作，处理出厂产品质量问题；调查产品使用效果和用户要求。

【同步阅读 6-2】

## 降落伞的真实故事

这是一个发生在第二次世界大战中期，美国空军和降落伞制造商之间的真实故事。在当时，降落伞的安全度不够完美，即使经过厂商努力改善，使得降落伞制造商生产的降落伞的良品率达到 99.9%(应该说这个良品率即使现在许多企业也很难达到)，但是美国空军却对此公司说 No，他们要求所交降落伞的良品率必须达到 100%。于是降落伞制造商的总经理便专程去飞行大队商讨此事，看是否能够降低这个水准？因为厂商认为，能够达到这个程度已接近完美了，没有什么必要再改。当然美国空军一口回绝，因为品质没有折扣。

感想：许多人做事时常有"差不多"的心态，对于领导或是客户所提出的要求，即使是合理的，也会觉得对方吹毛求疵而心生不满，认为差不多就行。

或许我们应该站在消费者的角度想一想：买回的酵母做的馒头里吃出一根头发，会是什么滋味？我们也许会说：10 万袋酵母只有一袋里有一根头发，有什么大惊小怪的。这对生产者来说是十万分之一，但对于吃到头发的消费者来说却是 100%。试想，如果什么事情只有 99.9%的成功率，那么每年会有 20 000 次配错药事件；每年 15 000 名婴儿出生时会被抱错；每星期会有 500 宗做错手术事件；每小时会有 2000 封信邮寄错误。看了这些数据，我们肯定都希望全世界所有的人都能在工作中做到 100%。因为我们是生产者，同时我们也是消费者。

更重要的是，我们因此而感到每天的忙碌工作有意义，而不是庸庸碌碌地只想混一口饭吃。

### (四)全面质量管理的基本工作方法——PDCA 管理循环

#### 1. PDCA 管理循环的概念

全面质量管理活动的全部过程，就是质量计划的制订和组织实现的过程。这个过程就是按照 PDCA 管理循环，不停顿地、周而复始地运转的。

PDCA 管理循环也叫作"戴明环"。PDCA 四个英文字母在 PDCA 循环中所代表的含义如下。

(1) P(Plan)——计划，确定方针和目标，确定活动计划。

(2) D(Do)——执行，实地去做，实现计划中的内容。

(3) C(Check)——检查，总结执行计划的结果，注意效果，找出问题。

(4) A(Action)——处理，对检查的结果进行处理，成功的经验加以肯定并适当推广、标准化；失败的教训加以总结，以免重现，未解决的问题放到下一个 PDCA 循环。

#### 2. PDCA 管理循环的基本方法

PDCA 管理循环作为全面质量管理体系运转的基本方法，它包括四个阶段、八个步骤，如图 6-3 所示。

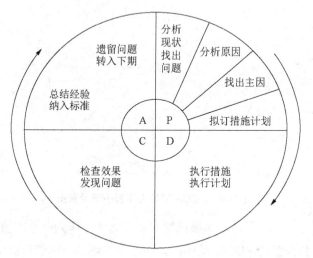

图 6-3　PDCA 循环的四个阶段、八个步骤的示意图

1) P 阶段的四个步骤

(1) 分析现状，找出所存在的质量问题。对找到的问题要问三个问题：①这个问题可不可以解决？②这个问题可不可以与其他工作结合起来解决？③这个问题能不能用最简单的方法解决而又能达到预期的效果？

(2) 分析产生问题的原因或影响因素。

(3) 找出原因(或影响因素)中的主要原因(影响因素)。

(4) 针对主要原因制订解决问题的措施计划。措施计划要明确采取该措施的原因(Why)，执行措施预期达到的目的(What)，在哪里执行措施(Where)，由谁来执行(Who)，何时开始执行和何时完成(When)，以及如何执行(How)，通常简称为要明确 5W1H 问题。

2) D 阶段有一个步骤

按制订的计划认真执行。

3) C 阶段有一个步骤

检查措施执行的效果。

4) A 阶段的两个步骤

(1) 巩固提高，就是把措施计划执行成功的经验进行总结并整理成为标准，以巩固提高。

(2) 把本工作循环没有解决的问题或出现的新问题，提交下一工作循环去解决。

### 3. PDCA 管理循环的特点

PDCA 管理循环具有以下几个方面的特点。

(1) 该循环一定要顺序形成一个大圈，四个阶段不停地转，如图 6-4 所示。

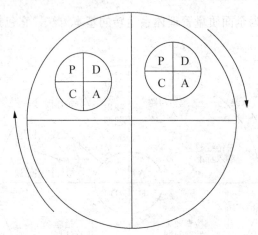

图 6-4  PDCA 循环大环套小环示意图

(2) 大环套小环，互相促进。如果把整个企业的工作作为一个大的 PDCA 循环，那么各部门、小组还有各自小的 PDCA 循环，大环带动小环，一级带一级，大环指导和推动着小环，小环又促进着大环，有机地构成一个运转的体系。

(3) 循环上升。PDCA 循环不是到 A 阶段结束就算完结，而是又要回到 P 阶段开始新的循环，就这样不断旋转。循环的转动不是在原地转动，而是每转一圈都有新的计划和目标。犹如爬楼梯一样逐步上升，使质量水平不断提高。PDCA 循环上升示意如图 6-5 所示。

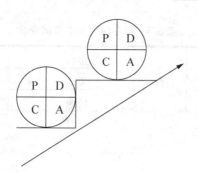

图 6-5    PDCA 循环上升示意图

在解决问题过程中,常常不是一次 PDCA 循环就能够完成的,需要将循环持续下去,直到彻底解决问题。每经历一次循环需要将取得的成果加以巩固,也就是修订和提高标准。按照新的更高的标准衡量现状,必然会发现新的问题,这也是为什么必须将循环持续下去的原因和方法。每经过一个循环,质量管理就会达到一个更高的水平,不断坚持 PDCA 循环就会使质量管理不断取得新成果。

PDCA 循环实际上是有效进行任何一项工作的合乎逻辑的工作程序,在质量管理中得到了广泛的应用,并取得了很好的效果,因此有人称它是质量管理的基本方法。

## 五、质量管理中常用的统计方法

在质量管理中,经常要用到一些方法和工具。目前较常用的七种工具,即调查表法、数据分层法、因果分析图法、排列图法、散布图法、直方图法和控制图法。

### (一)调查表法

#### 1. 调查表法的含义

调查表法又称检查表、统计分析表,它是利用统计表来进行数据整理和粗略原因分析的一种方法。调查表法是运用实事求是的原则,一切用事实和数据说话的原理,系统地收集资料、积累数据、确认事实并对资料进行整理和分析后绘制的统计表。

调查表法是最为基本的质量原因分析方法,也是最为常用的方法。在实际工作中,经常把调查表法和数据分层法结合起来使用,这样可以把可能影响质量的原因调查得更为清楚。需要注意的是,调查表法必须针对具体的产品设计出专用的调查表进行调查和分析。

#### 2. 调查表的常用类型

1)    缺陷位置调查表

若要对产品各个部位的缺陷情况进行调查,可将产品的草图或展开图画在调查表上,当某种缺陷发生时,可采用不同的符号或颜色在发生缺陷的部位上标出。通过在草图上划分缺陷分布情况区域,可进行分层研究。分区域要尽可能等分。缺陷位置调查表的一般格式如表 6-3 所示。

表 6-3　某企业缺陷位置调查表

| 名　称 | | 调查项目 | 尘粒 | 日　期 | |
|---|---|---|---|---|---|
| 代　号 | | | 流漆 | 检查者 | |
| 工序名称 | 喷漆 | | 色斑 | 制表者 | |

(简图位置)

△尘粒
×流漆
●色斑

2)　不合格品统计调查表

不合格品统计调查表用于调查产品质量发生了哪些不良情况及其各种不良情况的比率大小。以内燃机车修理厂柴油机总装工段一次组装不合格的返修为例，其不合格品统计调查表如表 6-4 所示。

表 6-4　内燃机车修理厂不合格品统计调查表

| 名　称 | 柴油机 | 项目数 | 7 | 日　期 | 年 月 日 |
|---|---|---|---|---|---|
| 代　号 | | 不良件数 | 208 台 | 检查人 | |
| 工段名称 | 总装工段 | 检查数 | 310 台 | 制表人 | |

| 返修项目名称 | 频　数 | 小　计 | 占返修活比率% |
|---|---|---|---|
| 气缸内径椭圆度超差 | | 72 | 34.6 |
| 进水管漏水 | | 46 | 22.1 |
| 凸轮轴超差 | | 30 | 14.5 |
| 检爆阀座漏水 | | 24 | 11.5 |
| 出水管漏水 | | 12 | 5.8 |
| 栽丝漏水 | | 10 | 3.8 |
| 其他 | | 14 | 7.7 |
| 总计 | | 208 | 100 |

3)　不良原因调查表

要弄清楚各种不良品发生的原因，就需要按设备、操作者和时间等标志进行分层调查，填写不良原因调查表，如表 6-5 所示。

表6-5 不良原因调查表

| 年 月 日 | | |
|---|---|---|
| 品名： | 工厂名： | |
| 工序：最终检验 | 部门：制造部 | |
| 不合格种类： | 检验员： | |
| 检查总数：2530 | 批号：14-8-6 | |
| 备注：全数检验 | 合同号：14-5-3 | |
| 不合格种类 | 检查结果 | 小计 |
| 表面缺陷 | 正正正正正正正一 | 36 |
| 砂眼 | 正正正正 | 20 |
| 加工不合格 | 正正正正正正正正正一 | 46 |
| 形状不合格 | 正 | 5 |
| 其他 | 正正 | 10 |
| | 总计 | 117 |

### 3. 制作步骤

调查表的制作步骤如下。

(1) 确定搜集资料的具体目的。

(2) 确定为达到目的所需搜集的数据资料。

(3) 确定对资料的分析方法、所采用的统计工具。

(4) 根据不同目的，设计用于记录资料的调查表格式。

(5) 用收集和记录的部分资料进行表格试用，目的是检查表格设计的合理性。

(6) 如有必要，应评审和修改调查表。

## (二)数据分层法

### 1. 数据分层法的含义

数据分层法又叫作分类法、分组法，是分析影响质量(或其他问题)原因的方法。我们知道，如果把很多性质不同的原因搅在一起，是很难理出头绪的。数据分层法是把收集的数据按照不同的目的加以分类，把性质相同且在同一生产条件下收集的数据归在一起。这样，可使数据反映的事实更明显、更突出，便于找出问题，对症下药。

### 2. 分类方法

数据分层可根据实际情况按多种方式进行。例如，按不同时间、不同班次进行分层；按使用设备的种类进行分层；按原材料的进料时间、原材料成分进行分层；按检查手段、使用条件进行分层；按不同缺陷项目进行分层等。数据分层法经常与统计分析表结合使用。

21世纪高职高专经管类专业立体化规划教材

### 3. 应用步骤

数据分层法的应用步骤如下。

(1) 收集数据。

(2) 将收集到的数据根据不同目的按照分层原则选择分层类别。

(3) 将数据按待定的分层类别进行分层。

(4) 将数据按层进行归类。

(5) 根据归类结果画出分层归类图或表。

(6) 根据归类图或表寻找规律，发现问题。

## (三)因果分析图法

### 1. 因果分析图法的含义

因果分析图又称鱼骨图、鱼刺图、石川图，由日本著名的质量管理专家石川兴发明。因果图是用来思考和显示已知结果及潜在原因之间关系的图，通过对因果关系进行分析和表达，便于解决问题。

因果分析图是以结果作为特性，以原因作为因素，在它们之间用箭头联系表示因果关系。因果图是一种充分发动员工动脑筋、查原因、集思广益的好办法，也特别适合于在工作小组中实行质量的民主管理。当出现了某种质量问题且未搞清楚原因时，可针对问题发动大家寻找可能的原因，使每个人都畅所欲言，把所有可能的原因都罗列出来。

### 2. 绘制步骤

一般而言，因果图的绘制步骤如下。

(1) 简明扼要地规定结果。

(2) 规定可能原因的主要类别。

(3) 在右边方框里画出结果，在左边画出主要类别，作为结果框的输入。

(4) 寻找所有下层次的原因，并画在相应的主枝上，然后继续寻找。

(5) 从最高层次原因中选取和识别少量的、看起来对结果影响最大的原因，并对它们开展进一步的研究。

### 3. 因果分析图的应用

因果分析图如图 6-6 所示。

从图 6-6 可见，首先要画一个粗箭头，把问题放到右边，作为结果框的输出。例如，活塞杆弯曲，需要从人、材料、方法、机器等方面进行分析，每一个问题再逐一细查原因，步步深化。

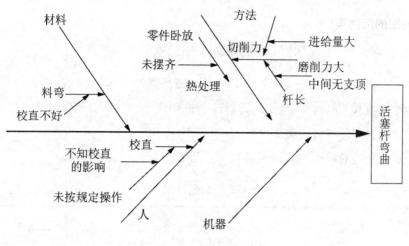

图6-6　因果分析图

## (四)排列图法

### 1. 排列图的含义

排列图又称为柏拉图、帕累托图，是19世纪意大利经济学家柏拉图(Pareto)发明的。柏拉图最早用排列图分析社会财富分布的状况，后来人们发现很多场合都符合这一规律，于是称之为柏拉图。

排列图是将质量改进项目从最重要到最次要顺序排列的一种图表，是由一个横坐标、两个纵坐标、几个按高低顺序排列的矩形和一条累计百分比折线组成，分为分析现象用排列图和分析原因用排列图。

### 2. 制作步骤

排列图的制作步骤如下。

(1) 收集数据，即在一定时期里收集有关产品质量问题的数据。例如，可收集1个月、3个月或半年时期内的废品或不合格品的数据。

(2) 进行分层，列成数据表。即将收集到的数据资料按不同的问题进行分层处理，每一层也可称为一个项目；然后统计各类问题(或每一项目)反复出现的次数(即频数)；按频数的大小，依次列成数据表，作为计算和作图时的基本依据。

(3) 进行计算。即根据数据，相应地计算出每类问题在总问题中的百分比，然后计算出累计百分数。

(4) 作排列图。即根据计算结果进行作图。需要注意的是，累计百分率应标在每一项目的右侧，然后从原点开始，点与点之间以直线连接，从而做出帕累托曲线。

### 3. 排列图的应用案例

**快速热水器的排列图**

2012 年，台州某热水器厂商开发出了一种快速热水器产品，这种热水器打开 5 分钟后，即可将水加热，而且可以持续 24 小时源源不断地供应热水。但在试验过程中，出现了一个问题，即关键发热零件有时会突然烧掉。

要查出上述问题的原因，可以用排列图表进行分析，如表 6-6 所示。

表 6-6　排列图分析表

| 名　称 | 频　数 | 累计频数 | 累计频率 |
|--------|--------|----------|----------|
| 拉弧 | 251 | 251 | 76.9% |
| 功率不合格 | 37 | 288 | 88.3% |
| 掉膜 | 16 | 304 | 93.3% |
| 端面不平 | 10 | 314 | 96.3% |
| 其他 | 12 | 326 | |

从表 6-6 可见，首先，统计最近发生的所有问题，查出各种制品中共 326 个残缺品；其次，逐项进行分类，例如，拉弧一项就占了 251 个，功率不合格占了 37 个，发热膜脱落有 16 个，端面不平有 10 个，还有 12 个是由于其他原因引起的。再次，做一个累计评定，将各项累计频数和累计频率计算出来。

数据计算出来后，排列图就基本完成，如图 6-7 所示。

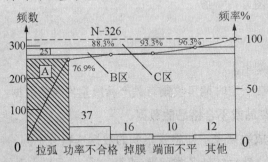

图 6-7　排列图

排列图的目的在于抓住关键的少数。从图 6-7 中可以看出，80%左右的区域是 A 区，80%～90%是 B 区，90%～100%是 C 区。因拉弧不合格占生产总数的 10.3%，占缺陷总数的比率为 76.9%，是诸多质量问题中的首要问题，属于 A 区，应该首先加以解决。

## (五)散布图法

### 1. 散布图的含义

散布图又叫作相关图，是将两个可能相关的变数资料用点画在坐标图上，用成对的资料之间是否有相关性。通过对其观察分析，来判断两个变数之间的相关关系。这种关系在生产中也是常见的，例如，热处理时淬火温度与工件硬度之间的关系，某种元素在材料中的含量与材料强度的关系等。这种关系虽然存在，但又难以用精确的公式或函数表示的情况，使用相关图来分析就很方便。

假定有一对变数 $x$ 和 $y$，$x$ 表示影响因素，$y$ 表示某一质量特征值，通过实验或收集到的 $x$ 和 $y$ 的资料，用点表示出来，根据点的分布特点，就可以判断 $x$ 和 $y$ 的相关情况。在我们的生活及工作中，各种现象和原因，有的呈规则的关联，有的呈不规则的关联。我们要了解它们，就可借助散布图统计方法来判断它们之间的相关关系。

### 2. 制作步骤

散布图的制作步骤如下。

(1) 搜集数据资料。对欲进行研究的两组数据用备好的检查表搜集成对数据(至少30 对)。

(2) 画出长度大致相等的横轴与纵轴，记上组的名称、计量单位，作好尺度标记。

(3) 按成对数据在图上绘点。

(4) 分析各点的散布状态，考察二者是否具有相关关系及其相关程度，必要时须通过相关系数的计算或其他判定方法予以判定。

### 3. 散布图的判断

典型的散布图如图 6-8 所示。

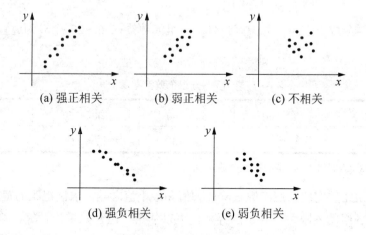

图 6-8　典型的散布图

(1) 正相关——$x$ 变量增加时，$y$ 变量亦增加，点子有逐渐上升趋势，称之为正相关。

(2) 负相关——$x$ 变量增加时，$y$ 变量却减少，点子有逐渐下降趋势，称之为负相关。

(3) 不相关——当 $x$ 变量增加时，$y$ 的变量并未随之增加，点子没有上升或下降趋势，称为不相关。

## (六)直方图法

### 1. 直方图的含义

直方图又称为质量分布图、柱状图，是一种几何形图表，它是根据从生产过程中收集来的质量数据分布情况，画成以组距为底边、以频数为高度的一系列连接起来的直方型矩形图。用直方图可以将杂乱无章的资料解析出规则性，比较直观地看出产品质量特性的分布状态，对于资料中心值或分布状况一目了然，便于判断其总体质量的分布情况。

作直方图的目的就是通过观察图的形状，判断生产过程是否稳定，预测生产过程的质量。具体来说，作直方图的目的有：显示质量波动的状态；较直观地传递有关过程质量状况的信息；通过研究质量波动状况，掌握过程的状况，从而确定在什么地方集中力量进行质量改进工作。

### 2. 制作步骤

直方图的制作步骤如下。

(1) 集中和记录数据，求出其最大值和最小值。数据的数量应在 100 个以上，在数量不多的情况下，至少也应在 50 个以上。

(2) 将数据分成若干组，并做好记号。各组的数量在 6～20 个较为适宜。分组个数可参考表 6-7。

表 6-7　分组个数参考表

| 数据个数 N | 50～100 | 100～250 | 250 以上 |
|---|---|---|---|
| 适当的分组个数 K | 6～10 | 7～12 | 10～20 |

注：$K=1+3.32\text{Lg}N$（$N$ 代表收集的数据总数）。

(3) 计算组距的宽度。用组数去除最大值和最小值之差，求出组距的宽度。

(4) 计算各组的界限位。各组的界限位可以从第一组开始依次计算，第一组的下界为最小值减去组距的一半，第一组的上界为其下界值加上组距；第二组的下界限位为第一组的上界限值，第二组的下界限值加上组距，就是第二组的上界限位，依次类推。

(5) 统计各组数据出现频数，作频数分布表。

(6) 作直方图。以组距为底长，以频数为高，作各组的矩形图。

### 3. 直方图的类型分析

(1) 标准型(对称型)。数据的平均值与最大和最小值的中间值相同或接近，平均值附近的数据频数最多，频数在中间值两边缓慢下降，并且以平均值为中心左右对称。这种形状是最常见的，如图 6-9(a)所示。

(2) 锯齿型。作频数分布表时，如分组过多，会出现此种形状。另外，当测量方法有问题或读错测量数据时，也会出现这种形状，如图 6-9(b)所示。

(3) 偏态型。数据的平均值位于中间值的左侧(或右侧)，从左至右(或从右至左)，数据分布的频数增加后突然减少，形状不对称，如图 6-9(c)所示。

(4) 平顶型。当几种平均值不同的分布混在一起，或某种要素缓慢变化时，常出现这种形状，如图 6-9(d)所示。

(5) 双峰型。靠近直方图中间值的频数较少，两侧各有一个"峰"，如图 6-9(e)所示。当两种不同的、平均值相差大的分布混在一起时，常出现这种形状。

(6) 孤岛型。在标准型的直方图的一侧有一个"小岛"，如图 6-9(f)所示。出现这种情况是夹杂了其他分布的少量数据，如工序异常、测量错误或混有另一分布的少量数据。

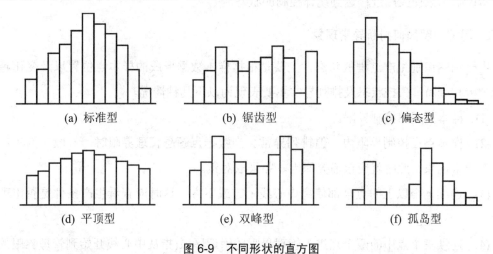

(a) 标准型　　　　(b) 锯齿型　　　　(c) 偏态型

(d) 平顶型　　　　(e) 双峰型　　　　(f) 孤岛型

图 6-9　不同形状的直方图

## (七)控制图法

### 1. 控制图的含义

控制图又叫作管制图，是对过程质量特性进行测定、记录、评估，从而监察过程是否处于控制状态的一种用统计方法设计的图。控制图用来区分引起质量波动的原因是偶然的还是系统的，可以提供系统原因存在的信息，从而判断生产过程是否处于受控状态。

图 6-10 上有三条平行于横轴的直线：中心线 CL、上控制线 UCL 和下控制线 LCL，并有按时间顺序抽取的样本统计量数值的描点序列。UCL、CL、LCL 统称为控制线，通常控制界限设定在±3 标准差的位置。中心线是所控制的统计量的平均值，上下控制界限与中心线相距数倍标准差。若控制图中的描点落在 UCL 与 LCL 之外或描点在 UCL 和 LCL 之间的排列不随机，则表明过程异常。

21世纪高职高专经管类专业立体化规划教材

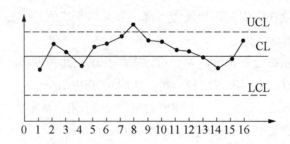

图 6-10　控制图( UCL= μ+3σ，CL=μ，LCL=μ-3σ)

### 2. 绘制控制图的目的

通过观察控制图上产品质量特性值的分布状况，分析和判断生产过程是否发生了异常，一旦发现异常就要及时采取必要的措施加以消除，使生产过程恢复稳定状态。同时，也可以应用控制图来使生产过程达到统计控制的状态。

### 3. 用控制图如何判断异常现象

用控制图识别生产过程的状态，主要是根据样本数据形成的样本点位置以及变化趋势进行分析和判断。失控状态及排列异常主要表现为以下几种情况。

(1) 样本点超出控制界限。

(2) 样本点在控制界限内，但排列异常。当数据点超越管理界限时，一般认为生产过程存在异常现象，此时就应该追究原因，并采取对策。

(3) 连续七个以上的点全部偏离中心线上方或下方，这时应查看生产条件是否出现了变化。

(4) 连续三个点中的两个点进入管理界限的附近区域(指从中心线开始到管理界限的三分之二以上的区域)，这时应注意生产的波动度是否过大。

(5) 点相继出现向上或向下的趋势，表明工序特性在向上或向下发生着变化。

(6) 点的排列状态呈周期性变化，这时可对作业时间进行层次处理，重新制作控制图，以便找出问题的原因。

控制图对异常现象的揭示能力，将根据数据分组时各组数据的多少、样本的收集方法、层别的划分不同而不同。需要注意的是不应仅仅满足于对一份控制图的使用，而应变换各种各样的数据收取方法和使用方法，制作出各种类型的图表，这样才能收到更好的效果。

# 本章知识结构图

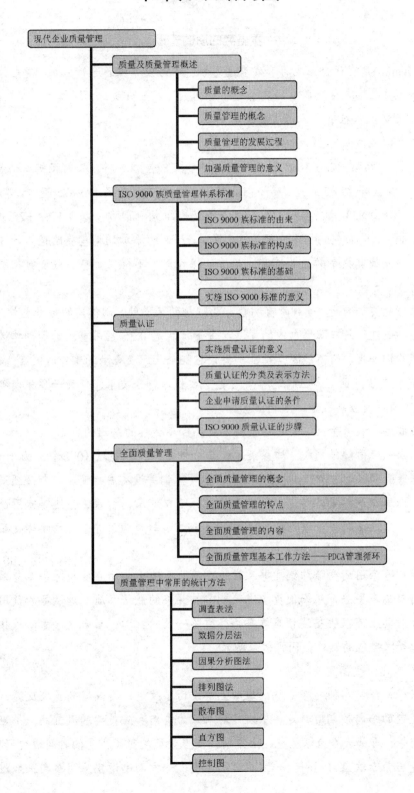

# 扩 展 阅 读

## 麦当劳的质量管理

质量(Quality)是现代企业生存和发展的基础。作为世界级的连锁企业，麦当劳对产品质量有着严格的要求，有时对质量的要求近乎苛刻。

1. 严格制定操作标准，保持质量稳定

1) 在制作规格工艺上，麦当劳的规定

(1) 肉饼。所用牛肉为100%的纯牛肉，不能有任何添加料。牛肉经机器切制成肉饼，每块肉饼重1.6盎司(约45克)，1磅牛肉必须出10块肉饼，直径为3.875英寸，厚度为0.222英寸。肉饼成分由83%的肩肉和17%的上等五花肉组成，脂肪含量为17%～20.5%。

(2) 面包。小圆面包的标准直径为3.5英寸，烤制时添加的糖量要比精心计算的标准稍高，这样，才能使其提早转变为棕色。此外，操作员工不得在面包上按任何指坑，否则必须丢弃不用。

(3) 汉堡包类。例如，一种带有莴苣和西红柿的汉堡包，制作前的标准重量为0.25磅，又称1/4磅汉堡包；所有汉堡包中的洋葱丝含量只能是0.25盎司重；厨师制作汉堡包时必须按规定动作翻个儿，而不能随意往上一抛让它翻个儿；麦香鱼的制作时间在3分45秒左右，误差仅为5秒；巨无霸上的芝麻必须是178粒才符合要求；任何一项牛肉食品，都必须经过40多项质量控制检查，方能出售。

2) 在成品存放保管上，麦当劳坚持不卖品位不达标的东西的规定

主要食品一旦出炉或制成，炸薯条超过7分钟、汉堡包超过10分钟、咖啡超过30分钟、苹果派或菠萝派超过90分钟而未售出，尽管它们并没有腐烂变质，都必须毫不吝惜地予以扔掉，以保证这些食品味道的鲜美和纯正。可口可乐、雪碧、芬达等专用饮料，温度控制在4℃，热红茶则必须控制在40℃以上再销售，软包装鲜牛奶、咖啡等也都有严格的温度控制。

麦当劳炸薯条用的电脑炸锅能够及时、准确地反映出热油温度与薯条本身温度的理想差值，并自动鸣声警告，从而使员工准确判定炸薯条的最佳品质。该设备的使用，完全消除了麦当劳对其上万家快餐连锁店炸薯条品质不一致的担心。后来这一方法被推广到麦香鱼、麦香鸡等汉堡包的制作，同样效果明显。

2. 不断改进，提高质量

在麦当劳，任何品种的汉堡包，基本上都经历了改进、再改进的多次反复。例如，普通牛肉汉堡包的牛肉早期用料是碎牛肉，后来改为肩肉和五花肉的混制品；早期为鲜肉，后改为冻肉等。再如麦香鱼汉堡包，上市前，麦当劳足足花了半年的时间进行研究和实验。头三个月麦当劳专攻鱼肉用料，一方面自己开发，一方面邀请供应商参与。经过多次择优

汰劣，从比目鱼和鳕鱼之间遴选了后者。后来根据市场试销情况的变化，最终采用的是一种大西洋白鱼。后三个月，麦当劳则为鱼应当如何烹制，如油煎多久、肉厚多少、佐料调配以及鱼肉表层裹用哪种面粉而绞尽脑汁，费尽周折。

麦当劳公司在其发展的第一个十年中，总共花费了约 300 万美元改进炸薯条的品质。起初，即便是品种、品级完全相同的薯条，炸出来后也总是有时好吃、有时难吃。为此，克罗克还专门咨询了美国土豆和洋葱协会。经有关专家反复分析，无意中发现用未封口的麻袋储存的土豆炸出来更好吃，原来是因微风吹干土豆，令其水分挥发使糖分转变成淀粉，在炸制时，不会因糖分过多而造成表皮过焦，外熟内生。找到原因后，麦当劳便开始在地下室存放土豆，并安装风扇送风。后来，又经过苦心研究、反复测试，最终确定土豆的最佳存放时间为 3 周。

1957 年，麦当劳在芝加哥郊区建立了美国快餐史上第一个食品实验室，重点研究土豆在炸制过程中的温度变化。一年后，取得突破性成果。他们发现，把任何一袋又冷又湿的生薯条投入 163℃的油锅中，都会使油温急速下降，然后会逐渐回升。研究发现，不论油温降至多少，只要当其回升至仅比薯条温度低 16℃时，炸薯条的品味便处于最佳状态。随后，麦当劳成功研制出能够自动控制 16℃差值的电脑炸锅。20 世纪 60 年代，麦当劳又在加州建立了一个冷冻薯条实验室，进一步投放巨资解决了土豆越春储存的难题。经反复尝试，取得巨大成功。其方法是：将土豆去皮、切条，并立刻风干，再稍加过油，然后予以冷冻。

实践证明，麦当劳旨在提高质量所进行的每一次改革、每一项实验，都使其产品及服务质量更上一层楼。不断推出的每项精品，也为其严格操作标准化做出了最佳的诠释，并保证了其产品的销售量及利润。

(资料来源：张来顺. 管理学[M]. 长沙：湖南师范大学出版社，2011.)

# 同 步 测 试

## 一、单项选择题

1. 质量定义中"特性"的含义指(　　)。

    A. 固有的　　　　B. 赋予的　　　　C. 潜在的　　　　D. 明示的

2. 质量管理工作的关键在于(　　)。

    A. 工会　　　　B. 领导　　　　C. 质量管理办公室　　　　D. 质量检验

3. 下列常用工具中，可用于明确"关键的少数"的是(　　)。

    A. 直方图　　　　B. 因果图　　　　C. 排列图　　　　D. 调查表

4. 在 PDCA 循环四个阶段中，把成功的经验加以肯定，制定成标准、规程、制度的阶段是(　　)。

    A. P 阶段　　　　B. D 阶段　　　　C. C 阶段　　　　D. A 阶段

21 世纪高职高专经管类专业立体化规划教材

5. 质量方针是由企业的(　　)正式发布的该组织的总的质量宗旨和质量方向。

    A. 领导　　　　　　　　　　　　B. 质量管理部门

    C. 最高管理者　　　　　　　　　　D. 总经理

## 二、多项选择题

1. "以质量为中心,领导重视,组织落实,体系完善"是对(　　)的质量管理的概括。

    A. 全员　　　　　B. 全过程　　　　C. 全企业　　　　　　D. 多方法

2. 因果图又称为(　　)。

    A. 石川图　　　　B. 鱼刺图　　　　C. 特性要因图　　　　D. 调查图

3. 全面质量管理包括(　　)。

    A. 设计过程　　　　　　　　　　B. 制造过程

    C. 辅助过程　　　　　　　　　　D. 使用过程的质量管理

4. 分层法是分析影响质量原因的方法,可以按照(　　)方法分层。

    A. 按不同的操作者　　　B. 按机器设备　　　C. 按操作方法

    D. 按不同的时间　　　　E. 按不同的检验手段

5. 质量管理中常用的统计方法有(　　)。

    A. 排列图法　　　　　　B. 分层法　　　　　　C. 直方图法

    D. 散布图法　　　　　　E. 控制图法

## 三、简答题

1. 简述质量管理的原则。

2. PDCA 循环有何特点? 其应用有哪些步骤?

3. 如何利用控制图来识别生产过程的质量状态?

4. 怎样制作散布图?

5. 产品质量认证必须具备的条件是什么?

## 四、案例分析题

### 丰田"召回门"事件分析

日前,丰田汽车(中国)投资有限公司向国家市场监督管理总局备案了召回计划,自 2019 年 12 月 29 日起,召回 2017 年 12 月 11 日至 2019 年 3 月 29 日期间生产的部分进口埃尔法汽车,共计 12 637 辆。

本次召回范围内部分车辆因发动机控制电脑中的充电控制程序设定不完善,例如,车辆频繁处于长时间怠速停车状态,可能造成蓄电池异常劣化,车辆在开启怠速启停模式时,发动机熄火后可能无法再次启动,可能发生后车追尾事故,存在安全隐患,等等。

(资料来源: https://finance.sina.com.cn/stock/relnews/us/2019-11-20-doc-iihnzahi2179371.shtml)

**思考:**

(1) "召回门"事件对丰田公司有哪些影响?

(2) 结合学过的知识,谈谈丰田公司的质量事件对我们有哪些启发。

# 项 目 实 训

## 【实训项目:模拟公司如何申请通过 ISO 9000 认证】

### 【实训目的】

(1) 培养分析界定问题的能力;培养解决实际企业管理问题的能力。

(2) 加深对 ISO 9000 族标准有关知识的理解;培养初步的外联能力。

### 【实训内容】

(1) 阅读有关的申请资料,进行相关的认证申请分析。

(2) 采取模拟公司组织、个人整理、班级交流与研讨的方式进行。

(3) 能够正确地运用 ISO 9000 质量的知识与相关认证部门进行接洽。

### 【实训要求】

| 训练项目 | 训练要求 | 备 注 |
|---|---|---|
| 第一阶段:质量管理体系内部审核员、文件编写人员的培训 | (1) 确定质量手册、程序文件的发放范围;<br>(2) 准备足够数量的文件;准备好文件发放的印章、登记表格等;<br>(3) 最高管理者主持召开质量管理体系文件发布会;<br>(4) 按有关程序规定将质量管理体系文件发放 | 理解体系标准要求,掌握审核方法 |
| 第二阶段:质量管理体系文件的编制、审核和批准 | (1) 收集企业现行与质量及其管理有关的文件;<br>(2) 明确企业组织结构、各部门承担的质量职能;<br>(3) 全员参与,上下结合,讨论确定企业质量方针和质量目标;<br>(4) 组织编制程序文件初稿,并反复讨论修改,然后定稿;<br>(5) 质量手册、程序文件初稿的审核;<br>(6) 最高管理者批准质量手册初稿;<br>(7) 管理者代表批准程序文件初稿;<br>(8) 文件初稿送咨询方复审 | 建立企业文件化的质量管理体系 |
| 第三阶段:质量管理体系文件正式发布 | (1) 确定质量手册、程序文件的发放范围;<br>(2) 准备足够数量的文件;准备好文件发放的印章、登记表格等;<br>(3) 最高管理者主持召开质量管理体系文件发布会,宣布文件化质量管理体系正式开始投入实际试运行;<br>(4) 按程序规定将质量管理体系文件发放到执行部门、岗位、人员 | 与质量有关的所有场所均配备相关的质量体系文件 |

21世纪高职高专经管类专业立体化规划教材

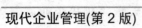
续表

| 训练项目 | 训练要求 | 备 注 |
|---|---|---|
| 第四阶段：质量管理体系试运行 | (1) 所有人员学习企业的质量方针和质量目标、质量管理体系文件；<br>(2) 组织各部门按文件要求制定岗位责任制，将质量目标和所有质量职责分解落实到人；<br>(3) 组织确定、编写、调整作业性文件，并配备到位；<br>(4) 所有部门和人员按文件要求运行并收集和保存记录；<br>(5) 及时协调、解决体系试运行中暴露出的问题 | 质量方针、目标、职责落实，文件得到贯彻执行 |
| 第五阶段：质量管理体系审核 | (1) 编制企业内部审核方案；<br>(2) 管理者代表确定内部审核组成员和审核计划；<br>(3) 内审员按分工写好检查表；<br>(4) 保证内审按计划进行的各项组织工作；<br>(5) 按计划实施内部质量审核全过程；<br>(6) 责成相关责任部门和人员按期制订、实施不符合项纠正措施（包括对组织机构、各层次文件的进一步调整；决定大的变动前应与咨询方及时沟通） | 检查企业质量管理体系的符合性和有效性 |

# 第七章

## 现代企业财务管理

**学习目标与要求**

➤ 掌握财务管理的含义、基本原则，熟悉企业财务管理的目标；

➤ 掌握筹资管理的含义、原则，熟悉筹资的渠道、方式与选择策略，了解筹资的现状及环境；

➤ 掌握投资管理的含义、原则及影响因素，熟悉投资管理的决策程序、风险防范，了解投资管理的目的、分类；

➤ 掌握财务分析的含义、步骤、方法和指标，熟悉财务分析的内容。

**【引导案例】**

甲公司是中国汽车行业成长最快的制造商和商用车行业最大的企业之一,甲公司的成功与公司管理层先进的管理理念是密不可分的。"公司在任何情况下,都要勤俭节约,要用最经济的方法、最有效的投资来达到目的",这就是甲公司管理层朴素而高效的管理法则。

然而在激烈的市场竞争中,甲公司在内部管理过程中也曾遇到过大大小小的问题,如车间管理人员抱怨采购部门没有及时供应所需要的原料、大量的应收账款无法收回、财务费用过高、财务部门与采购部门管理上脱节等。面对企业存在的众多问题,甲公司在制定企业的中长期发展战略过程中,注重引入各项财务管理工具,以增加收入、降低成本以及改善资产负债的状况。此外,甲公司还通过引入经销商信贷额度政策、完善法人治理结构、增加运营的透明度以及加强财务管理科学流程建设和企业信息化,大幅提高了财务管理对企业经营发展的支撑作用,进一步提高了企业的核心竞争力,扩大了公司的市场占有率。与此同时,甲公司的财务系统规范了管理制度,统一制定了各类财务管理制度,规范了各类业务的处理流程和代码标准,确保了数据的一致性和可比性。另外,集中监控各类业务进展和运行状况,统一经营、分析与预测,提高业务监控及决策效率,控制财务和管理风险,这些措施都为管理层提供了决策支持。

时至今日,甲公司的财务管理已经形成了包括管理规范(制度)、预算控制(事前)、日常业务(事中)、决策支持(事后)在内的一系列规范的流程。这就是成就甲公司持续和稳定盈利的重要原因。

(资料来源: 赵咏梅. 新编财务管理[M]. 大连: 大连理工大学出版社, 2011)

**思考:**

结合本案例,谈谈你对财务管理的认识。

# 知 识 要 点

## 一、财务管理概述

### (一)财务管理的含义

财务管理是指在一定的整体目标下,关于资产的购置(投资)、资本的融通(筹资)和经营中现金流量(营运资金),以及利润分配的管理。

企业财务管理是通过价值形态对企业资金运动进行决策、计划和控制的综合性管理。与其他部门不同的是,财务本身并不能创造什么价值,但由于企业财务管理是直接向管理层提供第一手的信息,因此,企业财务管理实际上是一个隐性的管理部门。

## (二)财务管理体系的主要内容

财务管理体系主要包括以下几个方面的内容。

### 1. 采用科学的现代化财务管理方法

根据企业的实际情况和市场需要，采取财务管理、信息管理等多种方法，注重企业经济的预测、测算与平衡等，求得管理方法与企业需求的结合。

### 2. 明晰市场发展目标

市场是竞争地，优胜劣汰的地方，一切目标、方法要通过市场运作来实现。企业财务管理体系的运作要有的放矢，适应和驾驭千变万化的市场需求，以求得企业长足发展。

### 3. 完善会计核算资料

企业的会计数据及资料是企业历史的再现，这些数据和资料经过整理、计算、分析，具有较高的借鉴价值，因此，要求会计资料所反映的内容要真实、完整、准确。

### 4. 构筑社会诚信机制

企业诚信度的高低预示着企业的发展与衰败，因此，要求具体的操作和执行者在社会经济运作中遵纪守法，严守惯例和规则，不断树立企业诚实、可靠的信誉，绝不允许有半点含糊。

## (三)企业财务管理的基本原则

企业财务管理的基本原则主要包括以下几个方面。

### 1. 系统原则

财务管理是企业管理系统的一个子系统，财务管理原则本身由筹资管理、投资管理和分配管理等子系统构成。在财务管理中坚持系统原则，是财务管理工作的首要出发点，具体要求做到以下几个方面。

(1) 整体优化。只有整体优化的系统才是最优系统。财务管理必须从企业整体战略出发，不是为财务而财务；各财务管理子系统必须围绕整个企业财务管理目标进行，不能"各自为政"；实行分权管理的企业，各部门的利益应服从企业的整体利益。

(2) 结构优化。任何系统都是有一定层次结构的层级系统。在企业资源配置方面，应注意结构比例优化，从而保证整体优化，如进行资金结构、资产结构、分配结构(比例)优化。

(3) 环境适应能力强。财务管理系统处于理财环境之中，必须保持适当的弹性，以适应环境的变化，达到"知彼知己，百战不殆"的境界。

### 2. 平衡原则

在财务管理中，贯彻的是收付实现制，而非权责发生制，客观上要求在财务管理过程

21世纪高职高专经管类专业立体化规划教材

中做到现金收入(流入)与现金支出(流出)在数量、时间上达到动态平衡,即现金流转平衡。企业的现金流入和流出的发生,是因营业收入与营业支出产生的,同时又受企业筹资与投资活动的影响。获取收入以发生支出为前提,投资以融资为前提,负债本息的偿还支付及红利分配要求企业经营获利或获得新的资金来源。企业就是要在这一系列的复杂业务关系中保持现金的收支平衡,而保持现金收支平衡的基本方法是现金预算控制。现金预算可以说是筹资计划、投资计划、分配计划的综合平衡,因而现金预算是进行现金流转控制的有效工具。

### 3. 权衡原则

在财务管理过程中,要获取收益就得付出成本,但同时面临风险,因此,成本、收益、风险之间总是相互联系、相互制约的。财务管理人员必须要牢固树立成本、收益、风险三位一体的观念,以指导各项具体财务管理活动。具体要求如下。

(1) 成本、收益权衡。在财务管理中,时时刻刻都需要进行成本与收益的权衡。在筹资管理中,要进行筹资成本与筹资收益的权衡;在长期投资管理中,要进行投资成本与投资收益的权衡;在运营资金管理中,收益难以量化,但应追求成本最低化;在分配管理中,应在追求分配管理成本最小的前提下,妥善处理各种财务关系。

(2) 收益、风险权衡。收益与风险的基本关系是一个对等关系,高收益、高风险,低收益、低风险。但应注意的是,高风险并不一定会带来高收益,有时甚至是高损失。可见,认真权衡收益与风险是很重要同时也是很困难的。在筹资管理中,要权衡财务杠杆收益与财务风险;在投资管理中,要比较投资收益与投资风险;在分配管理中,要考虑再投资收益与再投资风险。在整个理财中,收益与风险权衡的问题无处不在。一般情况下,风险与收益总是相互矛盾的,为追求较大利益,往往要冒相对的风险,如果风险过大则会减弱企业未来获利能力,如果收益过小同样也会增加企业未来风险。因此,财务管理的原则是:在风险一定的情况下,使收益达到较高的水平;在收益一定的情况下,将风险维持在较低的水平。

(3) 成本、收益、风险三者综合权衡。在财务管理过程中,不能割裂成本、收益权衡与收益、风险权衡,而应该将成本、收益、风险三者综合权衡,用以指导各项财务决策与计划。权衡即优化决策的过程,即优化的过程。在财务管理中,各种方案的优选、整体(总量)优化、结构优化等,都体现了成本、收益、风险三者的综合权衡。

### 4. 管理原则

在统一、全面协调的前提下,按照管理物资与管理资金相结合、使用资金与管理资金相结合、管理责任与管理权限相结合的要求,实行各级、各部门共同承担责任的财务管理,以调动全体员工管理的积极性,将各项管理措施落实,务求有效。

### 5. 代理原则

现代企业的委托代理关系一般包括顾客与公司、债权人与股东、股东与经理以及经理与雇员等多种关系。企业和这些关系人之间的关系，大部分居于委托代理关系。这种既相互依赖又相互冲突的利益关系，需要通过"合约"来协调。在组成合约集的众多关系中，都会出现代理难题和代理成本。由于委托人与代理人之间在企业的经营过程中会有多次利益背离，委托人为了确保代理人的行为符合自己的利益，就有必要进行激励、约束、惩罚和监督，而这些强制措施都会带来代理成本。显然，为了提高企业的财务价值，企业将采取更加灵活多样的激励机制，如员工持股、利润分成、高层管理人员股票期权以及灵活的福利制度等来降低企业的代理成本，同时也增加了员工对企业的认同感。另外，对于财务合约中的债务合约、管理合约等的执行情况要进行监督，建立健全完善的约束机制。

## (四)企业财务管理目标

企业财务管理目标是企业组织财务活动、处理财务关系所要达到的根本目的，同时，它决定着企业财务管理的基本方向，也是企业财务管理工作的出发点。企业财务管理目标从它的演进过程来看，均直接反映着财务管理环境的变化与企业利益集团利益关系的均衡，是各种因素相互作用的综合体现。

### 1. 主要观点

关于财务管理目标，如今学术界主要存在以下五种观点。

1) 利润最大化

利润最大化是指企业通过对财务活动和经营活动的管理，不断增加企业利润。企业利润也历经了会计利润和经济利润两个不同的发展阶段。利润最大化曾经被人们广泛接受，在西方微观经济学的分析中就有假定：厂商追求利润最大化。这一观点认为，利润代表企业新创造的财富，利润越多则说明企业的财富增加越多，越接近企业的目标。

利润最大化的发展初期是在 19 世纪初，那时企业的特征是私人筹集，私人财产和独资形式，通过利润的最大化可以满足投资主体的要求。然而，现代企业的主要特征是经营权和所有权分离，企业由业主(或股东)投资，而由职业经理人来控制其经营管理。此外，还有债权人、消费者、员工以及政府和社会等，都是企业的利益相关者。

2) 股东财富最大化

股东财富最大化是指通过财务上的合理经营，为股东带来最多的财富。持这种观点的学者认为，股东创办企业的目的是扩大财富。他们是企业的所有者，其投资的价值在于它能给所有者带来未来报酬，包括获得股利和出售股权换取现金。

3) 企业价值最大化

企业价值最大化是指通过企业财务上的合理经营，采取最优的财务政策，充分考虑货币的时间价值和风险与报酬的关系，在保证企业可以长期稳定发展的基础上，使企业总价值达到最高。持这种观点的学者认为，财务管理目标应与企业多个利益集团有关，可以说，财务管理目标是这些利益集团共同作用与相互妥协的结果。

21世纪高职高专经管类专业立体化规划教材

4) 相关者利益最大化

相关者利益最大化是指企业的财务活动必须兼顾和均衡各个利益相关者的利益，使所有利益相关者的利益尽可能最大化。企业的利益相关者包括股东，然后是企业债权人、企业经营者、客户、供应商、员工、政府等，在确定企业财务管理目标时，不能忽视这些相关利益群体的利益。

5) 社会价值最大化

社会价值最大化是要求企业在追求企业价值最大化的同时，实现预期利益相关者的协调发展，形成企业的社会责任和经济效益间的良性循环关系。

**2. 财务管理各种目标的基本观点以及优缺点评价**

1) 利润最大化

(1) 基本观点。利润代表了企业新创造的财富，利润越多则说明企业的财富增加得越多，从而越接近企业的目标。

(2) 缺点。①没有考虑利润取得的时间价值因素，例如，2015 年的 300 万和 2014 年的 300 万显然不在一个时间点上，难以做出正确的判断；②没有考虑所获得利润和投入资本的关系，用 5000 万元投入资本赚取的 200 万元利润与用 7000 万元投入资本赚取的 200 万元利润相比，如果单单看利润，这两个对企业的贡献是一样的，但是如果考虑了投入就显然不太一样了；③没有考虑所获取的利润和所承担风险的关系，例如，同样投入 6000 万元，2014 年获利 100 万元，一个企业是全部转化为现金，另一个企业则全部是应收账款，并可能发生坏账损失收不回的情况，这两个的风险显然不相同。

(3) 优点。用利润最大化来定位财务管理目标，简明实用，便于理解。

2) 股东财富最大化

(1) 基本观点。这种观点认为，企业主要是由股东出资形成的，股东创办企业的目的是扩大财富，他们是企业的所有者，理所当然地，企业的发展应该追求股东财富最大化。在股份制经济条件下，股东财富由其所拥有的股票数量和股票市场价格两方面决定，在股票数量一定的前提下，当股票价格达到最高时，则股东财富也达到最大，所以股东财富又可以表现为股票价格最大化。

(2) 缺点。①股东价值最大化只有在上市公司才可以有比较清晰的价值反映，对非上市公司很难适用；②它要求金融市场是有效的。由于股票的分散和信息的不对称，经理人员为实现自身利益的最大化，有可能以损失股东的利益为代价做出逆向选择。因此，股东财富最大化目标也受到了理论界的质疑。

(3) 优点。股东财富最大化与利润最大化目标相比，有着积极的方面。这是因为：一是利用股票市价来计量，具有可计量性，利于期末对管理者的业绩考核；二是考虑了资金的时间价值和风险因素；三是在一定程度上能够克服企业在追求利润上的短期行为，因为股票价格在某种程度上反映了企业未来现金流量的现值。

3)　企业价值最大化

(1)　基本观点。企业通过财务上的合理经营，采取最优的财务政策，充分利用资金的时间价值和风险与报酬的关系，保证将企业长期稳定发展摆在首位，强调在企业价值增长中应满足各方利益关系，不断增加企业财富，使企业总价值达到最大化。企业价值最大化具有深刻的内涵，其宗旨是把企业长期稳定发展放在首位，着重强调必须正确处理各种利益关系，最大限度地兼顾企业各利益主体的利益。企业价值，在于它能带给所有者未来报酬，包括获得股利和出售股权换取现金。

(2)　缺点。企业价值最大化最主要的问题在于对企业价值的评估上，由于评估的标准和方式都存在较大的主观性，股价能否做到客观和准确，直接影响到企业价值的确定。

(3)　优点。相比股东财富最大化而言，企业价值最大化的优点最主要的是把企业相关者利益主体进行了糅合，形成了企业这个唯一的主体。同时，在企业价值最大化的前提下，也必能增加利益相关者之间的投资价值。

4)　相关者利益最大化

(1)　基本观点。这种观点认为，企业的本质是利益相关者的契约集合体，利益相关者是所有在公司真正拥有某种形式的投资并且处于风险之中的人，企业利益相关者包括股东、经营者、员工、债权人、顾客、供应商、竞争者以及国家，他们共同拥有企业的所有权，对所有权的拥有是利益相关者参与公司治理的基础，也是利益相关者权益得到应有保护的理论依据。

在利益相关者框架下，企业是一个多边企业的结合体，它不仅仅由单纯的股东或单一的利益相关者构成，而是由所有的利益相关者通过契约关系组成。也就是说，企业是使许多冲突目标在合约关系中实现均衡的结合点。对众多利益相关者专用性资源进行组合，其目的是获取单个组织生产所无法达到的合作盈余和组织租金。各产权主体在合作过程中，由于向企业提供了专用性资源并承担着企业的经营风险，因此都有权获得相对独立于其他利益相关者的自身利益。

(2)　缺点。利益相关者利益的测量问题比较困难。我们难以确定一个量化的标准来衡量股东财富或是债权人利益，也很难判断经营者管理企业的质量与效率。

(3)　优点。一是有利于企业长期稳定发展；二是有利于实现企业经济效益和社会效益的统一；三是较好地兼顾了各利益主体的利益；四是体现了前瞻性和可操作性的统一。

5)　社会价值最大化

(1)　基本观点。由于企业的主体是多元的，因而涉及社会方方面面的利益关系。为此，企业目标的实现，不能仅仅从企业本身来考察，还必须从企业所从属的更大社会系统来进行规范。企业要在激烈的竞争环境中生存，必须与其周围的环境取得和谐，这包括与政府的关系、与员工的关系以及与社区的关系等；同时，企业必须承担一定的社会责任，包括解决社会就业、讲求诚信、保护消费者、支持公益事业、环境保护和搞好社区建设等。

(2)　优点。社会价值最大化是现代企业追求的基本目标，这一目标兼容了时间性、风

险性和可持续发展等重要因素，体现了经济效益和社会效益的统一。

### 3. 影响因素

企业财务管理目标受不同时期、不同理财环境、不同国度等因素影响，归纳起来，这些影响因素主要包括以下几个方面。

1) 财务管理主体

财务管理主体是指企业的财务管理活动应限制在一定的组织内，明确了财务管理的空间范围。由于企业自主理财权的确立，使得财务管理活动成为企业总体目标的具体体现，这为正确确立企业财务管理目标奠定了理论基础。

2) 财务管理环境

财务管理环境包括经济环境、法律环境、社会文化环境等财务管理的宏观环境，以及企业类型、市场环境、采购环境、生产环境等财务管理的微观环境，同样财务管理环境也是影响财务管理目标的主要因素之一。

3) 企业利益集团的利益关系

企业利益集团是指与企业产生利益关系的群体。在现代企业制度下，企业的利益集团已不是单纯的企业所有者，影响财务管理目标的利益集团包括企业所有者、企业债权人、政府和企业职工等方面，不能将企业财务管理目标仅仅归结为某一集团的目标，而是各利益集团利益的综合体现。

4) 社会责任

社会责任是指企业在从事生产经营活动，获取正常收益的同时承担相应的社会责任。企业财务管理目标和社会责任客观上存在一定的矛盾性。企业承担社会责任会造成利润和股东财富的减少。企业财务管理目标和社会责任也有一致性：首先，企业承担社会责任大多是法律所规定的，如消除环境污染、保护消费者权益等，企业财务管理目标的完成，必须以承担社会责任为前提。其次，企业积极承担社会责任，为社会多做贡献，有利于企业树立良好形象，也有利于企业财务管理目标的实现。

## 二、筹资管理

### (一)筹资管理的含义

筹资管理是指企业根据其生产经营、对外投资和调整资本结构的需要，通过筹资渠道和资本(金)市场，运用筹资方式，经济有效地筹集为企业所需的资本(金)的财务行为，也是财务管理的首要环节。

### (二)筹资的意义

在现代市场经济竞争中，企业只有正确选择融资方式来筹集生产经营活动中所需要的资金，才能保障企业生产经营活动的正常运行和扩大再生产的需要。企业所处的内外环境各不相同，所选择的融资方式也有相应的差异。所以企业只有采取了适合自身发展的筹资渠道和融资方式才能够促进企业的长期发展。

### (三)筹资的动机

企业筹资最基本的目的，是为了自身的生存和发展，归纳起来表现为以下三类筹资动机。

#### 1. 扩张性筹资动机

扩张性筹资动机是指企业因扩大经营规模或对外投资需要而产生的筹资动机。处于成长期的企业，往往会产生扩张性的筹资动机。

#### 2. 调整性筹资动机

调整性筹资动机是指企业因调整资本结构而产生的筹资动机。具体原因有：一是优化资本结构，合理利用财务杠杆效应；二是偿还到期债务，结构内部调整，这种情况下，调整性筹资动机又称为偿债性筹资动机。

#### 3. 混合性筹资动机

混合性筹资动机是指上述两种筹资动机的混合，既为了生产经营或对外投资，又为了优化资本结构或偿还债务。

### (四)筹资的原则

企业筹资是一项重要而复杂的工作，为了有效地筹集企业所需资金，必须遵循以下基本原则。

#### 1. 规模适当原则

不同时期企业的资金需求量并不是一个常数，企业财务人员要认真分析科研、生产、经营状况，采用一定的方法，预测资金的需要数量，合理确定筹资规模。

#### 2. 筹措及时原则

企业财务人员在筹集资金时必须熟知资金时间价值的原理和计算方法，以便根据资金需求的具体情况，合理安排资金的筹集时间，适时获取所需资金。

#### 3. 来源合理原则

资金的来源渠道与资金市场为企业提供了资金的源泉和筹资场所，它反映了资金的分布状况和供求关系，决定着筹资的难易程度。不同来源的资金，对企业的收益和成本有不同影响，因此，企业应认真研究资金来源渠道和资金市场，合理选择资金来源。

### 4. 方式经济原则

在确定筹资数量、筹资时间、资金来源的基础上，企业在筹资时还必须认真研究各种筹资方式。企业筹集资金必然要付出一定的代价，不同筹资方式条件下的资金成本高低不同。为此，就需要对各种筹资方式进行分析和对比，选择经济、可行的筹资方式以确定合理的资金结构，以便降低成本，减少风险。

## (五)筹资的分类

### 1. 权益筹资与债务筹资

权益筹资是由公司所有者投入以及以发行股票方式筹资；债务筹资是指公司以负债方式借入并到期偿还的资金，包括短期借款、长期借款、应付债券、长期应付款等方式筹资。二者的共同点都是为了帮助企业融资，区别在于性质的差异，权益筹资体现在资产负债表的权益项，债务筹资体现在资产负债表的负债项，二者在会计处理上是不同的，由此导致了在税负、企业资金流转、财务费用等方面也是不同的。

### 2. 长期筹资与短期筹资

长期筹资是指筹集可供企业长期(一般为 1 年以上)使用的资本。长期筹资的资本主要用于企业新产品、新项目的开发与推广，生产规模的扩大，设备的更新与改造等，因此这类资本的回收期较长，成本较高，对企业的生产经营有较大的影响。长期筹资一般采用吸收直接投资、发行股票、发行债券、长期借款、融资租赁和留存收益等方式。

短期筹资一般是指供一年以内使用的资金的融通。企业短期资金的筹集方式主要有：短期借款、商业信用、发行有价证券等。企业短期资金具有占用期限短、资金成本相对较低的特点。

### 3. 直接筹资与间接筹资

按照资金是否在供求双方调剂，可以把长期资金的筹集方式划分为两种方式，即直接融资和间接融资。所谓直接融资，是指不通过金融中介机构，由资金供求双方直接协商进行的资金融通。直接融资包括通过商业信用、企业发行股票和债券方式进行的融资。间接融资则是由企业通过银行和其他金融中介机构间接地向资本的最初所有者筹资，它的基本形式是银行或非银行金融机构从零散储户或其他委托人那里收集来的资本，以贷款、购买企业股票或其他形式向企业融资。

从生产力发展的角度来看，间接筹资的产生是社会化大生产需要动员全社会的资源参与经济循环以及社会财富极大丰富的必然趋势，而直接筹资形式的存在则是对间接筹资活动的有力补充。在现代市场经济中，直接筹资与间接筹资并行发展，互相促进。间接筹资已构成金融市场中的主体，而直接筹资脱离了间接筹资的支持也不能很好发展。

### 4. 内部筹资与外部筹资

在市场经济中，企业融资方式总的来说有两种：一是内部融资，是指企业在内部通过留用利润而形成的资本来源；二是外部融资，即吸收其他经济主体的储蓄，以转化为自己投资的过程，它需要从金融市场上筹集，其中短期资本通过货币市场筹集，长期资本则通过资本市场筹集。

内部融资不需要实际对外支付利息或者股息，也不会减少企业的现金流量；同时，由于资金来源于企业内部，不会发生融资费用，使得内部融资的成本要远远低于外部融资。因此，它是企业首选的一种融资方式，企业内部融资能力的大小取决于企业的利润水平、净资产规模和投资者预期等因素，只有当内部融资仍无法满足企业资金需要时，企业才会转向外部融资。

## (六)筹资的渠道方式

### 1. 企业筹资的渠道

筹资渠道是指筹措资金来源的方向与通道，反映可供企业选择的资金来源渠道与供应量。具体表现在以下几个方面。

(1) 政府财政资本——国有企业的来源。

(2) 银行信贷资本——各种企业的来源。

(3) 非银行金融机构资本——保险公司、信托投资公司、财务公司等。

(4) 其他法人资本——企业、事业、团体法人。

(5) 民间资本。

(6) 企业内部资本——企业的盈余公积和未分配利润。

(7) 国外和我国港澳台资本——外商投资。

### 2. 企业筹资方式

企业筹资方式是指企业筹集资本所采取的具体形式和工具，体现着资本的属性和期限。我国企业目前主要有以下几种筹资方式。

(1) 投入资本筹资；

(2) 发行股票筹资；

(3) 发行债券筹资；

(4) 发行商业本票筹资；

(5) 银行借款筹资；

(6) 商业信用筹资；

(7) 租赁筹资。

### 3. 企业筹资渠道与筹资方式的配合

环境对企业筹资活动有着重要的作用，一方面为企业筹资提供机会和条件；另一方面对企业筹资进行制约、干预甚至胁迫。企业在筹资过程中，应该预见环境的变化及其影响，提高适应能力和应变能力，经济有效地筹措所需资本。

21世纪高职高专经管类专业立体化规划教材

### (七)筹资环境

企业筹资环境是指影响企业筹资活动的各种因素的集合。企业正常运营只有适应环境变化的要求，才能有所发展，所以筹资环境也是企业选择筹资方式的基础。

### (八)筹资选择策略

企业筹资的目标就是用最合理的方式，及时、有效地筹集资金来满足企业的资金需求，从而实现企业价值和利润最大化。企业的筹资决策主要包括以下几个方面。

**1. 避免或降低筹资风险**

由于筹资方式不同，其偿债压力也会有所不同。权益资本属于企业长期占用的资金，不存在还本付息压力，没有债务负担。而债务资金到期则必须还本付息，它与企业经营好坏、有无支付能力无关。由此可见，不同筹资方式其风险是不相同的。降低企业筹资风险应从以下几个方面考虑。

1) 严控负债融资比例，实行谨慎的财务政策

国际上债务资金与权益资本的比例通常为3:1，在一些大中型项目倾向于采用的理想比例为1:1。当然，企业在筹资时还应根据自身资产结构情况、投资项目的风险程度决定具体比例。由于到期债务本息必须用现金支付，而现金的支付能力不仅取决于企业的盈利能力，更取决于企业的资产变现能力和现金流量状况。因此，易变现资产比重较大的企业，举债比例也可相对较大；相反，如果企业不易变现资产，如固定资产等比重较大，举债比例也就不宜过高。同等条件下，如果投资项目经营风险较大，且盈利不够稳定，则举债比例同样不宜过高。

2) 按资产使用期限的长短来安排和使用相应期限的债务资金

例如，设备预计使用期限为5年，则应以5年期的长期债务来提供资金需求；商品存货预计在1个月内变现，则筹措为期1个月的短期负债来满足其需要。这样企业就可偿还到期的债务本息。相反，对于设备款的需求，用为期1年的借款来满足，则设备运营1年后的现金流量就不足以在款项到期日偿还到期债务，这样企业将会面临较大的支付风险。

3) 适时调整筹资结构，降低财务风险

财务风险大，通常是由于筹资结构安排不当造成的。例如，在资金利润率较低时，安排较高的负债结构，资产利润率甚至低于其资金成本，经营亏损时，仍在扩大经营规模等。在这种情况下，就会使企业不能支付正常的债务利息，造成到期也不能还本。因此，企业应根据需要或负债的可能，自动调节债务结构，在资金利润率下降时，自动降低负债比例，从而增加企业权益资本的比重，降低偿债风险；而在资金利润率上升时，自动调高负债比例，以提高股本盈利率。

## 2. 合理安排筹资结构

企业在筹集资金时，应在财务杠杆利益和财务风险之间做出权衡。根据企业具体情况，正确安排权益资金和负债资金的比例。

当企业销售水平较高并稳步上升、资金利润率超过借款利率时，借入资金增加，资本降低，从而提高每股的收益。但是，随着负债额的增加，财务风险也随之增大，一旦生产经营不理想，不能及时还本付息，就会出现财务困难的情况，甚至会倒闭。

债务与权益比例增大，负债筹资难度加大，结果会使企业综合资本成本率提高。由此可见，应当找出一个最适当的债务——权益结构，在这一点上，企业综合的平均资金成本最低。

## 3. 尽量降低筹资成本

筹资成本是选择资金来源的重要依据。企业筹资应努力寻求筹资成本最低的筹资方案。筹资成本包括资金筹集费用和资金占用费用两部分。一般情况下，银行借款的资金筹集费用很少，表示资金占用费用的银行利率也较低，因此，银行借款的资金成本通常是最低的。发行债券要发生一定的筹资费用，利率也比银行借款相对较高一些，企业债券的资金成本较银行借款也稍高。发行股票不仅要发生很大的筹资费用，如广告费、宣传费、资产评估费、发行手续费、印刷费等，而且投资者还要求支付的股利应高于或相当于银行存款的收益，所以股票筹资成本最高。

可见，不同的筹资方式的资金成本也是不一样的。在实际中，如果企业筹措资金时可以在贷款、债券和股票等筹资方式中做出选择，应将各种方式的筹资成本进行比较，以确定哪一种筹资成本最低。

## 【案例分析 7-1】

### 恒丰公司短期资金筹资决策

恒丰公司是一个季节性很强、信用为 AA 级的大中型企业，每年一到生产经营旺季，企业就面临着产品供不应求，资金严重不足的问题，让公司领导和财务经理大伤脑筋。某年，公司同样碰到了这一问题，公司生产中所需的 A 种材料面临缺货，急需 200 万元资金投入，而公司目前尚无多余资金。若这一问题得不到解决，则给企业生产及当年效益带来严重影响。为此，公司领导要求财务经理张峰尽快想出解决办法。接到任务后，张峰马上会同公司其他财务人员商讨对策，以解燃眉之急。经过一番讨论，形成了四种备选筹资方案。

方案一：银行短期贷款。中国工商银行提供期限为 3 个月的短期借款 200 万元，年利率为 8%，银行要求保留 20%的补偿性余额。

方案二：票据贴现。将面额为 220 万元的未到期(不带息)商业汇票提前 3 个月进行贴现，贴现率为 9%。

方案三：商业信用融资。天龙公司愿意以"2/10、n/30"的信用条件，向其销售 200 万

21世纪高职高专经管类专业立体化规划教材

元的 A 材料。

方案四：安排专人将 250 万元的应收款项催回。

恒丰公司的产品销售利润率为 9%。

分析：此案例中要选择哪一种方案，需要关注以下要点。

(1) 存货资金必须用短期资金筹集方式。

(2) 各种短期资金筹集方式在数量和偿还期上是否能满足需要。

(3) 各种短期资金筹集方式成本要和企业的资产报酬率比较，企业举债的基本条件是企业的资产报酬率大于资金成本率。

(4) 各种短期资金筹集方式成本计算。

(5) 产品销售利润率和资产报酬率取决于资产周转率和负债情况。

(6) 各种短期资金筹集方式带来的后果。

(资料来源：http://wenku.baidu.com/view/1670a6eb5ef7ba0d4a733be2.html)

### (九)筹资的注意事项

如果企业筹措资金时是由多种筹资方式组成的，应以各种筹资方式在整个筹资额中所占比重为权重，分析计算不同筹资比例结构下的综合平均资金成本，以确定哪种方案筹资成本最低，筹资方案最佳。同时，企业筹资时还必须注意以下几点。

(1) 税收制度对筹资成本的影响。

由于银行借款和发行企业债券而支付的利息按照企业所得税法的规定，可以在税前收益中支付，在计算纳税所得额时已作为净利润的扣除项目，从而少交一部分所得税。而企业通过股票支付的股利则必须在税后净利润中支付，不能抵免税负。企业同样数量的筹资额，选择以债务形式而非股权形式就可以使税负得到一定程度的减轻。

(2) 应注意选择合理的筹资期限，克服保守主义倾向。

利息的高低与资金占用时间的长短成正比。对于短期资金的需要，筹集为其较长的长期债务必然会造成资金成本的提高。相反，企业若能够使资金占用与资金来源在期限搭配科学、合理，不断地通过借款利用多期资金满足长期资金使用的需要，无疑可以大大降低利息支出，从而降低筹资成本。

(3) 通过合理的利息控制，灵活调整利率也是降低筹资成本的一种可行的方法。

在利率趋于上升时，可采用固定利率借入款项或发行企业债券，以避免支付较高的利息；在利率趋于下降时，可采用浮动利率，灵活筹资，从而减少利息支付。

## 三、投资管理

### (一)投资管理的含义

广义地讲，投资管理是指特定经济主体(包括政府、企业和个人)以本金回收并获利为基本目的，将货币、实物资产等作为资本投放于某一个具体对象，以在未来长期时间内获得预期经济利益的经济行为。

简而言之，企业投资是企业为获取未来长期收益而向一定对象投放资金的经济行为。

## (二)企业投资的目的

总的来说，企业投资的目的是获得投资收益，从而实现企业的财务目标。但企业的投资是由各个相对独立的投资项目进行的，具体投资业务的直接目的也是不一样的。企业的投资目的可以分为以下几种类型。

### 1. 扩充规模

以扩充规模为目的的投资，称为扩充型投资，其目的又分两种类型：一是扩充现有产品(或服务)或者现有市场，其中扩充现有市场的投资，如持股性投资，不仅会使企业的规模不断扩大，从而取得规模效益，而且有可能会使企业操纵市场甚至独占市场；二是开发新产品或开辟新市场，这种投资通常与市场上一种新的需求相关联，它是通过开辟新的生产经营(或服务)领域，以期获得超额利润，可以把这种扩充型投资称之为实现资本转移的投资。

### 2. 控制相关企业

它是为了特定经营战略进行的投资。即为了控制市场和增强自身竞争能力，形成稳定的原料供应基地和提高市场占有率，通过投资获得其他企业部分或全部经营控制权，以服务于本企业的经营目标。

### 3. 维持现有规模效益

它是假定企业生产的产品(或提供的劳务)的市场需求规模不变，而在产品(或服务)的成本一定的前提下，为维持现有规模效益所进行的更新投资。如不进行更新投资，必然带来规模缩减，从而引起企业经济效益下降。

### 4. 提高质量，降低成本

它是假定企业的生产经营(或服务)规模不变，企业通过投资提高产品(或服务)质量，降低单位成本而取得效益。一般是通过更换旧设备，采用先进的设备和技术来实现。由于这种投资不会扩大业务规模，也称这种投资为重置型投资。

### 5. 应对经营风险

企业生产经营的许多方面均会受到企业外部和内部的诸多因素影响，具有很大的不确定性。经营风险是指因生产经营方面的原因给企业盈利水平带来的不确定性。企业可以通过投资来应对经营风险。应对经营风险的投资主要有以下类型：一是通过多角化投资实现风险分散，它可以使经营失败的项目受到经营成功项目的补救；二是通过风险控制以降低风险，降低风险的投资不仅体现在多个投资项目上，而且也体现在一个独立的投资项目中，即所投入的资金必须有一部分是用于防范经营风险的。

### 6. 承担社会义务

所谓承担社会义务是指企业投资的结果是非收入性的，是一种为社会服务的义务性投资，如工业安全和环境保护等方面的投资。承担社会义务的投资表面上看是非收入性的，但是从长期来看，会直接影响企业的社会形象，进而影响企业的生产经营活动。

### (三)企业投资分类

广义地讲，企业投资分类是指特定经济主体(包括政府、企业和个人)以本金回收并获利为基本目的，将货币、实物资产等作为资本投放于某一个具体对象，以在未来较长期间内获取预期经济利益的经济行为。

#### 1. 按生产经营关系划分

根据生产经营关系的不同，企业投资可分为直接投资和间接投资。直接投资是指把资金投放于生产经营环节中，以期获取利益的投资。在非金融性企业中，直接投资占有较大比重。间接投资又称证券投资，是指把资金投放于证券等金融性资产，以期获取股利或利息收入的投资。随着我国证券市场的完善和多渠道筹资的形成，企业的间接投资会越来越广泛。

#### 2. 按投资回收时间划分

根据投资回收时间的不同，企业投资可分为短期投资和长期投资。短期投资是指准备在一年以内收回的投资，主要指对现金应收账款、存货、短期有价证券等的投资。长期投资是指一年以上才能收回的投资(长期投资还可以分为5年以上算为长期投资，3～5年的中期投资)，主要指对房屋、建筑物、机器、设备等能够形成生产能力物质技术基础的投资，也包括对无形资产和长期有价证券的投资。一般而言，长期投资风险高于短期投资，与此对应，长期投资收益通常高于短期投资。长期投资中对房屋、建筑物、机器、设备等经营性资产的投资是一种以特定项目为对象，直接与新建或更新改造项目有关的长期投资行为，且投资所占比重较大，建设周期较长，所以称为项目投资。

#### 3. 按构成的企业资产性质划分

根据构成的企业资产性质的不同，企业投资可分为固定资产投资(包括生产性固定资产投资和非生产性固定资产投资)；流动资产投资；无形资产投资。

#### 4. 按投资方向和范围划分

根据投资方向和范围的不同，企业投资可分为对内投资和对外投资。对内投资是指把资金投放在企业内部，购置各种生产经营用资产的投资。对外投资是指企业以现金、实物、无形资产等方式或者以购买股票、债券等有价证券方式向其他单位的投资。从理论上讲，对内投资的风险与对外投资对比相对较低，对外投资的收益应高于对内投资。随着市场经济的发展，企业对外投资机会越来越多。

### (四)影响投资管理的因素

影响投资管理的因素主要包括以下几个方面。

#### 1. 投资风险

投资风险表现为未来收益和增值的不确定性。政治因素、企业投资审批流程、经济因素、技术因素、自然因素和企业自身的因素是诱发投资风险的主要因素，各种因素往往结合在一起共同发生影响。在投资中考虑投资风险意味着必须权衡风险与收益的关系，充分合理预测投资风险，防止和减少投资风险给企业带来损失的可能性，并提出合理规避投资风险的策略，以便将实施投资的风险降至最低程度。

#### 2. 投资弹性

投资弹性涉及两个方面：一是规模弹性，即投资企业必须根据自身资金的可供能力和市场供求状况调整投资规模，或者收缩或者扩张；二是结构弹性，即投资企业必须根据市场的变化，及时调整投资结构，主要是调整现存投资结构，这种调整只有在投资结构具有弹性的情况下才能进行。

#### 3. 管理和经营控制能力

对外投资管理与对内投资管理比较，涉及因素多、关系复杂、管理难度大。例如，股票投资就需要有扎实的证券知识和较强的证券运作技能。因此，对外投资要有相应的业务知识、法律知识、管理技能、市场运作经验为基础。在多种情况下，通过投资获得其他企业的部分或全部的经营控制权，以服务于本企业的经营目标，这就应该认真考虑用多大的投资额才能拥有必要的经营控制权，取得控制权后，如何实现其权利等问题。

#### 4. 筹资能力

企业对外投资是将企业的资金在一定时间内让渡给其他企业。这种让渡必须以不影响本企业生产经营所需资金正常周转为前提。如果企业资金短缺，尚不能维持正常生产，筹资能力又较弱，对外投资必将受到很大的限制。对外投资决策要求企业能够及时、足额、低成本地筹集到所需资金。

#### 5. 投资环境

市场经济条件下的投资环境具有构成复杂、变化较快等特点。这就要求财务管理人员在投资决策分析时，必须熟知投资环境的要素、性质，认清投资环境的特点，预知投资环境的发展变化，重视投资环境的影响作用，不断增强对投资环境的适应能力、应变能力和利用能力，根据投资环境的发展变化，采取与之相应的措施。

### (五)企业投资管理的原则

企业投资管理的原则主要包括以下几个方面。

### 1. 市场调查

正确把握投资机会与市场的不断变化和发展，产生出多个新的投资机会。投资机会是企业投资活动的起点，也是企业投资决策的关键。财务管理人员必须认真进行市场调查和市场分析，寻找投资机会，并从动态的角度加以把握。

### 2. 科学决策

在市场经济条件下，企业的投资往往都会面临一定的风险，为了保证投资决策的正确有效，必须按科学的投资决策程序进行投资项目的可行性分析。投资项目可行性分析的主要任务是对投资项目技术上的可行性和经济上的有效性进行论证，运用各种方法计算出有关指标，以便合理确定不同项目的优劣，选择最佳投资方案。

### 3. 资金供应

企业的投资项目，特别是大型投资项目，建设工期长，所需资金多，一旦开工，就必须有足够的资金来支持。因此，在投资项目开始之前，必须科学预测投资所需资金的数量和时间，采用适当的方法，筹措资金，保证投资项目顺利完成，尽快产生投资效益。

## (六)企业投资的决策程序

企业投资的决策程序如下。

### 1. 确定目标

决策目标是投资决策的出发点和归宿。确定决策目标就是要清楚地明白这项决策究竟要解决什么问题。例如，在产品生产方面，有新产品的研制和开发的问题、生产效率如何提高的问题、生产设备如何充分利用的问题、生产的工艺技术如何革新的问题等；在固定资产投资方面，有固定资产的新建、扩建、更新等问题。但无论如何，决策目标应具体、明确，并力求目标数量化。

### 2. 搜集信息

搜集信息就是针对决策目标，广泛搜集尽可能多的、对决策目标有影响的各种可计量和不可计量的信息资料，作为今后决策的根据。信息的搜集工作，往往要反复进行，贯穿于各步骤之间。对于搜集的各种信息，特别是预计现金流量的数据，要善于鉴别，进行必要的加工延伸。

### 3. 提出备选方案

提出备选方案就是针对决策目标提出多种可行的方案。投资决策的重要环节就是提出可行性的备选方案，同时也是做出科学决策的基础和保证。所谓可行，是指政策上的合理性、技术上的先进性、市场上的适用性和资金上的可能性。各个备选方案都要注意实事求是、量力而行，务求使企业现有的人力、物力和财力资源都能得到合理、有效的配置和使用。

### 4. 初步评价

这个步骤是把各个备选方案的可计量资料先分别归类，系统排列，选择适当的方法，建立数学模型对各方案的现金流量进行计算、比较和分析，再根据经济效益的大小对备选方案做出初步的判断和评价。

### 5. 最优方案

根据上一步骤定量分析的初步评价，进一步考虑各种非计量因素的影响。例如，针对国际、国内政治经济形势的变动，以及人们心理、习惯、风俗等因素的改变，进行定性分析。把定量分析和定性分析相结合，综合考虑，权衡利害得失，并根据各方案提供的经济效益和社会效益的高低进行综合判断，最后筛选出最优方案。

### 6. 信息反馈

决策的执行是决策的目的，也是检验过去所做出的决策是否正确的客观依据。当上一阶段筛选出的最优方案付诸实施以后，还需对决策的执行情况进行跟踪评估，借以发现过去决策中存在的问题，然后再通过信息反馈，纠正偏差，以保证决策目标的最终实现。

## (七)投资风险的防范

收益与风险是共存的。一般而言，收益越大，风险也越大。收益的增加是以风险的增大为代价的，而风险的增加将会引起企业价值的下降，不利于财务目标的实现。企业在进行投资时，必须在考虑收益的同时认真考虑风险，只有在收益和风险达到相对较均衡时，才有可能不断增加投资效益，实现财务管理的目标。企业需从以下几个方面防范投资风险。

### 1. 把握好投资方向，坚持科学决策，以项目的高成功率防范资金风险

企业进行技术改造也好，新上项目也好，都要坚持在民主化、科学化的前提条件下实施决策。要以国家产业政策为指导，搞好经济技术和市场可行性论证，尤其要以市场为导向。在认真搞好现有市场调研和未来市场预测的基础上，开展可行性论证，看技术改造项目或新上项目的保险因素有多少，投资风险有多大。只有保险因素超过风险因素时，才能作出投资的决策。否则，就不能盲目投资。

### 2. 投资要适度，把握投资基准点，以理想的回报率防范投资风险

适度投量是加快投资速度、确保投入资金按期增值的必要条件。在确定项目投资后，企业要对项目的投资进行科学论证，把握投资基准点，也就是适度的投资规模。小于这一基准点，就不能取得适度规模效益，而超过这一基准点，就会产生投资风险。在明确了项目投资规模基准点后，还要把握投入资金筹措的基准点，不管哪种筹资方式，都要将筹资利率以及股份分红的基准点放在产品的资金利润率之内，以此来取舍、定夺。只有这样，才能使投资控制在适度的范围之内，又使所投资能取得理想的资金利润率，从而以适度投资和理想回报防范资金风险。

21世纪高职高专经管类专业立体化规划教材

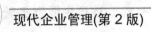

### 3. 科学营运资金，加强经济核算，设立科学的效益指标和核算体系

不但要从量上核算销售收入、利税总额、固定资产增值等绝对指标，而且还要从质上核算净资产利税率、固定资产产出率、资金利税率、全部流动资金周转天数等相对指标。通过对这些指标体系精密核算，明确资金投向的合理配置。

## 四、财务分析

### (一)财务分析的含义

财务分析是以会计核算和报表资料及其他相关资料为依据，采用专门的分析技术和方法，对企业等经济组织过去和现在有关筹资活动、投资活动、经营活动、分配活动的盈利能力、营运能力、偿债能力和增长能力状况等进行评价与分析的经济管理活动。它是为企业的投资者、债权人、经营者及其他关心企业的组织或个人了解企业过去、评价企业现状、预测企业未来，做出正确决策，提供准确的信息或依据的经济应用学科。

### (二)财务分析的内容

财务分析的内容主要包括以下几个方面。

#### 1. 资金运作分析

根据公司业务战略与财务制度，预测并监督公司现金流和各项资金使用情况，为公司的资金运作、调度与统筹提供信息与决策支持。

#### 2. 财务政策分析

根据各种财务报表，分析并预测公司的财务收益和风险，为公司的业务发展、财务管理政策制度的建立及调整提供建议。

#### 3. 经营管理分析

参与销售、生产的财务预测、预算执行分析、业绩分析，并提出专业的分析建议，为业务决策提供专业的财务支持。

#### 4. 投资融资管理分析

参与投资和融资项目的财务测算、成本分析、敏感性分析等活动，配合上级制定投资和融资方案，防范风险，并实现公司利益的最大化。

#### 5. 财务分析报告

根据财务管理政策与业务发展需求，撰写财务分析报告、投资财务调研报告、可行性研究报告等，为公司财务决策提供分析支持。

### (三)财务分析的步骤

有效的财务分析必须包括以下五个相互关联的步骤。

(1) 确定企业所处特定产业(或行业)的经济特征。

(2) 确定企业为增强竞争优势而采取的战略。

(3) 正确理解和净化企业的财务报表。

(4) 运用财务比率和相关指标评估企业的盈利能力与风险。

(5) 为管理决策做出相关的评价。

### (四)财务分析的方法

财务分析的方法与分析工具有很多，具体应用应根据分析者的目的而定。最普遍的还是围绕财务指标进行单指标、多指标综合分析，再加上借用一些参照值(如预算、目标等)，运用一些分析方法(如比率、趋势、结构、因素等)进行分析，然后通过直观、人性化的格式(报表、图文报告等)展现给用户。

#### 1. 比较分析法

比较分析法，是通过对比两期或连续数期财务报告中的相同指标，确定其增减变动的方向、数额和幅度，反映企业财务状况或经营成果变动趋势的一种方法。

1) 比较分析法的方式

比较分析法的具体运用主要有重要财务指标的比较、会计报表的比较和会计报表项目构成的比较三种方式。

(1) 重要财务指标的比较。

重要的财务指标主要有以下两个。

① 定基动态比率。定基动态比率，是以某一时期的数额为固定的基期数额而计算出来的动态比率。

② 环比动态比率。环比动态比率，是以每一分析期的数据与上期数据相比较计算出来的动态比率。

(2) 会计报表的比较。会计报表的比较是将两年或连续几年的报表项目并排列示，以便直接观察每个项目的增减变动情况，了解会计报表各项的变动趋势。

(3) 会计报表项目构成的比较。以会计报表中的某个总体指标作为100%，再计算出各组成项目占该总体指标的百分比，从而比较各个项目百分比的增减变化，以此来判断有关财务活动的变化趋势。

2) 比较分析法需注意的事项

采用比较分析法时，应当注意以下问题。

(1) 用于对比的各个时期的指标，其计算口径必须相同。

(2) 应剔除偶发性项目的影响，使分析所利用的数据能反映正常的生产经营状况。

(3) 应运用例外原则对某项有明显变化的指标做重点分析。

### 2. 比率分析法

比率分析法是通过计算各种比率指标来确定财务活动变动程度的方法。比率指标的类型主要有构成比率、效率比率和相关比率三类。

1) 构成比率

构成比率，又称为结构比率，是某项财务指标的各组成部分数值占总体数值的百分比，反映部分与总体的关系。

2) 效率比率

效率比率，是某项财务活动中所费与所得的比率，反映投入与产出的关系。

3) 相关比率

相关比率，是以某个项目和与其有关但又不同的项目加以对比所得的比率，反映有关经济活动的相互关系。采用比率分析法时，应当注意以下几点。

(1) 对比项目的相关性；

(2) 对比口径的一致性；

(3) 衡量标准的科学性。

### 3. 因素分析法

因素分析法是依据分析指标与其影响因素的关系，从数量上确定各因素对分析指标影响方向和影响程度的一种方法。因素分析法具体有两种：连环替代法和差额分析法。

连环替代法是根据因素之间的内在依存关系，依次测定各因素变动对经济指标差异影响的一种分析方法。连环替代法的主要作用在于分析计算综合经济指标变动的原因及其各因素的影响程度。

差额分析法是直接利用各因素的计划与实际的差异来按顺序计算，确定其变动对分析对象的影响程度。它是从连环替代法简化而成的一种分析方法。

采用因素分析法时，必须注意以下问题：

(1) 因素分解的关联性；

(2) 因素替代的顺序性；

(3) 顺序替代的连环性；

(4) 计算结果的假定性。

## (五)财务分析指标

### 1. 偿债能力财务指标分析

偿债能力分析包括短期偿债能力分析和长期偿债能力分析。短期偿债能力是企业及时、足额偿还流动负债的保证程度，其主要指标有流动比率、速动比率和利息保障倍数。这些比率越高，表明企业短期偿债能力越强，但这些比率在评价短期偿债能力时也存在局限性。

1) 流动比率指标

流动比率是用以反映企业流动资产偿还到期流动负债能力的指标。它不能作为衡量企业短期变现能力的绝对标准，其原因主要有以下三个方面。

(1) 企业偿还短期债务的流动资产保证程度高，但并不能说明企业已有足够的偿债资金。所以，考察流动比率时，要重视每一项流动资产的短期变现能力，设计一个变现系数，对企业的流动资产进行修正，这样才能得到客观、真实的流动比率。

(2) 计价基础的不一致在一定程度上消减了该比率反映短期偿债能力的可靠性。计算流动比率时(速动比率亦如此)，分母中的短期负债往往采用到期值计价，而分子中的流动资产有的采用现值计价(如现金、银行存款)，有的采用历史成本计价(如存货、短期投资)，还有的采用未来价值计价(如应收账款)。计价基础不相同必然导致流动比率反映短期偿债能力的可靠性下降。所以，流动资产的未来价值与短期负债的未来价值之比才能更好地反映企业的短期偿债能力。

(3) 该比率只反映报告日的静态状况，因此要注意企业会计分析期前后的流动资产和流动负债的变动情况。流动资产中各要素所占比例的多少，对企业偿债能力有着较高的影响，流动性较差的项目所占比重越大，企业偿还到期债务的能力就越差。

2) 速动比率指标

速动比率是速动资产与流动负债的比率，通常被用来说明企业短期偿还流动负债的能力。速动资产包括货币资金、短期投资、应收票据、应收账款、其他应收款项等，可以在较短时间内变现。而流动资产中存货、1 年内到期的非流动资产及其他流动资产等则不应计入。

速动比率的高低能直接反映企业的短期偿债能力强弱，它是对流动比率的补充，并且比流动比率反映得更加直观可信。如果流动比率较高，但流动资产的流动性却很低，则企业的短期偿债能力仍然不高。在流动资产中有价证券一般可以立刻在证券市场上出售，转化为现金、应收账款、应收票据、预付账款等项目，可以在短时期内变现，而存货、待摊费用等项目变现时间较长，特别是存货很可能发生积压、滞销、残次等情况，其流动性较差。因此，流动比率较高的企业，并不一定偿还短期债务的能力很强，而速动比率就避免了这种情况的发生。因此，速动比率是比流动比率更能反映流动负债偿还的安全性和稳定性的指标。

3) 利息保障倍数指标

利息保障倍数反映了获利能力对债务偿付的保证程度。该比率只能反映企业支付利息的能力和企业举债经营的基本条件，无法反映企业债务本金的偿还能力。同时，企业偿还借款的本金和利息不是用利润支付，而是用流动资产来支付，所以使用这一比率进行分析时，难以证明企业是否有足够多的流动资金偿还债务本息。另外，使用该指标时，还应注意非付现费用问题。从长期来看，企业必须拥有支付其所有费用的资金，但从短期来看，企业的固定资产折旧费用、待摊费用、递延资产摊销、无形资产摊销等非付现费用，并不

21世纪高职高专经管类专业立体化规划教材

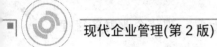

需要现金支付，只需从企业当期利润中扣除。因而，有些企业即使在利息保障倍数低于 1 的情况下，也能够偿还其债务利息。

### 2. 营运能力财务指标分析

1) 应收账款周转率指标

应收账款周转率是用以反映应收账款周转速度的指标。其在实践中存在以下局限性：一是没有考虑应收账款的回收时间，无法准确地反映年度内收回账款的进程及均衡情况；二是当销售具有季节性，特别是当赊销业务量各年相差较悬殊时，该指标不能对跨年度的应收账款回收情况进行连续反映；三是提供应收账款周转率信息相对较慢。该指标反映某一段时期的周转情况，只有在期末才能根据年销售额、应收账款平均占用额计算出来。

2) 存货周转率指标

存货周转率是反映企业销售能力强弱、存货是否过量和资产是否具有较强流动性的一个指标，也是衡量企业生产经营各环节中存货运营效率的综合性指标。在实际运用中，存货计价方法对存货周转率影响很大，因此，在分析企业不同时期或不同企业的存货周转率时，应注意存货计价方法是否相同。另外，为了改善资产报酬率，企业管理层可能会希望降低存货水平和周转期，该指标不能准确地反映存货资产的运营效率。同时，在分析中不可忽视因存货水平过高或过低而造成的一些相关成本，如存货水平低会造成失去顾客信誉、销售机会及生产延后。

### 3. 盈利能力财务指标分析

1) 销售利润率指标

销售利润率指标是盈利能力分析中主要的分析指标。销售利润率是企业一定时期的利润总额与产品销售净收入的比值，其反映的是企业一定时期的获利能力。销售利润率虽能表现出某一特定时期的获利水平，但难以反映获利的稳定性和持久性，并且企业筹资决策也会对该比率产生影响。财务费用作为筹资成本，在计算利润总额时须扣除。在销售收入、销售成本等因素相同的情况下，由于资本结构不同，财务费用水平也会不同，从而销售利润率就会有差异。同时，投资净收益是企业间相互参股、控股或其他投资形式所取得的利润，与销售利润率中的当期产品销售收入之间没有配比关系。同样，销售利润率指标之间以及营业外收支净额与当期产品销售收入之间也没有配比关系。因此，销售利润率指标不符合配比原则与可比性原则。

2) 资本保值增值率指标

资本保值增值率是考核经营者对投资者投入资本的保值和增值能力的指标。资本保值增值率指标除了受企业经营成果的影响，还受企业利润分配政策的影响，同时也未考虑物价变动的影响；在分子分母为两个不同时点上的数据上，缺乏时间上的相关性，如考虑到货币的时间价值，应将年初的净资产折算为年末时点上的价值(或年末净资产贴现为年初时点上的价值)，再将其与年末(或年初)净资产进行比较；三是在经营期间由于投资者投入资本、企业接受捐赠、资本(股本)溢价以及资产升值的客观原因导致的实收资本、资本公积的增加，并不是资本的增值，向投资者分配的当期利润也未包括在资产负债表的期末"未分配利润"项目中。所以，计算资本保值增值率时，应从期末净资产中扣除报告期因客观原因产生的增减额，再加上向投资者分配的当年利润。资本增值是经营者运用存量资产进行各项经营活动而产生的期初、期末净资产的差异，若企业出现亏损，则资本是不能保值的。

# 本章知识结构图

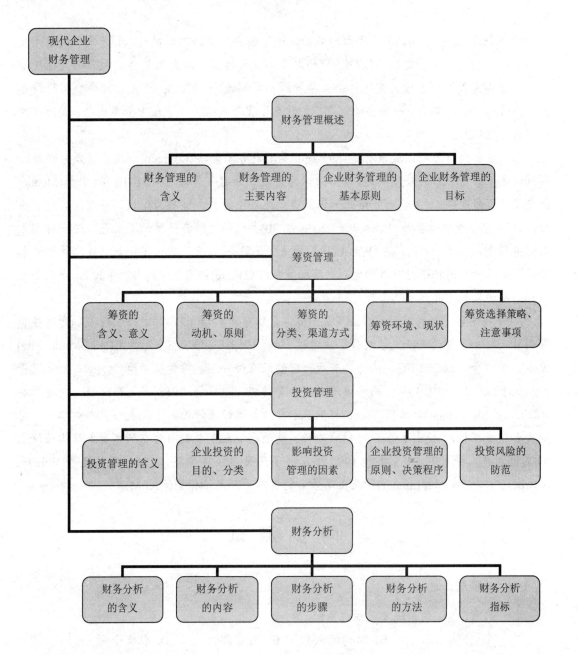

21世纪高职高专经管类专业立体化规划教材

# 扩 展 阅 读

　　企业财务管理起源于15世纪末16世纪初。当时西方社会正处于资本主义萌芽时期，商业股份经济的发展客观上要求企业合理预测资本需要量，有效筹集资本，但由于这时企业对资本的需要量并不是很大，筹资渠道和筹资方式比较单一，企业的筹资活动仅仅附属于商业经营管理，并没有形成独立的财务管理职业，这种情况一直持续到19世纪末20世纪初。

　　19世纪末20世纪初，工业革命的成功促进了企业规模的不断扩大、生产技术的重大改进和工商活动的进一步发展。股份公司的发展不仅引起了资本需求量的扩大，而且也使筹资的渠道和方式发生了重大变化，企业筹资活动得到进一步强化。于是，许多公司纷纷建立了一个新的管理部门——财务管理部门，财务管理开始从企业管理中分离出来，成为一种独立的管理职业。

　　当时主要的财务研究成果有：1897年，美国财务学者格林(Green)出版了《公司财务》，详细阐述了公司资本的筹集问题，该书被认为是较早的财务著作之一；1910年，米德(Meade)出版了《公司财务》，主要研究企业如何最有效地筹集资本，该书为现代财务理论奠定了基础。1929年爆发的世界性经济危机和20世纪30年代西方经济整体的不景气，这一时期主要财务研究成果有：美国洛弗(W.H.Lough)的《企业财务》，首先提出了企业财务除筹措资本外，还要对资本周转进行有效的管理；英国罗斯(T.G.Rose)的《企业内部财务论》，强调企业内部财务管理的重要性。

　　1951年美国财务学家迪安(Joel Dean)出版著作《资本预算》，对财务管理由融资财务管理向资产财务管理的飞跃发展发挥了决定性影响；1952年，哈里·马克维茨(H.M.Markowitz)发表论文"资产组合选择"，认为在若干合理的假设条件下，投资收益率的方差是衡量投资风险的有效方法。1959年，马科维茨出版专著《组合选择》；1958年，弗兰科·莫迪利安尼(Franco Modigliani)和米勒(Merto H.Miller)在《美国经济评论》上发表《资本成本、公司财务和投资理论》，提出了著名的MM理论。莫迪利安尼和米勒因为在研究资本结构理论上的突出成就，分别在1985年和1990年获得了诺贝尔经济学奖；1964年，夏普(William Sharpe)、林特纳(John Lintner)等提出了著名的资本资产定价模型(CAPM)。

# 同 步 测 试

## 一、单项选择题

1. 只有(　　)的系统才是最优系统。

　　A. 整体优化　　　B. 结构优化　　　C. 富有弹性　　　D. 收支平衡

2. 企业首选的一种融资方式是(　　)。

    A. 外部融资　　　B. 内部融资　　　C. 直接融资　　　D. 间接融资

3. 一个企业对工业安全和环境保护等方面的投资属于(　　)投资目的。

    A. 提高质量，降低成本　　　　　　B. 维持现有规模效益

    C. 承担社会义务　　　　　　　　　D. 应对经营风险

4. 用以反映企业流动资产偿还到期流动负债能力的指标是(　　)。

    A. 速动比率指标　　　　　　　　　B. 存货周转率指标

    C. 销售利润率指标　　　　　　　　D. 流动比率指标

5. 衡量企业生产经营各环节中存货运营效率的综合性指标是(　　)

    A. 应收账款周转率指标　　　　　　B. 存货周转率指标

    C. 销售利润率指标　　　　　　　　D. 流动比率指标

## 二、多项选择题

1. 企业财务管理基本原则包含(　　)。

    A. 系统原则　　　B. 平衡原则　　　C. 权衡原则　　　D. 管理原则

2. 筹资选择策略包括(　　)。

    A. 避免或降低筹资风险　　　　　　B. 合理安排筹资结构

    C 尽量增加筹资成本　　　　　　　D. 尽量减少筹资成本

3. 企业的投资目的可以分为(　　)类型。

    A. 扩充规模　　　　　　　　　　　B. 控制相关企业

    C. 维持现有规模效益　　　　　　　D. 应对经营风险

4. 影响投资管理的因素有(　　)。

    A. 投资风险　　　B. 投资弹性　　　C. 投资环境　　　D. 投资能力

5. 财务分析的方法有(　　)。

    A. 比较分析法　　　B. 原始分析法　　　C. 因素分析法　　　D. 比率分析法

## 三、简答题

1. 简述企业财务管理的目标。

2. 简述企业筹资的渠道方式。

3. 企业筹资过程中需要注意哪些事项？

4. 简述企业投资的决策程序

5. 列举财务分析的指标。

## 四、案例分析题

    某商场企业 2018 年赊销收入净额为 4000 万元，销售成本为 3200 万元；年初、年末应收账款余额分别为 400 万元和 800 万元；年初、年末存货余额分别为 400 万元和 1200 万元；年末速动比率为 1.2，年末现金比率为 0.7，假定该企业流动资产由速动资产和存货组成，

21 世纪高职高专经管类专业立体化规划教材 »

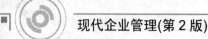

速动资产由应收账款和现金资产组成，一年按 360 天计算。

思考：

(1) 计算 2018 年应收账款周转天数；

(2) 计算 2018 年存货周转天数。

# 项 目 实 训

【实训项目：财务分析】

A 公司 2013 年实现销售收入 6000 万元，2014 年比 2009 年销售收入增长 20%；以后每后一年比前一年资产增加 500 万元，该公司资产由流动资产和固定资产组成，连续 4 年来固定资产未发生变化，均为 2010 万元，假设该公司无投资收益和营业外收支，所得税率保持不变。其他有关数据和财务比率如下。

| 项　　目 | 2013 年 | 2014 年 |
|---|---|---|
| 资产负债率 | 45% | 50% |
| 流动负债/所有者权益 | 0.6 | 0.55 |
| 速动比率 | 0.65 | 0.8 |
| 销售毛利率 | 18% | 20% |
| 平均收账期 | 72 天 | 45 天 |
| 净利润 | 600 万 | 800 万 |

【实训目的】

通过本次实训，使学生了解财务报表分析的基本方法。

【实训内容】

(1) 分析该企业资产负债情况。

(2) 分析该企业流动比率及偿债能力。

(3) 分析该企业盈利情况。

【实训要求】

| 训练项目 | 训练要求 | 备　注 |
|---|---|---|
| 资产负债率 | 分析资产、负债的变化原因 | 掌握资产负债率的内容、计算方法 |
| 流动比率 | 分析流动比率的变动原因 | 掌握流动比率的内容、计算方法 |
| 资产净利率 | 分析资产净利率的变动原因 | 掌握资产净利率的内容、计算方法 |

# 第八章

## 现代企业人力资源管理

**学习目标与要求**

➤ 了解人力资源管理的概念和内容;

➤ 了解人力资源管理的意义和作用;

➤ 掌握员工招聘和选拔的方法和技巧,以及合理配置员工的能力;

➤ 掌握员工培训需求分析的方法及实施培训中解决问题的能力;

➤ 掌握员工绩效考评工具,认识员工激励的途径以及对企业发展的意义。

【引导案例】

刚成立时，飞龙集团只是一个注册资金只有75万元，员工几十人的小企业，而在成立的1年后，实现利润400万元，第二年实现利润6000万元，第三年和第四年实现利润都超过2亿元。短短几年，飞龙集团可谓飞黄腾达，"牛气"冲天。但自第5年飞龙集团突然在报纸上登出一则广告——飞龙集团进入休整，然后便不见踪迹了。这是为什么呢？

飞龙集团除第2年向社会严格招聘营销人才外，从来没有对人才结构认真地进行过战略性设计。随机招收人员、凭人情招收人员，甚至出现亲情、家庭、联姻等不正常的招收人员的现象，而且持续3年之久。作为已经发展成为国内医药保健品前几名的公司，外人或许难以想象，公司竟没有一个完整的人才结构，没有一个完整地选择和培养人才的规章。同时，存在人员素质整体偏低，人才结构不合理等情况。从第三年开始，飞龙集团在无人才结构设计的前提下，盲目地大量招收中医药方向的专业人才，并且安插在企业所有部门和机构，造成企业高层、中层知识结构单一，导致企业人才结构不合理，严重地阻碍了一个大型企业的发展。第三年一位高层领导的失误造成营销中心主任离开公司，营销中心一度陷入混乱。这样一来，实际上就造成了无法管理和不管理。

(资料来源：http://www.hrloo.com/rz/7042.html)

思考：

请问是什么原因导致了飞龙集团的失误？

# 知 识 要 点

## 一、人力资源管理概述

人力资源管理，是指运用现代化的科学方法，对与一定物力相结合的人力进行合理的培训、组织和调配，使人力、物力经常保持最佳比例，充分发挥人的主观能动性，使人尽其才，事得其人，人事相宜，以实现组织目标。

【案例分析8-1】

### 联想：人才管理就是核心

柳传志有着自己认定的人才培养方法：缝鞋垫理论。"培养一个战略型人才和培养一个优秀的裁缝有相同的道理，不能一开始就给他一块上等毛料做西服，而是应该让他从缝鞋垫做起。鞋垫做好了再做短裤，然后再做长裤、衬衣，最后才是做西装。不能拔苗助长，操之过急。"

人才管理是一个循环持续的工程，其核心的理念在于：发现人才并培养他最后留住他。而联想正是在缝鞋垫的过程中评估、发现人才。鞋垫缝的好才能做裤子，而谁的鞋垫缝得好？谁下一步做鞋子而不是做裤子？通过发现企业员工潜能去规划他们的人生，也是联想人才管理的重要组成部分，联想用自己的"缝鞋垫"理论一步步夯实自己的人才基础。

杨元庆便是在"缝鞋垫"的时候被发现。1988 年杨元庆初到联想集团从推销员做起，两年后成为当时一个不太重要的业务部的经理。做业务部经理时，杨元庆不仅使任职部门的营业额快速增长，而且带出一支十分优秀的队伍，由于工作出色，后调到联想最重要的微机事业部做总经理，开始了自己的"做衬衫"生涯。在微机事业部，杨元庆带领一群人不断拼搏，使联想电脑市场份额在两年间获得大的飞跃，又逐渐被委以重任。就这样，一步步才登上联想集团总裁的位置，正式出师"做西服"。

分析：人才管理时代更看重的是让对的人在正确的时间正确的地点做正确的事。因此，人才管理的基础在于通过全方位的评估发现员工特质，看企业是否找到了企业需要的潜力人才，将其放在什么样的岗位上更能发挥其优势规避其短板？所以，联想一直在专注地评估发现每个人身上的潜能。

(资料来源：http://blog.ceconlinebbs.com/BLOG_ARTICLE_15226.HTM)

## (一)人力资源管理的内容

人力资源管理主要包括以下几个方面的内容。

### 1. 企业文化

企业文化包括企业使命、愿景、核心价值观等，是人力资源管理的最高境界。

### 2. 人力资源规划

人力资源规划是根据企业战略制定的，它是各项具体人力资源管理活动的起点和依据。

### 3. 职务分析与设计

职务分析与设计是对企业各个工作职位的性质、结构、责任、流程，以及胜任该职位工作人员的素质、知识、技能等，在调查分析所获取相关信息的基础上，编写出职务说明书和岗位规范等人事管理文件。

### 4. 招聘与配置

招聘是把合适的人放在合适的岗位上，让其充分发挥才能，根据应聘者的性格、工作经历、兴趣、家庭、动机等因素与企业岗位、文化进行比对，看是否合适。

### 5. 培训与开发

培训是提高员工素质、技能的必要手段，应结合企业的战略规划、绩效考核结果、职务说明书等进行培训需求分析，制订培训计划并实施，对培训效果进行评估，从而提高员工技能，为企业创造效益。

21世纪高职高专经管类专业立体化规划教材

### 6. 绩效管理

绩效管理是各级管理者和员工为了达到组织目标，共同参与的绩效计划制订、绩效辅导沟通、绩效考核评价、绩效结果应用、绩效目标提升的持续循环过程。绩效管理的目的是持续提升个人、部门和组织的绩效。

### 7. 薪酬福利

薪酬福利是企业员工普遍关注的问题，也是提升员工满意度的关键因素之一，主要包括基本薪酬(即本薪)、奖金津贴和福利等。公平性和竞争性是维护员工对薪酬满意度的两大原则。薪酬体系是企业整体人力资源管理体系中很重要的组成部分。

### 8. 员工关系管理

员工关系管理就是企业和员工的沟通管理，这种沟通更多采用柔性的、激励性的、非强制的手段，从而提高员工满意度，支持组织其他管理目标的实现。员工关系管理的主要职责是：协调员工与管理者、员工与员工之间的关系，引导建立积极向上的工作环境。

### 9. 员工职业生涯规划

员工职业生涯规划是指在对一个人职业生涯的主客观条件进行测定、分析、总结的基础上，对自己的兴趣、爱好、能力、特点进行综合分析与权衡，确定出最佳的职业奋斗目标，并为实现这一目标做出的行之有效的安排。企业应该鼓励和关心员工的个人发展，帮助员工制订个人发展规划。

### 10. 员工心理咨询辅导

开展员工心理咨询辅导是进一步提高企业职工的心理健康水平、营造企业内部良好的人文关怀环境，促进职工和企业的健康和谐发展的一项有效工作。随着社会生存、求职、感情压力的增加，如何正确引导员工积极、健康的心理发展也是人力资源管理的内容。

### 11. 劳动关系管理

劳动关系管理是指协调和改善企业与员工之间的劳动关系。企业应该重视文化建设，营造和谐的劳动关系和良好的工作氛围，保障企业经营活动的正常开展。

总之，人力资源工作者要树立爱人的使命，传道、授业、解惑，建立科学、高效、严谨、激励的人力资源体系，充分调动人的积极性，达成企业的战略目标。

## (二)人力资源管理的意义

在现代企业管理中，人力资源管理是企业可持续发展的保障，不断提高人力资源开发与管理的水平，是当前发展经济、提高市场竞争力的需要。现代人力资源管理对企业发展的意义，主要体现在以下几个方面。

(1) 有利于促进生产经营的顺利进行。通过协调劳动力与劳动资料之间的关系，合理利用现有的生产资料和劳动力资源，使它们在生产经营过程中发挥其作用，形成最优的资源配置，从而保证生产经营活动有条不紊地进行。

（2）有利于调动企业员工的积极性，提高劳动生产率。企业中的员工有思想、有感情、有尊严，人力资源管理必须为劳动者创造一个适合他们所需要的劳动环境，使他们乐于工作，处理好物质奖励、行为激励以及思想教育工作三方面的关系。

（3）有利于减少劳动耗费，提高经济效益。科学合理配置人力资源，可以促使企业减少劳动消耗，提高经济成果。在市场经济条件下，企业资产的保值增值也需要加强人力资源管理。

（4）有利于现代企业制度的建立。科学的企业管理制度是现代企业制度的重要内容，提高企业现代化管理水平，最重要的是提高企业员工的素质。加强企业人力资源管理是实现企业管理由传统管理向科学管理和现代管理转变不可缺少的一个环节。

（5）有利于建立和加强企业文化建设。企业文化对员工具有导向、凝聚和激励作用，优秀的企业文化可以增进企业员工的团结和友爱，降低管理成本和运营风险。

## (三)新型人力资源管理

### 1. 建立新型人力资源管理体系

企业在确定未来几年的发展战略和经营目标后，需要确定与之相配套的组织机构框架和运作模式。

为达成企业发展战略需要配套制定人力资源发展战略，使企业在适当的时间和需要的场合具备相应的人员作为实施战略目标的资源保障，更为重要的是这些个体资源能在整体运作过程中发挥其应有的作用，使人才资源作为企业的资本一部分发挥综合能力。

企业有时会盲目地以为，把符合企业发展战略要求的最好素质的人聚集起来就能实现企业战略目标。其实这并不现实，因为最好素质的人集合在一起的时候，并不能把他所有的能力都发挥出来，即使发挥出来，也不能保证他们所作的努力都是同向的，其主要原因是他们之间缺乏发自内心的共同的价值观和使命，两者在一起的时候貌合神离、相互之间缺乏理解与包容，可能为了每个人都争当红花，缺乏绿叶的陪衬，而使红花缺乏养料而提前枯萎；即便是既有红花又有绿叶，他们之间的搭配也是非常的重要。其实在一个团体中人也是一样，他们需要互相配合和支持，共同的文化背景和理念，使他们的合作变得轻松愉快，即便这个集体中的每个个体不是最强，它也能发挥集体的最大能量，反之则不然。

为此，人力资源战略的制定需要把方方面面的因素综合起来考虑，理顺人力资源管理各个模块之间的关系，平衡各模块之间的力量，使之形成合力而不是摩擦力。

【课堂思考8-1】

### 某电子科技企业的人力资源改革

A 公司是一家以电子应用技术为主的电子科技企业，正在努力成为国内电子应用行业的龙头企业。但在实现该战略目标的过程中，公司面临着多重的人力资源挑战。

21世纪高职高专经管类专业立体化规划教材

(1) 人才结构和战略目标要求不匹配：公司 30 岁以下年轻人居多，其中 60%是刚工作两三年的毕业生，能够独立工作的技术骨干严重缺乏。

(2) 骨干人才的忠诚度不高，人才队伍不稳定。公司收入和其他电子公司相比还有一定的差距，而公司项目的特点是难度大，周期长，成果见效慢，很多骨干都由于外部待遇诱惑而离职。

(3) 员工工作积极性难调动。公司对员工的考核一直由主管领导主观判断决定，缺少客观依据，考核结果很难让员工信服，影响了许多员工的工作积极性。

(4) 人才储备缺乏，人才队伍梯队的建设不连续。由于骨干人才缺乏，导致有效的人力资源经常处于过度的使用状态，得不到知识的更新和技能的提升

(资料来源：http://blog.sinA. com.cn/s/blog_6c793e2301017jmj.html)

**思考：**

根据该公司情况，如何建立现代人力资源管理体系？

### 2. 现代人力资源管理与传统人事管理的区别

现代人力资源管理，深受经济竞争环境、技术发展环境和国家法律及政府政策的影响。它作为近 20 年来出现的一个崭新的和重要的管理学领域，远远超出了传统人事管理的范畴。具体来说，现代人力资源管理与传统的人事管理存在以下几个方面的区别。

(1) 传统人事管理的特点是以"事"为中心，只见"事"，不见"人"。只见某一方面，而不见人与事的整体性、系统性，强调"事"的单一方面的静态的控制和管理，其管理的形式和目的是"控制人"；而现代人力资源管理以"人"为核心，强调一种动态的心理、意识的调节和开发，管理的根本出发点是"着眼于人"，其管理归结于人与事的系统优化，致使企业取得最佳的社会和经济效益。

(2) 传统人事管理把人设为一种成本，将人当作一种"工具"，注重的是投入、使用和控制；而现代人力资源管理把人作为一种"资源"，注重产出和开发。有学者提出：重视人的资源性的管理，并且认为 21 世纪的管理哲学是"只有真正解放了被管理者，才能最终解放管理者自己"。

(3) 传统人事管理是某一职能部门单独使用的工具，似乎与其他职能部门的关系不大，但现代人力资源管理却与此有着截然不同的地方。实施人力资源管理职能的各组织中的人事部门逐渐成为决策部门的重要伙伴，从而提高了人事部门在决策中的地位。人力资源管理涉及企业的每一个管理者，现代的管理人员应该明确：他们既是部门的业务经理，也是这个部门的人力资源经理。人力资源管理部门的主要职责在于制定人力资源规划、开发政策，侧重于人的潜能开发和培训，同时培训其他职能经理或管理者，提高他们对人的管理水平和素质。所以说，企业的每一个管理者，不但要完成企业的生产、销售目标，还要培养一支为实现企业组织目标的员工队伍。

## 二、人力资源的规划、招聘与选拔

### (一)人力资源的规划

#### 1. 人力资源规划的含义

人力资源规划是指根据企业的发展规划和发展战略，通过对企业未来的人力资源的需要和供给状况的分析及估计，对人力资源的获取、配置、使用、保护等各个环节进行职能性策划，以确保组织在需要的时间和需要的岗位上，获得各种必需的人力资源的计划。

企业人力资源规划的内容包括总体规划和具体计划。人力资源总体规划是计划期间内人力资源开发与管理的总目标、总政策、总实施步骤和总预算的安排；人力资源具体计划是总规划的展开和时空具体化，每一项具体计划也都是由目标、任务、政策、步骤和预算等部分构成，从不同方面保证人力资源总体规划的实现。

人力资源规划的实质是促进企业实现其发展目标。因此，它具有战略性、前瞻性和目标性，能体现出组织的发展要求。

#### 2. 人力资源规划的目的

人力资源规划主要有以下几个方面的目的。

1) 规划人力发展

人力发展包括人力预测、人力增补及人员培训，这三者紧密联系，不可分割。人力资源规划一方面对目前人力现状予以分析，以了解人事动态；另一方面，对未来人力需求做一些预测，据以制订人员增补和培训计划。所以，人力资源规划是人力发展的基础。

2) 促使人力资源的合理运用

只有少数企业其人力的配置完全符合理想的状况。在相当多的企业中，其中一些人的工作负荷过重，而另一些人则工作过于轻松；也许有一些人的能力有限，而另一些人则感到能力有余，未能充分利用。人力资源规划可改善人力分配的不平衡状况，进而谋求合理化，以使人力资源能配合组织的发展需要。

3) 配合组织发展的需要

任何组织的特性，都是不断地追求生存和发展，而生存和发展的主要因素是人力资源的获得与运用，也就是如何适时、适量及适质地使组织获得所需的各类人力资源。由于现代科学技术日新月异，社会环境变化多端，如何针对这些多变的因素，配合组织发展目标，对人力资源恰当规划甚为重要。

4) 低用人成本

影响企业结构用人数目的因素很多，如业务、技术革新、机器设备、组织工作制度和工作人员的能力等。人力资源规划可对现有的人力结构作一些分析，并找出影响人力资源有效运用的瓶颈，使人力资源效能充分发挥，降低人力资源在成本中所占的比率。

### 3. 人力资源规划的程序

一个企业必须根据企业的整体发展战略目标和任务来制订其本身的人力资源计划。一般来说，一个企业组织的人力资源计划的编制要经过以下四个步骤。

1) 预测和规划本组织未来人力资源的供给状况

通过对本组织内部现有各种人力资源的认真测算，并对照本组织在某一定时期内人员流动的情况，即可预测出本组织在未来某一时期里可能提供的各种人力资源状况。

2) 对人力资源的需求进行预测

经过第一步对本组织员工在未来某一时期内人力资源供给方面预测规划的基础上，接着就要根据组织的战略目标来预测本组织在未来某一时期对各种人力资源的需求，对人力资源需求的预测和规划可以根据时间的跨度而相应地采用不同的预测方法。

3) 进行人力资源供需方面的分析比较

人力资源计划编制的第三步是把本组织人力资源需求的预测数与在同期内组织本身仍可供给的人力资源数进行对比分析。从比较分析中则可测算出对各类人员的所需数。在进行本企业组织在未来某一时期内可提供的人员和相应所需人员的对比分析时，不但可测算出某一时期内人员的短缺或过剩情况，还可以具体地了解到某一具体岗位上员工余缺的情况，从而可以测出需要具有哪一方面的知识、技术档次方面的人员，这样就可以有针对性地招聘或培训，并为组织制定有关人力资源相应的政策和措施提供依据。

4) 制定有关人力资源供需方面的政策和措施

在经过人力资源供给测算和需求预测比较的基础上，组织即应制定相应的政策和措施，并将有关的政策和措施呈交给最高管理层审批。

### 4. 人力资源规划的编制与实施

1) 编制人力资源规划

根据组织战略目标及本组织员工的净需求量，编制人力资源规划，包括总体规划和各项业务计划。同时要注意总体规划和各项业务计划及各项业务计划之间的衔接和平衡，提出调整供给和需求的具体政策和措施。一个典型的人力资源规划应包括：规划的时间段、计划达到的目标、情景分析、具体内容、制定者以及制定时间。

2) 实施人力资源规划

人力资源规划的实施，是人力资源规划的实际操作过程，要注意协调好各部门、各环节之间的关系，在实施过程中需要注意以下几个方面。

(1) 必须要有专人负责既定方案的实施，要赋予负责人拥有保证人力资源规划方案实现的权利和资源。

(2) 要确保不折不扣地按规划执行。

(3) 在实施前要做好准备。

(4) 实施时要全力以赴。

(5) 要有关于实施进展状况的定期报告，以确保规划能够与环境、组织的目标保持一致。

## (二)人力资源的招聘

### 1. 招聘的含义

招聘是指通过发布信息，把具有一定技巧、能力和其他特性的申请人吸引到组织的过程。招聘的实质就是让潜在的合格人员对本企业的相关职位产生兴趣并且前来应聘这些职位。现代人力资源管理的招聘活动往往从企业总体战略和企业发展需要出发，遵循严格的程序，并运用科学的方法选拔和配置人才。

### 2. 招聘的程序

1) 人力资源招聘的一般程序

人力资源招聘的一般程序如下。

(1) 制订招聘计划；

(2) 建立招聘水池；

(3) 对应聘者进行筛选；

(4) 决定录用合格的应聘者；

(5) 对招聘录用者的工作进行评估。

2) 有效招聘的流程分析

所谓有效招聘的流程是指组织在为工作或职业而选拔从事者时而制定的关于行动进程的一套完整指示，它具体说明了选择什么、何时选择、由谁来选择、为什么进行选择以及如何选择等问题。有效招聘流程需要实现的功能主要有以下几个方面。

(1) 信息收集。即招聘前需要了解公司岗位需求，获取工作空缺、工作内容以及申请者的身体状况、行为特征和技能经验等方面的信息。

(2) 预测。将申请者过去或现在的特征转换为关于其将来行为及对组织目标贡献的信息。

(3) 决策。将关于申请者的预测性信息转换为其倾向性的行动。

(4) 信息提供。产生关于申请者特征、预测的行为以及行动计划等信息。

### 3. 招聘的渠道和方法

1) 内部招聘

内部招聘的方式包括招聘岗位张榜告示、技能档案法以及主管推荐等。

2) 外部招聘

外部招聘的方式包括员工推荐、广告招聘、职业中介、猎头公司、招聘会以及校园招聘等。

### (三)人力资源的选拔

#### 1. 员工选拔概述

所谓选拔是从求职者中挑选最适合岗位要求人选的过程。在获得了申请人的资料之后，下一步工作就是在这些候选人中挑选出符合要求的任职者。对候选人进行筛选直接决定了企业所雇用员工的质量，因此，员工选拔是企业人力资源管理中十分关键的职能之一。

#### 2. 员工选拔的过程及方法

人才选拔实际上是一个不断选择和淘汰的过程，在整个招聘活动中处于核心地位。它通常要经过筛选申请材料(如简历、应聘申请表)、预备性面试、知识技能测验、职业心理测试、公文筐测试、结构化面试、评价中心测试(如情境面试)、身体检查、背景调查等步骤来完成。

1) 筛选申请材料

申请材料主要包括简历、应聘申请表等。对应聘者填写的各种申请表进行审核是人员选拔的第一步。这些申请表的内容可以帮助用人单位了解应聘者的基本信息(如学历、工作经验等)。一般认为，应聘申请表有助于我们从客观的角度对求职者进行判断；对求职者的职业发展情况有较为明确的了解，能够判断其近年来工作的稳定性，并能据此预测其未来的工作绩效和可能的任职期。

2) 预备性面试

应聘者填妥申请表后，就可以进行预备性面试了。这是一个过程比较简短的面试，通常是由人力资源部进行。预备性面试的目的是确定应聘者的工作能力、工作经验是否符合岗位要求。招聘人员向应聘者解释拟聘岗位的具体要求，并回答应聘者关于公司、工作等的相关问题。同时，通过一些简要的提问，验证应聘申请材料中不清楚的事宜。

3) 职业心理测试

根据岗位胜任特征模型的要求，选择相应的职业心理测试方法。人力资源部根据心理测试结果，淘汰不合格者，并将候选人推荐给部门经理。需要强调的是，此前的招聘工作主要是由人力资源部进行，从该阶段起，部门经理开始介入人才选拔过程。

4) 公文筐测试

在公文筐测试中，假定被试者将接替某个中高层管理者的工作，并被要求在规定的时间内处理相当数量的文件、电话、信件等。这种测试主要考察被试者的计划、决策能力。

5) 结构化面试

根据岗位胜任特征要求，编制结构化面试题库、评分标准及实施要求，通过对面试考官的培训，使其掌握结构化面试的实施方法，特别是评分标准和方法，实施结构化面试。

6) 评价中心测试

评价中心是企业经常采用的一种高级人才测评技术。这种方法将逼真地模拟工作情境，采用多种方式来观察和评价其行为表现。评价中心的主要特点是情景模拟性。结构化面试是评价中心法之一。

除了职业心理测试、公文筐测试和结构化面试之外，评价中心法还包括无领导小组讨论、情境评价、角色扮演、演讲等。

7）　身体检查

《中华人民共和国劳动合同法》第八条规定，"用人单位有权了解劳动者与劳动合同直接相关的基本情况，劳动者应当如实说明。"因此，对劳动者进行基本项目的体检是相应岗位的需要，尤其是特殊的岗位，如食品制作、餐饮行业等，需要对传染性疾病等进行检查。

8）　背景调查

背景调查是指通过从外部求职者提供的证明人或以前工作的单位那里搜集资料，来核实求职者的个人资料的行为，是一种能直接证明求职者情况的有效方法。背景调查既可在深入面试之前也可在其后进行。背景内容通常包括应聘者的教育状况、工作经历、个人品质、工作能力等，调查主要采取电话、访谈、要求提供推荐信等方式。背景调查也可以请专业机构进行。

### 3. 员工录用

人员录用是依据选拔的结果做出录用决策并进行安置的活动，其中最关键的内容是做好录用决策。录用决策是依照人员录用的原则，避免主观武断和不正之风的干扰，把选拔阶段多种考核和测验结果组合起来，进行综合评价，从中择优确定录用名单。

人员选拔环节中的所有方法都可用来选择潜在的雇员，但决定使用哪些选拔方法，一般要综合考虑时间限制、信息与工作的相关性，以及费用等因素，对相对简单或无须特殊技能的工作采用一种方法就可以了。但是对大部分岗位来说，通常需要采用多种方法，相互结合，扬长避短，提高录用决策的科学性和正确性。

## 三、人力资源培训与开发

培训是指企业或针对企业开展的一种提高人员素质、能力、工作绩效和对组织的贡献，而实施的有计划、有系统的培养和训练活动。员工开发是指为员工未来发展而展开的正规教育、在职实践、人际互动以及个性和能力的测评等活动。

### (一)培训与开发的内容和作用

#### 1. 培训与开发的内容

员工培训内容主要分为以下三个部分。

1）　应知应会的知识

应知应会的知识主要是员工要了解企业的发展战略、企业愿景、规章制度、企业文化、市场前景及竞争；员工的岗位职责及本职工作基础知识和技能；如何节约成本，控制支出，提高效益；如何处理工作中发生的一切问题，特别是安全问题和品质事故等。这类的课程

21世纪高职高专经管类专业立体化规划教材

应由人力资源和部门主管共同完成，分工协作并相互督促。对于有些规章制度和企业文化，要求全体员工能理解、认同和遵守。

2) 技能技巧

技能是指为满足工作需要必备的能力，而技巧是要通过不断的练习才能得到的，熟能生巧。企业高层干部必须具备的技能是战略目标的制定与实施，领导力方面的训练；企业中层干部的管理技能是目标管理、时间管理、有效沟通、计划实施、团队合作、品质管理、营销管理等，也就是执行力的训练；基层员工是按计划、流程、标准等操作实施，完成任务必备能力的训练。

3) 态度培训

态度决定一切，没有良好的态度，即使能力好也没有用。员工的态度决定其敬业精神、团队合作、人际关系和个人职业生涯发展，能不能建立正确的人生观和价值观，塑造职业化精神。

## 2. 培训与开发的作用

培训与开发主要有以下几个方面的作用。

(1) 培训与开发是调整人与事之间的矛盾、实现人事和谐的重要手段。

(2) 培训与开发是造就人才的关键。

(3) 培训与开发是调动员工积极性的有效方法。

(4) 培训与开发是建立优秀组织文化的有力杠杆。

(5) 培训与开发是企业竞争优势的重要来源。

【课堂思考8-2】

### 美胜集团的大学生培训思维

美胜集团是一家中外合资企业，主要经营服装百货等，根本的理念是"青春、时尚、活力、前卫"。为贯彻企业经营思想，集团 2010 年决定大规模招聘大学应届毕业生，以注入新鲜的血液。

大学生在一般人眼里，通常是"眼高手低"的代名词，但是，在美胜集团的眼里，这个词并非只包含贬义。所谓"眼高"可以解释为有思想，有创新意识，"手低"也可以表示踏实完成任务，有更实际的操作执行能力。

经过激烈的筛选，最后有 20 名应聘者脱颖而出。如何对这些"眼高手低"的大学生进行前期培训一直是美胜关注的重点。

A 是 20 名幸运儿中的一员，大学专业是房地产，结果现在却在人力资源部工作。说起来 A 最难忘的是美胜的面试。A 自己学的不是商业而是房地产，所以在应聘之前略显紧张，没想到他的试题居然都是房地产的问题，他轻车熟路地通过了面试。

A 毕业后没几天，就来公司报到了。到了公司第一件事就是在炎炎夏日下进行为期半个月的军训。美胜的本意是想磨炼他们的意志，培养他们彼此的团队精神。

之后是为期10天的课程培训，主要有美胜的背景、企业文化、公司管理制度、销售技巧、物价合同管理、礼仪等商务知识的培训，还要按时交培训总结。美胜还鼓励新人在培训和实习中主动地去发现商场和个人存在的问题，并要求新人对发现的问题提出自己的处理办法，并在培训总结上加以体现。这种快节奏让这些刚刚走出校门的毕业生逐渐习惯工作的压力，很快实现自身角色的转变。

接下来的是为期一个月的现场实习。整个实习过程分为三个阶段。首先是熟悉商场的各个部门的运作，让新人们进入角色；然后分散到商场的各个营业部门，熟悉商场的日常管理工作；最后再分散到美胜的职能综合部门，熟悉更高一层的管理流程。美胜的用意很明显，每一个职位都让毕业生有所体验，熟悉商场的每个流程，以便为今后更好地工作奠定基础。

目前，这些大学生已经在美胜的各个部门开始了他们的工作，在各个部门都有中层的老员工指点他们工作，现在大都已经成为各个部门的骨干。

（资料来源：http://www.edu24ol.com/web_news/html/2009-2/2009210134538653.html）

**思考：**
从美胜集团的案例中分析培训对大学生有哪些作用和意义。

## (二)培训的组织管理

企业的培训教育工作既是一项长期而又艰苦的工作，也是一项经过严格计划和组织的工作。培训组织管理工作顺利开展，能为公司的人才梯队培养提供平台，提高员工的综合素质和专业技能，培养一批精干的队伍，促进公司和员工共同长远发展提高。要做好此项工作应重视以下几个方面。

### 1. 培训需求分析

有效的培训需求分析是建立在对培训需求成因有效性的分析这一基础之上的，对培训需求形成的原因进行客观的分析直接关系到培训需求分析的针对性和实效性。

培训需求分析分为以下四个步骤。

1) 做好培训前期准备工作

(1) 收集员工资料，建立员工培训档案。档案应当包括培训档案、员工人事变动情况、绩效考核情况和员工职业生涯规划等相关资料。

(2) 同各部门员工保持密切联系，及时掌握员工现状。培训部门员工要及时与其他部门员工保持密切联系，及时更新和补充员工培训档案。

(3) 建立培训需求信息收集的通道。培训部门需要建立起畅通有效的培训需求收集渠道，用以及时掌握员工的培训需求。

2) 制订培训需求调查计划

(1) 制订培训需求分析工作计划，包括时间安排、可能遇到的问题及对策、应当注意

21世纪高职高专经管类专业立体化规划教材

的问题等。

(2) 设立培训需求分析工作目标，明确培训需求分析工作需要达到的目标。

(3) 选择适当的培训需求调查方法。培训需求分析常用的方法有：观察法、问卷法、面谈法，测验法、工作分析法、资料分析法、绩效分析法、全面分析法等。选出适合企业的培训需求分析方法非常重要。

3) 实施培训需求调查工作

(1) 征集培训需求。培训部门向其他有关部门发出征集培训需求的通知。要求绩效有差距或是其他需要培训的部门提出培训需求。

(2) 审核培训需求。培训部门将收集来的培训需求整理汇总，并向相关主管部门进行汇报。

(3) 分析培训需求。对申报的培训需求进行分析确认。

(4) 确认培训需求。根据分析后的培训需求按照重要程度及迫切程度排序。

4) 分析与输出培训需求结果

(1) 对培训需求调查信息进行归类、整理。

(2) 对培训需求调查信息进行分析、总结。这里需要注意以下四点：①认真审查培训需求的一致性和准确性；②筛选信息时要全面考虑各种因素的影响；③保守员工信息和数据秘密；④在保证质量的前提下尽量采用简单易行的方法。

(3) 对培训需求调查结果进行处理、安排。根据紧急程度、个别需求或当前未来需求进行分析。

(4) 撰写培训需求分析报告。培训需求分析报告是培训需求分析工作的成果表现，最终确定是否需要培训和培训什么，是确立培训目标、制订培训计划的重要前提。

## 2. 培训实施

规范学习与培训实施流程，增强学习与培训标准化程度，将会达到事半功倍的效果。制订好培训计划后，接下来的工作就是计划的实施。要做好培训实施这项工作，需要注意以下几个方面。

(1) 在培训实施前，企业首先要确定好岗位或部门人员所应承担的职能和责任，岗位职责要落实到岗位的任职人员身上，部门职责要落实在部门内所有组成人员的身上，如果责任不清，就会影响工作的有效进行。

(2) 要为培训创造良好的培训环境。培训环境因素包括教室空间是否合适、培训地点是否偏僻等，除此之外，确保环境舒适的相关要求还有设备齐全、桌椅舒适、自然采光、提供纸笔、茶点供应、温度适中、教具直观等。

(3) 要设计好培训教室的布局。培训教室的布局可以有许多方式，如马蹄形、扇形、会议型等，最理想的安排方式要视房间的类型、座位的数量、参加的人数和培训的方式等情况而定。

（4）要在培训活动实施前对培训活动所涉及的物品进行总体检查。检查教室预订情况；检查电脑、投影仪等设备是否到位；在临上课前几分钟，检查桌椅、教室、茶点供应的准备情况等。

（5）确定合适的培训方法。培训方法必须与培训需求、培训课程、培训目标相适应。培训方法的设计也要注意受训者知识层次和岗位类型。

（6）创造培训成果转化氛围。受训者在获得知识技能、理念上的进步之后，要巩固培训效果，必须进行实践，通过实践有效且持续地将所学到的知识、技能、能力等运用于生产、管理、研发工作中。

### 3. 培训评估

培训效果的评估是通过一系列的信息、资料、数据对培训的效果进行定性和定量的评价，以提高培训质量的过程。在培训的各个环节都应进行培训评估。可以说培训需求分析和培训效果评估是培训环节中的两个关键点。在进行培训需求分析时对培训需求分析的结果应进行评价；在培训进行的各阶段应及时进行评估，以保证培训沿着既定的方向运行；在培训结束后，对培训成果应进行不同时段的跟踪评估，为下一次培训提供依据，使培训工作的质量呈螺旋式上升。

培训始于需求调研和分析，而终于评估与反馈，双方缺一不可，构成了一个完整的培训工作闭环，通过不断的 PDCA，培训再不断地提升和发展。培训评估与反馈是对整个培训工作的效果评估和检验，同时又发现问题并提出合理化建议和改善提升方案，其重要性不言而喻。

培训效果评估的基本步骤如下。

1）做出培训评估的决定

在进行评估之前，培训项目的组织者或实施者要对评估的可行性及评估目的进行调查或确定。

2）制订培训评估的计划

培训评估计划包括：选择培训的评估人员、选定培训评估的对象、建立培训评估数据库、选择培训评估的形式、选择培训评估的方法、确定方案及测试工具。

3）收集整理和分析数据

在适当的时候要收集数据，预先确定的数据收集进度计划也要到位。当数据收齐并达到预先确定的目标后，接下来的步骤就是对数据进行分析，以及对分析结果进行解释。

4）培训项目成本受益分析

企业员工培训项目的开展需要投入一定的资金，如果投入的很多，而得到的回报微乎其微，那么将会影响到企业领导以后的投资决策。为了提高培训的质量和培训的效果，很有必要对每一个培训项目进行产出的分析，或者称为成本受益分析。

5) 撰写培训评估报告

培训评估完成后，对此次培训项目应写出公正合理的评估报告。编写培训评估报告是整个培训评估工作的尾声，同时也是影响培训评估结果的重要环节。因此，要用客观公正的态度撰写评估报告，保证评估结果的价值性。

6) 及时反馈评估结果

为了提高员工培训在企业人力资源开发中的地位和作用，必须将不同阶段的评估结果及时反馈给有关人员。

【同步阅读 8-1】

### 培训评估的四个层次

培训层级评估是 1976 年 Kirkpartrick 提出的模型，这个模型划分为四个层次。

(1) 反响。这类评估主要是考核学员对培训方案的反应，学员对培训项目构造、培训讲师的见地，培训内容是否适合和方法的见解等。

(2) 学习。学员在培训项目中的进步，该层关心的是学员通过培训是否将掌握的知识和技能应用到实际工作中，提高工作绩效。

(3) 行为。培训项目使学员在工作行为和表现方面发生的变更。

(4) 结果。上述变化对组织发展带来的可见的和积极的作用。这类评估的核心问题是通过培训是否对企业的经营结果产生影响。结果层的评估内容是一个企业组织培训的最终目的。

培训评估的四个层次的评估内容、方法、时间和单位等如表 8-1 所示。

表 8-1　培训效果层次

| 评估层次 | 评估内容 | 评估方法 | 评估时间 | 评估单位 |
|---|---|---|---|---|
| 反应评估 | 衡量学员对具体培训课程、培训师与培训组织的满意度 | 问卷调查、电话调查、访谈法、观察法、综合座谈 | 课程结束时 | 培训单位 |
| 学习评估 | 衡量学员对于培训内容、技巧、概念的吸收与掌握程度 | 提问法、角色扮演、笔试法、口试法、讲演、模拟联系与演示、新的报告与文章发表 | 课程进行时、课程结束时 | 培训单位 |
| 行为评估 | 衡量学员在培训后的行为改变是否因培训所导致 | 问卷调查、行为观察、访谈法、绩效评估、管理能力评鉴、任务项目法、360 度评估 | 三个月或半年以后 | 学员的主管上级 |
| 结果评估 | 衡量培训给公司的业绩带来的影响 | 个人与组织绩效指标、生产率、缺勤率、离职率、成本效益分析、组织气候等资料分析、客户与市场调查、360 度满意度调查 | 半年或一两年后 | 学员的单位主管 |

(资料来源：http://www.cstd28.com/article.aspx?itemsid=16769)

## (三)管理人员开发

管理人员开发是指一切通过传授知识、转变观念或提高技能来改善当前或未来管理工作绩效的活动。它包括企业内教学计划，如授课、辅导和轮流作业；专业教学计划，如管理协会研修班、大学开设的经营管理人员 MBA 教学计划。

### 1. 管理人员开发的目的

管理人员开发的目的主要有以下几个方面。

(1) 帮助管理者有效地完成本职工作，提高他们的工作绩效。

(2) 为管理人员晋升职位，承担更多的工作职责做准备。

(3) 加强企业组织的连续性。

(4) 增强企业管理人员工作的满意感。

### 2. 管理人员开发的计划

(1) 开发形式确定：一般有短期(年度)、中期(5 年)、长期(10 年、15 年以上)计划等。

(2) 开发计划内容：人才开发的相关内容、开发的投资计划、开发计划的评价。

(3) 开发计划步骤：制作组织设计图、盘点本企业管理人才库、画出管理人员安置图。

(4) 开发计划实施：是指对管理人员需求量的预测、制订人才开发计划、组织各部开发力量，进行具体的开发业务，直到对开发对象进行开发的全过程。

(5) 开发计划应注意的问题是：必须与企业的发展目标相一致。

### 3. 管理人员开发的过程和方法

1) 管理人员开发的过程

(1) 评估和满足本企业的需要，确定规划和预测。

(2) 评价特定管理人员的工作绩效和需求。

(3) 开发这些管理人员。

2) 管理人员开发的方法

(1) 在岗：包括工作轮换、辅导、学习的方法、轮流讲学的方法、行动学习。

(2) 脱岗：包括案例研究法、管理竞赛、企业外的研修等。

【同步阅读 8-2】

### 企业如何给员工做个人职业生涯规划

1. 自我评价

(1) 目的：帮助员工确定兴趣、价值观、资质以及行为取向，指导员工思考当前所处职业生涯的位置，制订出未来的发展计划，评估个人的职业发展规划与当前所处的环境以

21世纪高职高专经管类专业立体化规划教材

及可获得的资源是否匹配。

(2) 公司推行自我评价主要采取以下两种方式。

① 职业兴趣确认：帮助员工确定自己的职业和工作兴趣。

② 自我指导研究：帮助员工确认自己喜欢在哪一种类型的环境下从事工作。

(3) 员工与公司的责任。

① 员工的责任：根据自己当前的技能或兴趣与期望的工作之间存在的差距确定改善机会和改善需求。

② 公司的责任：提供评价信息，判断员工的优势、劣势、兴趣与价值观。

2. 现实审查

(1) 目的：帮助员工了解自身与公司潜在的晋升机会、横向流动等规划是否相符合，以及公司对其技能、知识所做出的评价等信息。

(2) 现实审查中信息传递的方式主要有以下两种。

① 员工的上级主管将公司评价员工的信息作为绩效评价过程的一个组成部分，与员工进行沟通。

② 上级主管与员工举行专门的绩效评价与职业开发讨论，对员工的职业兴趣、优势以及可能参与的开发活动等方面的信息进行交流。

(3) 员工与公司的责任。

① 员工的责任：确定哪些需求具有开发的现实性。

② 公司的责任：就绩效评价结果以及员工与公司的长期发展规划相匹配之处与员工进行沟通。

3. 目标设定

(1) 目的：帮助员工确定短期与长期职业目标。这些目标与员工的期望职位、应用技能水平、工作设定、技能获得等方面紧密联系。

(2) 目标设定的方式：员工与上级主管针对目标进行讨论，并记录于员工的开发计划中。

(3) 员工与公司的责任。

① 员工的责任：确定目标和判断目标进展状况。

② 公司的责任：确保目标是具体的、富有挑战性的、可以实现的；承诺并帮助员工达成目标。

4. 行动规划

(1) 目的：帮助员工决定如何才能达成自己的短期与长期的职业生涯目标。

(2) 行动计划的方式：主要取决于员工开发的需求以及开发的目标，可采用安排员工参加培训课程和研讨会、获得新的工作经验、获得更多的评价等方式。

(3) 员工与公司的责任。

① 员工的责任：制定达成目标的步骤及时间表。

② 公司的责任：确定员工在达成目标时所需要的资源，其中包括课程、工作经验以及关系等。

（资料来源：http://jingyan.baidu.com/article/e75057f28d8ca1ebc91a8913.html）

【案例分析 8-2】

### 彭德尔顿百货公司的管理人员开发

彭德尔顿百货公司的总部设在芝加哥，一位顾问与该公司的一些高级管理人员讨论有关管理质量的问题。常务副总裁问起在管理者发展方面是否有一些概括性的原则。他对顾问讲，"我们知道你对于各种类型的企业中各个层次管理人员的培养发展有各种丰富经验，你是否已经发现了什么接近于普通真理或者说原则的东西？"

顾问回答说："尽管我不想断言在管理者发展这一方面有普遍原则，但我坚信管理者发展计划的作用。首先，企业最高层管理人员，不论是大的部门经理、地区经理或企业总经理，必须详细地了解提出的管理者发展计划要求完成的内容，必须确信这种计划是必由之路，必须有耐心和决心去促使每一个管理人员把理论与实践结合起来。"

"其次，计划必须由业务经理来实施，而不是由顾问或人事部门来实施。再次，对每一项计划的评价都应以其对公司成果所做的贡献为依据。最后，当主要的高层管理人员对计划失去了直接兴趣，不再与计划保持联系时，计划的质量和效果就会降低。"

常务副总裁说："我们怎么能像你所说的那样直接地参与这类训练计划呢？我们有这么多的事要做，而且，正因为如此，我们才在人事部门里设了一个培训科。"面对副总裁的要求，人力资源部经理该如何完成管理人员的开发培训工作？

分析：

顾问的意见实际上表明了管理的三个基本职能：计划、组织和控制以及这些职能行使过程中的领导行为。因此，顾问的观点是正确的。人力资源管理同样是这三个职能。作为人力资源部经理，首先要做好人力资源的计划工作，努力使这些计划为下属人员所理解；其次是安排一定的人或组织将计划与实际结合，有效地实施计划；最后是以绩效为依据评价计划的实施效果。当然，在整个人力资源管理过程中，必须始终保持高昂的热情和必要的领导艺术。

（资料来源：http://www.03964.com/read/85880596bde22d10ec4ab569.html）

## 四、绩效考评、晋升与报酬

### (一)绩效考评

绩效考评是指组织依照预先确定的标准和一定的评价程序，运用科学的评价方法、按照评价的内容和标准对评价对象的工作能力、工作业绩进行定期和不定期的考核和评价。

绩效评估的方法主要有以下几种。

**1. 结果导向型绩效评估方法**

业绩评定表法、目标管理法(MBO)、关键绩效指标法(KPI)、平衡计分卡(BSC)、主管述职评价等，此类方法所做出的评估的主要依据是工作的绩效，即工作的结果，能否完成任务是第一要考虑的问题，也是评估的重点对象。

1) 业绩评定表法

业绩评定表法，也可以称为评分表法，可以说是一种出现比较早及常用的方法，它是利用所规定的绩效因素(如完成工作的质量、数量等)对工作进行评估，把工作的业绩与规定表中的因素进行逐一对比打分，然后得出工作业绩的最终结果。最终结果分为几个等级，如优秀、良好、一般等。这种方法的优点是可以作定量比较，评估标准比较明确，便于做出评价结果。

2) 目标管理法

目标管理法是最典型的结果导向型绩效评估法。评估的对象是员工的工作业绩，即目标的完成情况而非行为，这样使员工能够向目标方向努力从而在一定程度上有利于保证目标的完成。

3) 关键绩效指标法

关键绩效指标法(KPI)把对绩效的评估简化为对几个关键指标的考核，将关键指标当作评估标准，把员工的绩效与关键指标作出比较的评估方法，在一定程度上可以说是目标管理法与帕累托定律的有效结合。关键指标必须符合 SMART 原则：具体性(Specific)、衡量性(Measurable)、可达性(Attainable)、现实性(Realistic)和时限性(Time-based)。这种方法的优点是标准比较鲜明，易于做出评估。

4) 平衡计分卡

平衡计分卡(BSC)是由哈佛大学的罗伯特·卡普兰(Robert Kaplan)与波士顿的顾问大卫·诺顿(David Norton)在 20 世纪 90 年代最早提出的，它包括财务纬度、顾客纬度、内部业务纬度及学习与成长纬度。在此基础上的个人平衡计分卡能够比较全面地进行评估，通过个人目标与企业愿景的平衡，将平衡计分卡引入人力资源管理，而这一平衡正是实现员工的积极性、可持续的企业绩效的前提条件。

5) 主管述职评价

主管述职评价是由岗位人员作述职报告，把自己的工作完成情况和知识、技能等反映在报告内的一种考核方法。主管述职评价主要针对企业中、高层管理岗位的考核。主管述职报告可以在总结本企业、本部门工作的基础上进行，但重点是报告本人履行岗位职责的情况，即该管理岗位在管理本企业、本部门完成各项任务中的个人行为，本岗位所发挥作用状况。

**2. 行为导向型的绩效评估方法**

与结果导向型的绩效评估方法不同的是，关键事件法、行为观察比较法、行为锚定评价法、360 度绩效评估法等都是以工作中的行为作为主要评估的依据，也就是说评估的对象主要是行为。

1）　关键事件法

关键事件法是客观评价体系中最简单的一种形式，它是通过对工作中最好或最差的事件进行分析，对造成这一事件的工作行为进行认定从而做出工作绩效评估的一种方法。

2）　行为观察比较法

行为观察比较法，也叫作行为观察量表法，是各项评估指标给出一系列有关的有效行为，将观察到的员工的每一项工作行为同评价标准比较进行评分，看该行为出现的次数频率的评估方法，每一种行为上的得分相加，得出总分结果比较。

3）　行为锚定评价法

行为锚定评价法，也称为行为定位评分法，是比较典型的行为导向型评估法。它侧重的是具体可衡量的工作行为，通过数值给各项评估项目打分，只不过评分项目是某个职务的具体行为事例，也就是对每一项职务指标做出评分量表，量表分段是实际的行为事例，然后给出等级对应行为，将工作中的行为与指标对比做出评估。它主要针对的是那些明确的、可观察到的、可测量到的工作行为。

4）　360 度绩效评估法

360 度绩效评估法，是一种从不同角度获取组织成员工作行为表现的观察资料，然后对获得的资料进行分析评估的方法，它包括来自上级、同事、下属及客户的评价，同时也包括被评者自己的评价。这种方法的优点是比较全面地进行评估，易于做出比较公正的评价，同时通过反馈可以促进工作能力，也有利于团队建设和沟通。它的缺点是因为来自各方面的评估，工作量比较大；也可能存在非正式组织，影响评价的公正性；还需要员工有一定的知识参与评估。

## (二)晋升

晋升是指员工向一个比前一个工作岗位挑战性更高、所需承担责任更大以及享有职权更多的工作岗位流动的过程。

### 1. 晋升的目的

为了提升员工个人素质和能力，充分调动全体员工的主动性和积极性，并在公司内部营造公平、公正、公开的竞争机制，规范公司员工的晋升、晋级工作流程。

### 2. 晋升流程

员工提出书面申请，申请内容包括对未来工作的设想、自身所具备的能力素质、自身的工作经验等，人力资源部对应聘者递交的各项材料、《员工职业发展规划表》《能力开发需求表》等进行初审，通过后，交给考核管理委员会进行复审，依据《各级职位复审需考察的主要因素，考核管理委员会通过后就可以让总经理签发任命通知，这样就完成了一次员工的晋升工作。

21世纪高职高专经管类专业立体化规划教材

### (三)报酬

报酬泛指雇员做出有偿劳动而获得的回报,包括工资及其他项目(如津贴、保险、退休金),以及非现金的各种员工福利,如有薪假期、医疗保险等。此外亦指为结清债务或弥补伤害所支付的和解款项。

**1. 报酬内容**

用人单位在生产过程中支付给劳动者的全部报酬包括以下三个部分。

(1) 货币工资,即用人单位以货币形式直接支付给劳动者的各种工资、奖金、津贴和补贴等。

(2) 实物报酬,即用人单位以免费或低于成本价提供给劳动者的各种物品和服务等。

(3) 社会保险,指用人单位为劳动者直接向政府和保险部门支付的失业、养老、人身、医疗、家庭财产等保险金。

**2. 报酬范围**

1) 计时工资

计时工资是指按计时工资标准(包括地区生活费补贴)和工作时间支付给个人的劳动报酬。计时工资主要包括:①对已做工作按计时工资标准支付的工资;②实行结构工资制的单位支付给职工的基础工资和职务(岗位)工资;③新参加工作职工的见习工资(学徒的生活费);④运动员体育津贴。

2) 计件工资

计件工资是指对已做工作按计件单价支付的劳动报酬。计件工资主要包括:①实行超额累进计件、直接无限计件、限额计件、超定额计件等工资制,按劳动部门或主管部门批准的定额和计件单价支付给个人的工资;②按工会任务包干方法支付给个人的工资;③按营业额提成或利润提成办法支付给个人的工资。

3) 奖金

奖金是指支付给职工的超额劳动报酬和增收节支的劳动报酬。奖金主要包括:①生产奖;②节约奖;③劳动竞赛奖;④机关、事业单位的奖励工资;⑤其他奖金。

4) 津贴和补贴

津贴和补贴是指为了补偿职工特殊或额外的劳动消耗和因其他特殊原因支付给职工的津贴,以及为了保证职工工资水平不受物价影响支付给职工的物价补贴。①津贴包括:补偿职工特殊或额外劳动消耗的津贴、保健性津贴、技术性津贴、年功性津贴及其他津贴。②补贴主要是指物价补贴,包括为保证职工工资水平不受物价上涨或变动影响而支付的各种补贴。

5) 加班加点工资

加班加点工资是指按规定支付的加班工资和加点工资。

6)　特殊情况下支付的工资

特殊情况下支付的工资包括：①根据国家法律、法规和政策规定，因病、工伤、产假、计划生育假、婚丧假、事假、探亲假、定期休假、停工学习、执行国家或社会义务等原因按计时工资标准或计时工资标准的一定比例支付的工资；②附加工资、保留工资。

【案例分析 8-3】

### 泰斗网络公司三种岗位薪酬体系

泰斗网络公司是一家网络服务商，成立于1998年，现有员工200多人，许多人都是在某一领域富有专长的专家，80%的技术人员都具有博士学位，公司新产品年更新率达到30%。是什么样的利益回报有如此巨大的吸引力，致使大批优秀人才对泰斗网络公司投入如此大的热情呢？答案就是泰斗网络公司的薪酬水平和薪酬构成。

在泰斗网络公司有三个重要的岗位：项目管理、研发和系统工程。泰斗公司主要靠技术服务和提供解决方案获利，因此对岗位技术水平要求的高低对薪酬有直接影响。对于研发人员，他们对企业的贡献在于通过技术研究和技术实践为公司积累技术资本，是保持企业长期、稳定发展的基础，是增强企业市场竞争力的前提。对于系统工程人员，主要通过具体的工程实施和技术支持保证工程项目的顺利执行，但往往使用成熟的技术工具，在技术上没有太多研究突破。至于项目管理人员，工作中已经包含部分行政管理的成分，技术含量最低，因此，薪酬水平低于研发和系统工程人员。从薪酬构成比例来讲，不同性质的岗位差异明显，最突出的特点是系统工程人员的固定现金收入比例明显低于项目管理和研发人员，而变动收入比例却最高。这是由各个岗位所承担的工作任务的不同性质所决定的。

系统工程人员的工作任务是完成整个工程的实施工作，工程周期可能是几周、几个月，甚至跨年度。在实施过程中可能会出现种种问题，从而导致企业受到损失，企业的通用做法是减小系统工程人员的固定收入比例，加大奖励作用的变动收入比例，用来激励员工通过努力保证工程项目的顺利实施，有效降低项目执行的风险性。相反，对于研发和项目管理人员，工作的失败风险性比较小，因此通过增加固定收入的方法起到保留员工的作用。

(资料来源：http://www.edu24ol.com/web_news/html/2009-2/200921295428542.html)

## 五、员工激励

员工激励是指企业根据员工的特点，通过实施有计划、有目的的措施，营造具有刺激作用的外部环境，引起员工的内在心理变化，使之产生企业所期望的行为。员工的素质与活力是企业发展的根本动力。

### (一)员工激励的理论

#### 1. 需求层次论

人的需求从低到高分为五种类型：生理需求(衣食住行)、安全需求(老有所养、病有所医)、社交需求(亲情友情与归属)、尊重需求、自我实现的需求(成就感)。不同人在不同情况下主导需求不同，强烈程度不同；未满足的需求是主要激励源，已满足的需求不再具有激励作用；低层次需求满足后，才会追求高层次需求。人的行为是由主导需求决定的。

### 2. 成就需要理论

成就需要理论，又称"三种需要理论"，是由美国哈佛大学教授戴维·麦克利兰(David McClelland)通过对人的需求和动机进行研究，于 20 世纪 50 年代在一系列文章中提出的。麦克利兰经过 20 多年的研究得出结论说，人类的许多需要都不是生理性的，而是社会性的，而且人的社会性需求不是先天的，而是后天的，得自于环境、经历和培养教育等。时代不同、社会不同、文化背景不同，人的需求当然就不同。

### 3. 公平理论

公平理论又被称为社会比较理论，由美国心理学家约翰·斯塔希·亚当斯(John Stacey Adams)于 1965 年提出。该理论侧重于研究工资报酬分配的合理性、公平性及其对职工生产积极性的影响。从某种意义来讲，动机的激发过程实际上是人与人进行比较，做出公平与否的判断，并据以指导行为的过程。公平感直接影响职工的工作动机和行为。

### 4. 期望理论

期望理论的公式为"激励力=效价×期望"。"效价"是指某项工作或目标对于满足个人需要的价值，"期望"是指员工判断努力达到这个目标的可能性。这一判断包括两个环节：努力转换为业绩的可能性，业绩转换为预期报酬的可能性。所以一项目标如果对于员工具有高价值，而且实现目标的可能性很大，且一旦实现目标就可以满足需要，其激励效果最佳。

### 5. 双因素理论

双因素理论，又被称为"激励保健理论"，是激励理论的代表之一，由美国心理学家赫茨伯格( Herzberg)于 1959 年提出。该理论认为引起人们工作动机的因素主要有两个：一是激励因素，二是保健因素。只有激励因素才能够给人们带来满意感，而保健因素只能消除人们的不满，但不会带来满意感。

### 6. 鲶鱼理论

挪威渔民通过一条充满活力的鲶鱼激活一船死气沉沉的沙丁鱼，鲶鱼效应是采取一种手段或措施，刺激一些企业活跃起来投入到市场中积极参与竞争，从而激活市场中的同行业企业。

## (二)员工激励的原则

### 1. 物质激励与精神激励相结合

只有物质激励是害人，只有精神激励是愚人。金钱是短期而最有效、长期而最无效的激励方法，低金钱价值、高名誉价值的奖励往往更能激励人。

### 2. 内激和外激相结合

内激是工作本身的挑战性与成功感；外激是工作之外的回报、奖赏和赞扬。

### 3. 正激与负激相结合

正激是指奖励符合组织目标的行为，使之强化和重复；负激是指约束和惩罚违背组织目标的行为，使之消退。正激应保持间断性，时间和数量尽量不固定，连续性既费时费力，也易出现效力递减；负激则要坚持连续性，及时予以惩罚。

### 4. 按需激励

把握不同员工不同时期的不同主导需要，进行正确引导和满足，可以开展需求调查或制作"需求菜单"让员工选择。

### 5. 公开、公平、公正原则

公开是公平、公正的基础，公开的核心是信息的公开，包括制度、程序及结果的公开。公平、公正一方面意味着所有相关员工在激励面前享有平等的权利和义务，另一方面也意味着奖励的程度与价值贡献度对等。

## (三)员工激励的措施

员工激励的原则是固定不变的，但员工激励的形式和方法却千变万化，意趣无穷，任何企业都可以结合经营管理的实际需要和特点，采取独具特色的激励办法，点燃团队激情。员工激励的方法和措施主要有以下几种。

### 1. 提升绩效管理水平

建立明确的管理制度和规范，包括作业标准和流程，主要目的是营造一种价值取向和秩序导向。制度的涵盖内容，与企业性质、规模和发展阶段相适应，与企业业务性质相适应，应被明确和得到有效执行。企业制度，应包括岗位职责、员工行为规范、考勤管理制度、各类作业规程规范和作业程序等。奖惩标准是落实制度和规范的有效手段，是实现有法必依的基础。

### 2. 薪酬激励

薪酬激励是企业激励机制中最易采用也最重要的激励手段，也较容易控制，但操作技巧很有讲究。薪酬总额相同，支付方式不同，激励效果也截然不同，并不是越多越好。收入越多，边际效用越低，工作越多，边际成本越高。

### 3. 建立企业共同愿景与个人目标

让全体员工共同参与和提议，全方位建立完善企业共同愿景，并在建立共同愿景过程中找到自身发展的坐标，从而实现企业大我与员工小我的统一。在此基础上抓好职业管理，

21世纪高职高专经管类专业立体化规划教材

管理类分八个级别：初级职员、中级职员、高级职员、主任职员(主管)、三级经理、二级经理、一级经理、高级经理等；专业类分七个级别：初级工程师、助理工程师、三级工程师、二级工程师、一级工程师、高级工程师、专家。每一职位等级享受相应待遇，每年年终考核后，根据企业总体战略和一定条件，确定晋升比例和名额。同时，帮助员工进行职业生涯规划，每季与部属开展一次职业发展对话，为部属提供指导和建议，进行赞扬和批评，开展针对性培训，及时有效地输送高素质人力资源。

### 4. 根据活力曲线进行末位淘汰

根据活力曲线原理，一个组织总有 20%的人是优秀的，70%的人是基本称职的，10%的人是应该淘汰的。淘汰比例是对优秀员工的激励，年初要在全体人员大会上宣布这个规定，并通过各种载体让所有员工清楚了解，这是为了企业生存与发展，可以增强企业竞争力，这一做法可以有效使员工明白企业不是养人的地方，可以有效地在每年裁掉一些能力差、责任心不强的人员，还可以避免因裁员而引起与员工的矛盾。

### 5. 奖励激励

企业除每年底的表彰外，不定期地开展一事一奖，这样保证奖励的及时性、针对性和多样性，根据事情大小，经自我申报、部门审核、总经理审批等程序，设鼓励、记功、记大功、嘉奖、特别嘉奖等，并给予相应物质奖励。具体奖励名称可以多样化，如销售特别奖、培养人才奖、装修奖、管理成果奖、技术成果奖。

### 6. 知识型员工激励

与其他类型的员工相比，知识型员工更重视能够促进他们发展的、有挑战性的工作，完成企业交给他们的任务并获得一份与自己贡献相称的报酬。有效的激励方式就在于满足员工的个性化需求，尊重员工的个性差异，尊重员工的劳动成果，鼓励老员工带新员工等。

### 7. 参与激励

创造各种机会与员工沟通，让员工发表意见，增进了解，让员工感受到关怀。平时注意情绪调节，如果管理者情绪低落，其下属也将受到影响变得缺乏动力；相反，如果管理者满腔热情，其下属也必然会充满活力。

### 8. 开展满意度调查

"激励从不满意开始。"只有了解员工不满意什么，才知道员工需要什么，激励措施才能有的放矢。同时，通过满意度调查也可以表明企业关心员工需求和意见。同时，管理者应该能关心员工及其家属，解决后顾之忧，或者可通过建立各类兴趣小组和体育娱乐活动，提高组织和谐度和凝聚力，增加社交的机会，满足其追求快乐和社交需求。

# 本章知识结构图

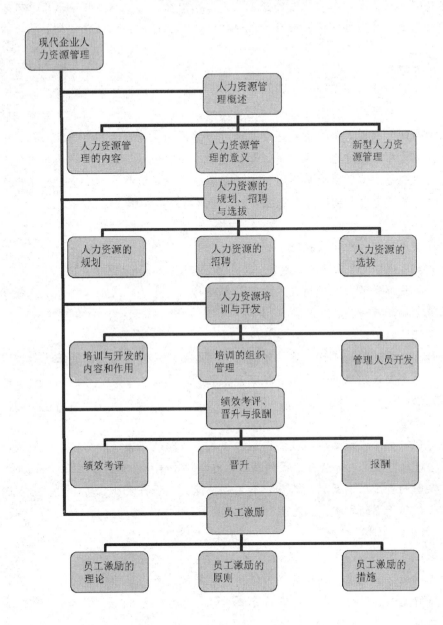

# 扩 展 阅 读

## 人力资源的供需平衡

在整个企业的发展过程中，企业的人力资源状况始终不可能自然地处于平衡状态。人力资源部门的重要工作之一就是不断地调整人力资源结构，使企业的人力资源始终处于供需平衡状态。只有这样，才能有效地提高人力资源利用率，降低企业人力资源成本。企业的人力资源供需调整分为人力缺乏调整和人力过剩调整两部分。

21世纪高职高专经管类专业立体化规划教材 &gt;&gt;

1. 人力缺乏的调整方法

1) 外部招聘

外部招聘是最常用的人力缺乏调整方法。当人力资源总量缺乏时，采用此种方法比较有效。但如果企业有内部调整、内部晋升等计划，则应该先实施这些计划，将外部招聘放在最后使用。

2) 内部招聘

内部招聘是指当企业出现职务空缺时，优先将企业内部员工调整到该职务的方法。首先，丰富了员工的工作，提高了员工的工作兴趣和积极性；其次，节省了外部招聘成本。利用"内部招聘"的方式可以有效地实施内部调整计划。在人力资源部发布招聘需求时，先在企业内部发布，欢迎企业内部员工积极应聘，任职资格要求和选择程序与外部招聘相同。当企业内部员工应聘成功后，对员工的职务进行正式调整，员工空出的岗位还可以继续进行内部招聘。当内部招聘无人能胜任时，再进行外部招聘。

3) 内部晋升

当较高层次的职务出现空缺时，优先提拔企业内部的员工。在许多企业里，内部晋升是员工职业生涯规划的重要内容。对员工的提升是对员工工作的肯定，也是对员工的激励。由于内部员工更加了解企业的情况，会比外部招聘人员更快地适应工作环境，提高工作效率，同时节省外部招聘成本。

4) 继任计划

继任计划在国外比较流行，其具体做法是：人力资源部门对企业的每位管理人员进行详细调查，并与决策组确定哪些人有权利升迁到更高层次的位置。然后制定相应的"职业计划储备组织评价图"，列出岗位可以替换的人选。当然上述内容均属企业机密。

5) 技能培训

对公司现有员工进行必要的技能培训，使之不仅能适应当前的工作，还能适应更高层次的工作。这样，就为内部晋升政策的有效实施提供了保障。如果企业即将出现经营转型，企业应该及时向员工培训新的工作知识和工作技能，以保证企业在转型后，原有的员工能够符合职务任职资格的要求，以避免出现冗员现象。

2. 人力过剩的调整方法

1) 提前退休

企业可以适当放宽退休的年龄和条件限制，促使更多的员工提前退休。如果将退休的条件修改得有足够吸引力，会有更多的员工愿意接受提前退休。

2) 减少人员补充

当出现员工退休、离职等情况时，对空闲的岗位不进行人员补充。

3) 增加无薪假期

当企业出现短期人力过剩的情况时，采取增加无薪假期的方法比较适合。例如，规定员工有一个月的无薪假期，在这一个月没有薪水，但下个月可以照常上班。

4) 裁员

裁员是一种最无奈，但最有效的方式。在进行裁员时，首先，制定优厚的裁员政策，如为被裁减者发放优厚的失业金；然后，裁减那些希望主动离职的员工；最后，裁减工作考评成绩低下的员工。

（资料来源：http://www.em-cn.com/Article/2006/40263.shtml）

# 同 步 测 试

## 一、单项选择题

1. (　　)是企业战略发展规划的重要组成部分，是指导与企业战略发展相符合的人力资源综合性发展计划，是指导企业人力资源管理工作的大纲。

  A. 招聘计划  B. 人力资源规划  C. 培训计划  D. 绩效管理

2. 企业人力资源规划的内容包括两个方面，即总体规划和(　　)。

  A. 具体计划  B. 简单计划  C. 长期计划  D. 短期计划

3. (　　)是通过发布信息，把具有一定技巧、能力和其他特性的申请人吸引到组织的过程。

  A. 招聘  B. 培训  C. 选拔  D. 规划

4. 通过(　　)把员工聘用、职务晋升、培训发展、劳动报酬相结合，使得企业激励机制得到充分运用，有利于企业的健康发展。

  A. 人力资源规划     B. 人员选拔

  C. 员工关系管理     D. 绩效考评

5. (　　)是指企业根据员工的特点，通过实施有计划、有目的的措施，营造具有刺激作用的外部环境，引起员工的内在心理变化，使之产生企业所期望的行为。

  A. 人力资源规划     B. 绩效考评

  C. 员工激励      D. 薪酬福利

## 二、多项选择题

1. 人力资源管理的内容包括(　　)。

  A. 企业文化  B. 人力资源规划  C. 招聘与配置  D. 绩效管理

2. 人力资源规划的目的包括(　　)。

  A. 规划人力发展     B. 促使人力资源的合理运用

  C. 配合个人发展的需要    D. 降低用人成本

3. 员工培训内容主要分为(　　)。

  A. 应知应会的知识    B. 技能技巧

  C. 态度培训      D. 岗位知识

4. 绩效评估的方法包括(　　)。

  A. 结果导向型  B. 行为导向型  C. 原因导向型  D. 案例导向型

5. 员工激励的措施包括( )。

    A. 提升绩效管理水平　　　　　　　　B. 薪酬激励

    C. 因事设岗　　　　　　　　　　　　D. 建立企业共同愿景与个人目标

### 三、简答题

1. 什么是人力资源管理?

2. 简述培训与开发的作用。

3. 简述培训效果评估的基本步骤。

4. 什么是360度绩效评估法?

5. 员工激励的原则有哪些?

### 四、案例分析题

某高新技术企业周老板组织高层管理人员会议。高管人员一致认为:目前,公司的中层因为是老员工,专业技术过硬,由于学历低,综合素质差,都很难承接公司的工作目标分解,执行力普遍较差。但是,作为一家在业内有影响力的公司,不可能把中层干部全部换掉。经过大家讨论,目前最好通过培训提高中层管理人员的管理水平。

思考:

人力资源部的小刘,该如何做培训的需求收集工作?

# 项 目 实 训

何仁现任和平公司人力资源部经理助理。11月中旬,公司要求人力资源部在两星期内提交一份公司明年的人力资源规划初稿,以便在12月初的公司计划会议上讨论。人力资源部经理王生将此任务交给何仁,并指出必须考虑和处理好下列的关键因素。

(1) 公司的现状。公司现有生产及维修工人850人,文秘和行政职员56人,工程技术人员40人,中层与基层管理人员38人,销售人员24人,高层管理人员10人。

(2) 统计数字表明,近五年来,生产及维修工人的离职率高达8%,销售人员离职率为6%,文职人员离职率为4%,工程技术人员离职率为3%,中层与基层管理人员离职率为3%,高层管理人员的离职率只有1%,预计明年不会有大的改变。

(3) 按企业已定的生产发展规划,文职人员要增加10%,销售人员要增加15%,工程技术人员要增加6%,而生产及维修工人要增加5%,高层、中层和基层管理人员可以不增加。

思考:如果你是何仁,如何编制这份人力资源规划?

### 【实训目的】

熟悉人力资源管理的内容、作用和原则。

【实训内容】

(1) 结合案例分析人力资源管理的内容包括哪些？

(2) 讨论人力资源管理规划内容是否合理有效。

【实训要求】

| 训练项目 | 训练要求 | 备　注 |
|---|---|---|
| 人力资源管理概念 | (1)了解人力资源管理的概念；<br>(2)了解人力资源管理的内容及意义；<br>(3)明白人力资源管理的重要性 | 注意人力资源管理内容之间的联系 |
| 人力资源规划、招聘与选拔 | (1)掌握人力资源规划的内容和技巧；<br>(2)掌握员工招聘的方法和流程；<br>(3)掌握员工选拔的途径和技巧 | 有效准确招聘和选拔优秀人才 |
| 人力资源培训与开发 | (1)了解人员培训和开发的内容和作用；<br>(2)做好员工培训的需求分析，制订培训计划；<br>(3)做好培训的评估，将培训评估转换为成果 | 做好培训需求分析是培训的关键 |
| 绩效考评、晋升及报酬 | (1)了解绩效考评的方法和程序；<br>(2)绩效考评作为晋升加薪的依据；<br>(3)如何设计合理的薪酬等级 | 如何有效进行绩效考评 |
| 员工激励 | (1)了解员工激励的理论；<br>(2)掌握员工激励的原则；<br>(3)掌握员工激励的有效措施 | 根据理论指导有效激励员工 |

21世纪高职高专经管类专业立体化规划教材

# 参 考 文 献

[1]  金占明，白涛. 企业管理学[M]. 北京：清华大学出版社，2017.

[2]  李旭. 企业管理[M]. 2 版. 北京：经济科学出版社，2016.

[3]  袁宇. 企业管理学[M]. 北京：机械工业出版社，2016.

[4]  谢建华. 质量管理体系 ISO 9001&TS16949 最新应用实务[M]. 北京：中国经济出版社，2016.

[5]  [美]詹姆斯•R. 埃文斯. 质量管理与质量控制[M]. 7 版. 北京：中国人民大学出版社，2010.

[6]  张来顺. 管理学[M]. 长沙：湖南师范大学出版社，2014.

[7]  黄娟. 生产运作管理[M]. 成都：西南财经大学出版社，2014.

[8]  张薇. 财务管理[M]. 2 版. 长沙：湖南师范大学出版社，2015.

[9]  熊小霞. 企业经营管理实务[M]. 北京：清华大学出版社，2017.

[10]  张勇，柴邦衡. ISO 9000 质量管理体系[M]. 3 版. 北京：机械工业出版社，2019.

[11]  杨忠智. 财务管理 [M]. 厦门：厦门大学出版社，2015.

[12]  耿菲. 财务管理 [M]. 上海：立信会计出版社，2015.

[13]  梅子惠，曹承峰. 企业管理案例分析教程[M]. 2 版. 北京：高等教育出版社，2016.

[14]  刘冰，黄兆文. 现代人力资源管理[M]. 武汉：武汉大学出版社，2014.

[15]  宁凌，唐楚生. 现代企业管理[M]. 2 版. 北京：机械工业出版社，2019.

[16]  陈荣秋，马士华. 生产与运作管理[M]. 3 版. 北京：高等教育出版社，2018.

[17]  姚丽娜，崔松岩，刘洋. 新编现代企业管理[M]. 北京：北京大学出版社，2012.

[18]  王卫华，邢俏俏. 现代企业管理教程[M]. 2 版. 北京：高等教育出版社，2019.

[19]  由建勋，李柯. 现代企业管理[M]. 3 版. 北京：高等教育出版社，2017.

[20]  苗成栋，姚伟民，张建中等. 现代企业管理概论[M]. 2 版. 北京：北京大学出版社，2018

[21]  刘子龙，王新盈. 连锁企业人力资源管理[M]. 北京：科学出版社，2018.

[22]  蓝海林. 企业战略管理[M]. 北京：科学出版社，2018.

[23]  [美]迈克尔•A. 希特，R. 杜安•爱尔兰，罗伯特•E. 霍斯基森. 战略管理：竞争与全球化[M]. 北京：
     机械工业出版社，2018.

[24]  杨锡怀，王江. 企业战略管理——理论与案例[M]. 北京：高等教育出版社，2016.

[25]  戴维新. 基于 ISO9001:2015 新版质量管理体系的过程管理实战[M]. 北京：机械工业出版社，2018.